创新设计与创业前沿

〔德〕马　钧　主编
冯雪京　胡志鹏　副主编

·上海·

图书在版编目（CIP）数据

创新设计与创业前沿 /（德）马钧主编；冯雪京，胡志鹏副主编. -- 上海：同济大学出版社，2025.7.
ISBN 978-7-5765-1539-8

I. G40-012；F241.4

中国国家版本馆CIP数据核字第20253M4Y61号

创新设计与创业前沿
CHUANGXIN SHEJI YU CHUANGYE QIANYAN

〔德〕马 钧 **主编**

冯雪京　胡志鹏 **副主编**

责任编辑 孙铭蔚　　**责任校对** 徐逢乔　　**封面设计** 张 微

出版发行	同济大学出版社　www.tongjipress.com.cn （地址：上海市四平路1239号　邮编：200092　电话：021-65985622）
经　销	全国各地新华书店
排　版	北京华艺世纪缘科技发展有限公司
印　刷	苏州市古得堡数码印刷有限公司
开　本	787mm×1092mm　1/16
印　张	13
字　数	229 000
版　次	2025年7月第1版
印　次	2025年7月第1次印刷
书　号	ISBN 978-7-5765-1539-8
定　价	75.00元

本书若有印装质量问题，请向本社发行部调换　　版权所有　侵权必究

编委会

主　　编：马　钧

副 主 编：冯雪京　胡志鹏

委　　员：王　萌　杨振宇

参编人员：杨　淇　周丽娟　杨　彪　温思婕　杨梦瑶

　　　　　汤跞煜　乔　宇　郑冰妍　伍　桐　林倩莉

　　　　　王隽苇　刘镇铭

前 言

作为全球制造业大国，中国正面临由"制造"向"智造"和"创造"的转变。创新设计和创业能力的提升对于推动中国经济的发展至关重要。随着科技的不断进步和全球化竞争的加剧，中国企业和创业者所处的市场环境日益复杂多变，急需系统化的创新方法来应对挑战并把握机遇。在众多新兴领域中，汽车智能座舱的创新设计正成为汽车行业竞争的焦点。随着人工智能、物联网和大数据等技术的深入应用，智能座舱在提升用户体验、增强驾驶安全性及推动产业可持续发展方面展现出巨大的潜力。要想在这一关键领域实现更深层次的创新与突破，唯有依靠系统化的创新设计和创业管理方法。本书的写作目的正是解决这一需求，为企业、创业者和学生提供一套系统的、科学的创新设计和创业管理框架，帮助他们更好地应对各类产业实践挑战。

本书结合商业工程与设计的公认原则、创新思维和创新设计方法、社会价值驱动的宏观视角，提供了一个多学科的问题解决框架，以提升日常实践中的商业管理洞察力。本书系统介绍了商业工程与设计，融合汽车智能座舱、人工智能技术、大时尚设计驱动的消费和产业升级等不同领域的丰富案例进行配合阐述，也引入了"设计+""AI+"等新理念，不仅能够作为研究生课程教材或支持继续教育的专业教材，同时也是商业管理与工程相关专业人士的宝贵资源。本书既包含理论知识，又有可落地实践的方法，能够帮助读者在现实的商业世界里更为透彻地理解商业模式的本质及商业模式创新的底层逻辑，也能够为产业实践者的商业模式设计和创新提供简洁、易于理解且非常有效的实践原则、分析框架与实施步骤指引。

本书由一个跨学科团队共同编写，每名成员在各自擅长的领域内贡献了自己的专业知识：马钧负责整体框架设计、创新设计与创业及汽车智能座舱相关内容；王萌负责技术构成创新设计相关内容；冯雪京负责汽车构成创新设计相关内容；胡志鹏、杨振宇负责实践案例分析。杨淇负责第一章的编写；周丽娟负责第二章的编写；杨彪、温思婕负责第三章的编写；杨梦瑶、林倩莉、王隽苇、刘镇铭、汤跞煜负责第四章的编写；乔宇、郑冰妍、伍桐负责全书的整合与校准。特别感谢编写团队的每一名成员，他们的专业知识和辛勤付出是本书得以顺利完成的关键。

　　本书的完成得到了多方的支持与帮助。我们衷心感谢所有为本书提供资料和案例的企业和科研机构，特别感谢百度 MEUX 团队为我们提供了用户体验案例研究，宝马、理想、蔚来等校企合作伙伴为我们提供了宝贵的实践机会和第一手资料，以及同济大学研究生院对本书的资助。希望本书能为读者提供有价值的知识和实践指导，助力中国企业和创业者在复杂多变的市场环境中保持竞争力，创造更大的价值。

目 录

前言

第一章　创新设计与创业 / 1

1.1　创新设计与创业 / 2

   1.1.1　创新设计与创业的定义与核心 / 2

   1.1.2　创业的定义与重要性 / 8

   1.1.3　创新设计与创业的相互依赖性 / 10

1.2　创新设计与创业的核心要素 / 13

   1.2.1　思维与观念：设计思维与创新文化 / 13

   1.2.2　创意与创造：从灵感到实现 / 20

   1.2.3　知识创新：理论与实践的结合 / 22

1.3　新经济时代下的创新与创业 / 26

   1.3.1　"AI+"与创新 / 27

   1.3.2　"工业 4.0"与创新 / 29

   1.3.3　工业互联网与创新 / 34

1.4　本章小结 / 35

第二章　商业工程与设计 / 37

2.1 关于商业工程与设计 / 38
- 2.1.1 商业工程与设计的内涵与定义 / 38
- 2.1.2 商业工程与设计中的关键概念 / 39
- 2.1.3 商业工程创新的价值 / 40

2.2 商业工程的系统方法 / 41
- 2.2.1 商业工程中"系统"的构成要素 / 41
- 2.2.2 商业工程中"过程"的构成要素 / 41

2.3 商业工程的设计方法 / 42
- 2.3.1 阶段评估流程 / 42
- 2.3.2 产品开发模型 / 43
- 2.3.3 软件开发模型 / 45
- 2.3.4 产品开发流程管理方法 / 46
- 2.3.5 产品及周期优化方法 / 53
- 2.3.6 集成产品开发管理体系 / 56
- 2.3.7 设计思维 / 65

2.4 商业工程与设计实践 / 69

2.5 本章小结 / 70

第三章　大模型技术构成创新设计 / 73

3.1 大模型的概述 / 74
- 3.1.1 人工智能基础：定义、分类与发展趋势 / 74
- 3.1.2 大模型驱动 AIGC 发展 / 77
- 3.1.3 大模型在创新设计中的应用价值 / 80

3.2 智能生成与创造性设计 / 82

 3.2.1 智能生成算法的原理与实现 / 82

 3.2.2 人工智能在创新设计中的作用与面对的挑战 / 88

 3.2.3 实践案例分析：智能生成与创造性设计的成功案例 / 90

3.3 大语言模型与用户体验设计融合 / 100

 3.3.1 大语言模型在用户体验设计中的关键作用 / 100

 3.3.2 优化交互设计的大语言模型原则与方法 / 103

 3.3.3 实践案例分析：大语言模型与用户体验设计的创新结合 / 105

3.4 大模型在行业创新中的应用 / 115

 3.4.1 大模型在自然语言处理领域的应用 / 116

 3.4.2 大模型在计算机视觉领域的实际应用 / 122

 3.4.3 大模型在智能驾驶领域的商业应用 / 126

 3.4.4 大模型在时尚设计中的前沿应用 / 131

3.5 本章小结 / 135

第四章 汽车构成创新设计 / 137

4.1 汽车智能座舱 / 138

 4.1.1 智能座舱的概念和特征 / 138

 4.1.2 智能座舱的基本组成和功能 / 140

 4.1.3 智能座舱体验设计的重要性 / 143

4.2 人机交互与用户体验 / 146

    4.2.1 人机交互的基本原理和设计准则 / 146

    4.2.2 用户体验设计的概念和方法 / 148

    4.2.3 实践案例分析：汽车智能座舱体验管理工具构建流程与方法 / 150

4.3 对话式交互设计 / 172

    4.3.1 语音在座舱体验中的作用和设计考虑 / 172

    4.3.2 语音交互设计中大模型的关键角色 / 174

    4.3.3 面向个性化情感体验的对话式交互的前沿探索 / 177

    4.3.4 实践案例分析：智能化语音交互设计与大模型结合 / 183

4.4 智能感知与情感设计 / 186

    4.4.1 大模型在智能感知技术中的运用 / 187

    4.4.2 情感设计在座舱体验中发挥的作用 / 188

    4.4.3 实践案例分析：大模型增强的智能感知与情感设计 / 189

4.5 本章小结 / 191

结语 / 193

参考文献 / 194

第一章
Chapter 1

创新设计
与创业

1.1 创新设计与创业

创业活动是经济增长的重要驱动力,许多引领市场变革的商业活动都源于创业活动,这为市场增添了活力与多样性。创业者通过将创新设计应用于商业实践,开发新产品和新服务,从而创造新的市场和增长机会。因此,在当今这个快速变化的时代,创新设计与创业对于社会进步和经济发展至关重要。随着全球化商业运行的推进和以人工智能为代表的技术的飞速变革,传统的商业模式、创业方式及设计理念正在被重新定义,面临着挑战。在此背景下,理解创新设计与创业的本质,以及它们如何相互作用和相互促进,对于任何希望在当今竞争激烈的环境中取得成功的个人和组织来说都是至关重要的。

在这种语境下,创新设计不再仅仅局限于美观或功能性的提升,而是变成了一种全面的思维方式。它包括以人为中心的需求捕捉、对用户需求的深入理解、对市场趋势的敏锐洞察及对实现可能性的勇敢探索。因此,设计思维不仅推动了从产品、服务到商业模式的全方位创新,还使设计成为解决复杂问题和满足未来需求的关键工具。本章将选取设计思维与商业结合的典型案例进行分析,以加深读者的理解。

同时,创业不再仅仅是经济活动的一部分,也成为社会和文化创新的重要驱动力。对于市场和创业者来说,创业精神已经超越了简单的公司创立行为,它代表了一种面对不确定性和复杂性时的积极态度,一种不断探索新领域、挑战现状和实现价值创造的动力。

本章将探讨创新设计与创业的定义,二者在当今世界变得非常重要的原因,以及二者之间的紧密关系。我们将看到,创新设计为创业提供了灵感和方向,而创业则为创新设计提供了实现的平台和资源。这种相互依赖和相互促进的关系,不仅加速了新想法的产生和实施,也为应对当代社会面临的挑战提供了新的视角和方法。

通过深入了解创新设计与创业的交汇点,人们可以更好地把握这两个领域的最新动态,理解二者如何共同塑造我们的世界,并为面对未来的挑战和机遇做好准备。

1.1.1 创新设计与创业的定义与核心

创新设计是一种思维方式和过程,通过将创意思维和方法应用于产品、服务、过程或策略,解决复杂问题、满足用户需求或改善现有条件,以创造新的价值和意义。创新设计不仅关注表层的美观和功能性的提升，更着眼于通过深入理解用户和市场的真实需求，采用跨学科的方法来探索和应用创新解决方案。简单来说，创新设计的核心在于设计思维，这种思维是一种以用户为中心，通过迭代、合作和原型制作来解决问题的方法，其具体要点如下。

1. 以用户为中心

以用户为中心是设计思维的核心，强调在解决问题和创新过程中始终将用户的需求和体验放在首位。这一原则要求设计者深入理解用户的情感、需求、动机和行为，从而制定出真正满足用户需求的解决方案。其中，同理心、用户研究、用户旅程是以用户为中心的三个关键点。

（1）同理心

以用户为中心的设计思维要求设计者深入理解用户的感受、生活背景和文化环境，超越用户的表面需求以发掘更深层次的需求和期望。通过倾听和观察，设计者能够与用户建立情感连接，从而获得对用户真实体验的深刻理解。为了实现这一目标，设计者可以使用各种工具，如同理心地图（图1-1）。这些工具可以帮助设计者分析用户在特定情境中遇到的问题及其感受。通过这种分析，设计团队能够消除偏见，保持对用户角色的理解的一致性，发现用户需求研究中的缺陷，逐步走向创新。

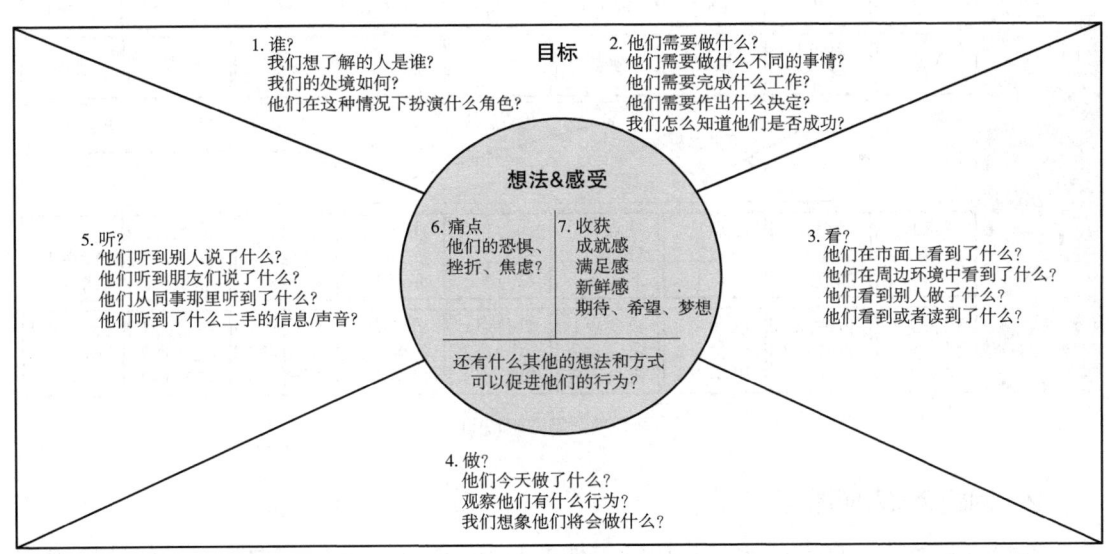

图1-1 同理心地图

（2）用户研究

用户研究在设计思维中扮演着重要角色，它是连接用户需求与创新解决方案的桥梁。用户研究分为定性研究和定量研究两种类型。定性研究通过访谈、观察等方法深入了解用户的行为和感受，强调直接与用户交流；定量研究则通过问卷调查等方式收集可量化的数据，帮助验证定性发现并提供广泛的用户洞察。用户研究不仅能够帮助设计团队或个人深入理解用户需求，还能够帮助设计团队或个人发现潜在的创新机会，并为后续的验证和迭代提供依据。

（3）用户旅程

用户旅程是指用户在与产品、服务或系统互动过程中经历的一系列步骤和接触点。用户旅程图（User Journey Mapping）是一种可视化工具，用于描绘用户从开始接触产品、服务或系统到最终实现目标的整个过程，包括用户的行为、思考和感受（图1-2）。这个工具能够帮助设计团队从用户视角出发，深入理解用户的体验，并识别改进的机会。通过研究和规划用户旅程，设计团队能够获得更加全面的用户视角，明确用户痛点和设计机会。

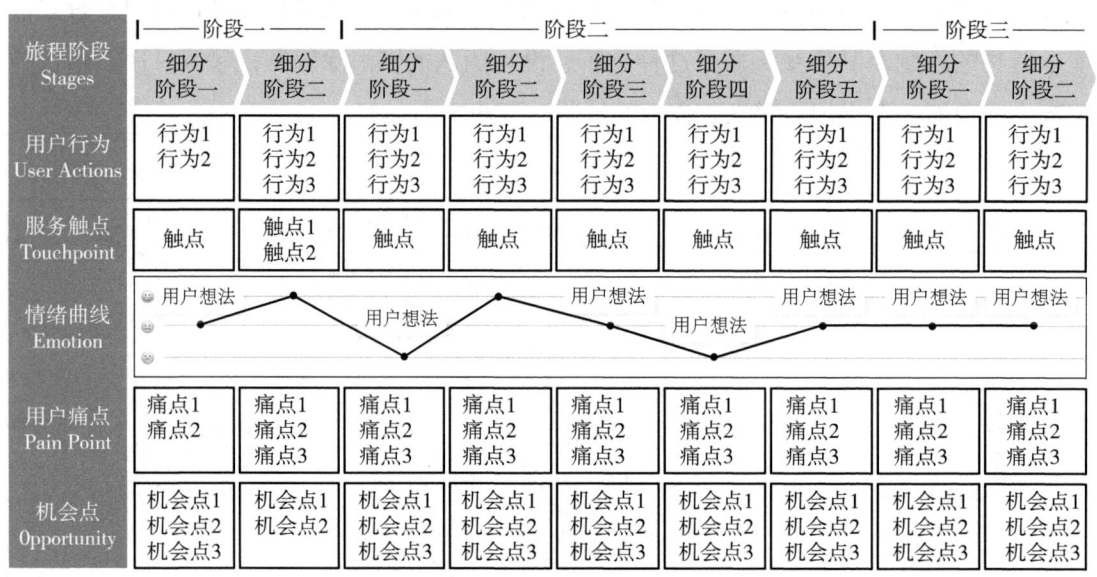

图1-2 用户旅程图

2. 问题定义和问题重塑

在设计思维中，问题的定义是后续工作的起点。这个过程不仅要求设计团队准确捕捉用户的核心需求，还要求设计团队将用户的核心需求转化为可解决的问题。正确定义问题或发现用户需求需要极强的洞察力。而洞察力并非源自海量的定量数据，因为定量数据主要用于衡量已知事物，反馈我们已经掌握的信息。要获得真正的洞察力，更有效的策略是深入生活的各个角落，直接观察和体验。例如，深入咖啡馆观察那些使用笔记本电脑工作的自由职业者，了解他们的工作习惯和环境需求；在公园里观察家长和孩子的互动，洞察家庭活动中的需求和挑战；在购物中心里观察消费者的购物行为，理解他们的决策过程和购物体验。通过这些实地观察，我们可以捕捉到用户行为背后的动机和情感，获得深刻的洞察力，从而设计出更加贴合用户需求的产品和服务。

问题定义的艺术在于将复杂的用户需求和洞察转化为简洁、明确的问题陈述。这要求设计者或创业者从用户的角度出发，提炼出核心问题。例如，通过观察发现自由职业者在咖啡馆工作可能面临的问题不仅仅是找到一个舒适的工作环境，更深层次的需求可能是开展社交互动或减少孤独感。因此，问题定义可能是："如何为自由职业者创造一个既能提供高效工作环境又能促进社交互动的空间？"

设计思维的一个关键特点是迭代，这意味着问题的定义并不是一成不变的，需要根据用户研究的不断深入、新的洞察结论和信息不断调整。问题重塑是一个动态过程，它允许设计团队根据原型测试和用户反馈来重新审视和调整问题定义。这种灵活性确保了解决方案始终紧密贴合用户的实际需求和期望。例如，如果在原型测试阶段发现自由职业者更倾向于在安静的环境而不是在社交活跃的空间中工作，那么问题可能会被重塑为："如何为自由职业者提供一个既能保证高效工作又能保障必要的私密性的工作环境？"

通过不断地定义和重塑问题，设计思维确保了在解决方案的开发过程中始终以用户为中心，充分考虑了用户的需求、期望和反馈。这种方法不仅提高了解决方案的有效性，也增强了设计的创新性和适应性。

3. 创意思维

在设计思维中，创意思维发散和创新想法发掘在提出完整的解决方案的过程中起着催化作用。设计团队需要打破常规思维模式，探索新颖、非传统的解决方案。创意思维不仅仅是关于创新的想法，更是一种发现和连接看似不相关的元素以提出新的解决方案的能力。

创意思维在设计思维过程中通常涉及两种互补的思维模式：发散式思维和汇聚式思

维。这两种思维方式在解决问题和创新过程中交替作用，推动创意的产生和精炼。

发散式思维是一种开放式的思考过程，旨在产生大量的想法和解决方案，而不立即对它们进行评判或筛选。诺贝尔奖化学奖及和平奖获得者莱纳斯·鲍林（Linus Pauling）曾说："为了有个好主意，必须先有很多想法。"有很多想法的目的是扩大思考的范围，发现新的可能性。目前市场上比较流行的发掘创新想法的方式就是让用户参与整个系统或解决方案的设计，这是一种有利于设计思维在组织中扩散的方法，能够获得更发散、更丰富的想法。在设计思维中，发散式思维通常出现在创意阶段的早期，能够帮助设计团队打破常规思维，挑战既有假设和限制。其特点是无限制、数量优先、具有探索性和开放性，主要用于头脑风暴、思维导图、自由写作、角色扮演等活动，从而生成尽可能多的想法，拓宽思维视野，促进创新。

汇聚式思维是一种更具分析性和评判性的思考过程，旨在从众多想法中筛选出最有价值的且可行的解决方案。这种思维模式强调逻辑推理、决策和选择，目的是将思考的范围从广泛的可能性逐步缩小到具体的解决方案。其特点是具有选择性和分析性、质量优先、目标导向，主要用于评估和选择想法、原型测试、可行性分析、优先级排序等活动，目的在于从众多想法中筛选出最有效的解决方案从而实现目标。

在设计思维过程中，汇聚式思维的运用通常在发散式思维的运用之后，旨在帮助团队评估和精炼想法，确定最佳的解决路径。在设计思维过程中，运用发散式思维和汇聚式思维不是线性的、单一的步骤，而是动态循环和迭代的过程。设计团队可能会多次在发散式思维和汇聚式思维之间切换，每一次切换都可能产生新的洞察和改进的想法。这种循环确保了创意思维既是广泛探索的，也是目标导向和结果驱动的。通过结合发散式思维和汇聚式思维，设计思维能够平衡创意的广度和深度，确保解决方案既创新又实用，能够满足用户的真实需求。

4. 原型制作、测试与迭代

原型制作在设计思维中是一个至关重要的步骤，它允许设计团队将抽象的概念转化为实际的、可体验的模型。这个过程的核心在于快速迭代和低成本，意味着使用唾手可得的材料和工具快速构建原型，以便尽早地识别问题和机会。原型不追求完美，而是注重快速呈现设计思路，从而实现早期的学习和改进。通过将原型展示给用户，设计团队能够收集宝贵的用户反馈，观察用户如何与原型互动，哪些方面是有效的，哪些方面需要改进。这个基于用户反馈的迭代过程是持续的，可能会重复多次，直至找到最合适的解决方案。

戴维·凯利（David Kelley）将原型制作形容为"动手思考"，并将其与那些基于标准、由计划驱动的理论思维相对比。这两种方法各有其价值和适用场景，但在激发新思维并推进创业项目方面，原型制作往往更显高效。开放性地接受实验对于任何创新型组织尤其是创业公司来说是至关重要的，因此，原型制作——主动构建以探索新商业概念的意愿——成为展现实验精神的关键指标。

人们通常会误认为原型仅指那些即将进入市场的成品模型，但实际上，这一概念应该被应用到创业过程的更早期。原型制作应涵盖那些初步且可能不完善的探索，而且其形式应不限于物理产品。不只是产品设计师应养成制作原型的习惯，从科技创业者到社交媒体平台创立者、移动应用开发者、在线教育创业公司及共享经济服务提供者等，都可以并且应当参与设计思维的这一关键环节。

5. 协作

在设计思维的过程中，协作尤其体现在跨学科团队的共同努力上，科技创业者、社交媒体平台创立者、移动应用开发者、在线教育创业公司及共享经济服务提供者等都通过团队合作来探索和实现新的商业概念。例如，一个科技创业项目可能需要软件开发人员、用户体验设计师、市场分析师和产品经理的紧密合作。这种跨学科的协作不仅汇集了不同领域的专业知识，而且通过不同的视角和思维方式共同定义问题、探索解决方案并迭代原型，最终创造出满足市场需求的创新产品。以爱彼迎（Airbnb）为例，这个全球知名的共享经济平台的创立即是跨学科协作的结果。创始团队由一名工业设计师、一名技术专家和一名艺术家组成。他们通过共同探讨如何利用未使用的生活空间来解决住宿问题，最终开发出了这个革命性的住宿分享平台。在平台开发的过程中，工业设计师关注用户体验和服务设计，技术专家负责平台的开发和维护，而艺术家则注重品牌形象和创意内容。团队成员之间的紧密合作和开放沟通促进了创意的产生和问题的有效解决。

设计思维的最大效用在于它成功地将战略规划与产品、服务及沟通执行紧密结合。例如，宝洁公司原首席执行官阿兰·乔治·雷富礼（A.G.Lafley）是设计思维在企业中应用的主要推动者之一。他对宝洁公司战略的重新定位，极大地提升了该公司在21世纪最初的十年中为股东创造价值的能力。作为设计思维的坚定支持者，他不仅致力于加强公司内部的设计实力，还主动寻求与外部设计师、商业创新者和咨询机构合作。在雷富礼的领导下，宝洁公司实现了从传统化工企业向以"体验"为核心的公司的转型，设计在这一过程中发挥了核心作用。

在《游戏颠覆者》（*The Game-Changer*）一书中，雷富礼阐述了宝洁公司如何通过一系列创新探索来保持其市场领先地位。在这些创新探索中，宝洁公司从全球数十亿消费者的需求出发，成功实施了按类别生产产品的策略，使消费者可以根据个人偏好定制使用体验，这标志着对规模定制概念的一次创新性转变。其中，在"玉兰油（OLAY）品牌的重构"项目中，以用户为中心的设计、迭代和跨学科合作的设计思维的核心原则得到了充分体现。通过深入的市场调研和消费者访谈，宝洁团队深刻理解了女性消费者的护肤需求，确保了产品开发能够切实解决消费者的问题，提升消费者的使用体验。项目迭代过程中，原型制作和用户测试环节使团队能够快速收集反馈，并基于这些反馈不断优化产品。这种迭代原则的应用缩短了产品开发周期，确保最终产品紧贴消费者期望。同时，跨学科团队的合作汇集了来自市场、设计、科研和品牌策略等领域的专业知识，为项目的成功提供了多元化的视角和创新的解决方案。

通过这些设计思维原则的应用，玉兰油品牌成功地从传统护肤品牌转型为代表先进护肤科技和个性化解决方案的市场领导者。这一转型提升了玉兰油品牌的市场竞争力，更重要的是，通过创新的产品和沟通方式，品牌与消费者之间建立了更深层次的联系，展现了设计思维在推动品牌和产品创新中的巨大潜力。

1.1.2 创业的定义与重要性

创业的定义涵盖从机会识别到价值创造的整个过程，而不仅仅是成立一家新企业。在更广泛的意义上，创业是一个涉及创新思维、资源整合、风险管理和持续学习的综合过程。这一过程使个人或团队能够在不确定性和复杂性中发现和抓住机会，通过创造新的产品、服务或解决方案来满足市场需求，从而创造经济价值和社会价值。

在创业的过程中，创新是一个核心元素。创业过程中的创新不仅体现在新的技术或产品上，还体现在新的商业模式、新的市场策略或新的组织管理方式上。创业者通过对现有市场规则的重新思考和挑战，开辟出新的商业领域或改造现有的市场结构。特斯拉

(Tesla)公司是世界上最早的自动驾驶汽车生产商,其第一款车型(Roadster)展示了电动汽车也可以具备高性能和吸引力。Roadster 采用了创新的电池技术和电力传动系统,速度能够在 4 秒内从 0 加速到 60 英里[①]/小时,同时提供超过 200 英里的续航里程。这款车的成功证明了特斯拉公司的技术创新能力,并为特斯拉公司赢得了早期的市场认可和品牌声誉。

机会识别是创业过程的另一个关键环节。机会识别不仅要求创业者具备敏锐的市场洞察力,还要求他们能够在复杂的信息中发现潜在的商业机会。成功的创业者能够看到别人看不到的机会,并且有勇气在不确定性中前行。特斯拉公司成立于 2003 年,当时电动汽车被广泛视为性能不足且价格昂贵的选择,主流市场对其前景并不看好。然而,埃隆·马斯克(Elon Musk)和特斯拉公司其他联合创始人看到了一个机会:利用新兴的锂离子电池技术来开发性能优越、环保的电动汽车。他们的愿景是通过高性能的电动汽车来改变公众对电动汽车的看法,最终推动整个行业向利用可持续能源方向转型。

资源整合也是创业不可或缺的一部分。资源不仅包括资金,还包括人才、技术和信息等。创业者需要具备将有限资源有效配置到最合适的地方的能力,以最小的成本创造最大的价值。此外,风险管理是创业过程中的另一个重要方面。创业本质上是一项高风险活动,创业者需要评估、管理并承担各种风险,包括财务风险、市场风险和技术风险等。有效的风险管理不仅能够帮助创业者避免潜在的失败,还能够增强企业的适应性和生存能力。对于特斯拉公司来说,在创业过程中要面对极高的研发成本和生产扩张的财务压力,但其采取了一系列策略来管理风险和整合资源。特斯拉公司通过公开募股、政府贷款和建立一系列战略合作伙伴关系来筹集资金。同时,特斯拉公司在技术开发、生产能力和供应链管理上不断优化,以提高效率和降低成本。通过这些努力,特斯拉公司逐渐实现了规模经济,降低了电动汽车的生产成本,使其产品对更广泛的消费者群体更具吸引力。

持续学习和适应变化是创业成功的关键。在快速变化的市场环境中,创业者需要不断学习新的知识和技能,适应市场和技术的变化,以保持竞争力和创新力。

创业是一个复杂的多维过程,涉及创新、机会识别、资源整合、风险管理、持续学习和适应变化等多个方面。通过这个过程,创业者不仅能够为社会创造新的价值,还能

---

① 1 英里约等于 1.6 千米。

够实现个人的职业发展，从而实现个人价值。

在全球化的背景下，创业发挥着促进国际贸易和跨国合作的作用，通过将产品和服务推向全球市场，创业促进了不同国家和地区之间加强经济联系和技术交流。同时，面对气候变化、能源危机等全球性挑战，创业提供了寻找和实施创新解决方案的新途径，展现了其在全球可持续发展中的重要作用。此外，创业还增强了社会对经济波动和外部冲击的适应性及社会韧性。在经济衰退或经济危机时期，创业能够创造新的增长点，帮助经济体恢复和重建。通过不断地创新和适应，创业活动为经济和社会的长期发展提供了动力和活力。

对于个人来说，创业的重要性贯穿个人发展、经济增长、社会进步及全球挑战的解决等多个层面，为个人提供了实现自我价值和职业梦想的平台。对于经济社会来说，创业为其带来了创新动力、就业机会和竞争力。通过新企业的创建和发展，创业活动推动了技术进步和产业升级，为消费者提供了更多样化和高质量的产品与服务。从社会层面来看，创业通过解决各种社会问题，如环境保护、教育公平、健康医疗等，提高了人们的生活质量。这些创新的解决方案不仅能够应对当下的挑战，也能够为未来的可持续发展奠定基础。同时，创业促进了文化多样性和创造性思维的运用，鼓励人们勇于尝试和创新，从而推动了社会的整体进步。

总之，创业的重要性体现在它为经济发展和社会进步提供了不可或缺的动力。它不仅关乎经济数字的增长，更关乎创新、进步和应对人类面临的各种挑战。通过支持创业，社会能够拥抱更加繁荣、包容和可持续的未来。

1.1.3　创新设计与创业的相互依赖性

自 19 世纪晚期起，设计、创业和商业之间的关系都围绕着远见、创造力和革新展开。创新设计与创业之间的相互依赖性随着经济转型变得更强，这种相互依赖性体现在创新设计激发创业活动，而创业活动又为创新设计提供实践平台和市场验证。

1. 创新设计激发创业活动

创新设计的真正力量远超过产品外观的改良，它的核心价值体现在对产品功能、用户体验、服务模式及商业模式的根本性革新上。这种深层次的创新思维能够精准识别市场未满足的需求或现存问题，并提出独特的解决方案。当这些创新设计遇到恰当的创业机遇时，它们便能够激发新的商业活动，推动市场的进步和行业的变革。

智能手机的发明便是创新设计与创业精神相结合的一个杰出例证。通过革命性的设计，智能手机不仅极大地丰富了用户体验，而且催生了一个全新的商业生态系统。这个生态系统包括应用程序开发、移动支付、社交媒体、在线教育和健康管理等，均基于智能手机平台。

盒马鲜生的案例则从服务业的角度进一步展示了创新设计如何引发变革。作为阿里巴巴集团推出的新零售超市品牌，盒马鲜生通过融合线上和线下的购物体验，彻底改变了传统零售业的运营模式。在盒马鲜生店内，顾客不仅可以购买到新鲜的食材，还可以现场享用由这些食材烹饪的美食。这种创新的"即买即食"模式，极大地提升了顾客的购物体验，同时满足了现代消费者对于便捷性和食材新鲜度的双重需求。通过利用大数据和人工智能技术分析消费者行为，预测市场趋势并调整库存，盒马鲜生实现了高效的供应链管理。这种数据驱动的运营策略不仅提高了运营效率，也减少了食物浪费，体现了企业对社会责任的承担。盒马鲜生的成功不仅归功于其创新的商业模式和服务设计，更在于它通过这些创新来应对零售行业面临的挑战，如提高消费者满意度、优化库存管理及实现可持续发展等。这些都证明了创新设计的强大能力，其不仅能够激发新的高效商业机会，还能推动整个行业向更加人性化、可持续和符合消费者习惯的方向发展。

此外，可持续时尚品牌埃韦兰斯（Everlane）和在线教育平台Coursera等案例，也展示了创新设计如何在不同领域内满足特定的市场需求，同时引领新的消费趋势和生活方式。埃韦兰斯通过将其供应链透明化，强调可持续性和道德生产，回应了消费者对于品牌责任和环境保护的关注。Coursera则通过提供在线课程和学位，打破了传统教育的地理和经济壁垒，使高质量的教育资源更加普及和易获取。

2. 创业活动为创新设计提供实践平台和市场验证

创业活动为创新设计提供实践平台和市场验证，这一过程对于推动技术创新、满足消费者需求及引领市场趋势至关重要。通过将理论和创意转化为实际的产品和服务，创业不仅验证了创新设计的可行性，还为进一步的创新提供了基础。这种相互作用在多个成功的创业案例中得到了体现，这些案例涉及的行业包括但不限于技术、零售和服务行业。

声田（Spotify）是一个正版流媒体音乐服务平台，它通过其创新的商业模式和服务设计，彻底改变了人们消费音乐的方式。在声田平台出现之前，音乐行业面临着数字化转型的挑战，包括版权管理问题和盗版问题，这些问题严重影响了艺术家的收入和消费者的音乐体验。声田平台通过提供合法、便捷、个性化的音乐流媒体服务，为应对数字化转型的挑战提供了有效的解决方案。

声田平台的创新不仅在于其技术平台，更在于其对用户体验和商业模式的设计。通过采用订阅制，声田平台允许用户通过支付月费来享受无限制的音乐欣赏体验，同时也为不愿意支付月费的用户提供了有广告的免费版本。这种模式不仅为消费者提供了价值，也为艺术家创造了新的收入来源，同时能够帮助音乐产业对抗盗版。通过这种创新设计，声田平台成功地验证了其商业模式在市场上的可行性，同时也推动了整个音乐产业的数字化转型。

创业不仅是商业活动的一种形式，更是一个将创新设计应用于实际问题，并通过市场机制进行验证和迭代的过程。其不仅能够推动经济发展，还能够促进社会文化的进步。声田平台通过采用创新的服务模式，不仅解决了音乐行业的实际问题，还促进了音乐文化的传播和发展，使得更多的用户能够以更低的成本享受更广泛的音乐资源。

此外，创新设计与创业活动之间的相互促进关系，还体现在二者共同应对社会挑战和满足消费者需求的能力上。随着社会的发展和技术的进步，消费者的需求和期望也在不断变化。创业活动通过不断开展创新设计，满足消费者变化的需求，同时引领新的消费趋势和生活方式。例如，环保和可持续发展的消费者需求推动了一系列创业公司的兴起，这些公司通过创新设计来解决环境问题。Allbirds是一家生产可持续鞋类的公司，它是通过使用天然材料和创新的生产工艺来减少碳足迹的典范。它的成功不仅在于为消费者提供了环保的产品选择，更在于改变了消费者对可持续时尚的认知，引领时尚行业向更加环保和可持续的方向发展。

随着技术的不断进步，特别是移动互联网和大数据技术的发展，消费者对于服务的便捷性和即时性的需求显著增加。在这种背景下，滴滴出行的出现不仅是对这一需求的响应，也是对城市交通模式的一次革命性创新。滴滴出行通过其先进的移动应用平台实时匹配乘客与司机，大大缩短了乘客等待时间，提高了出行效率。这种模式的成功，根源于平台对消费者需求的深刻理解和对技术潜力的充分利用。滴滴出行对社会的影响远不止于为人们提供了一种更加便捷、高效的出行方式，它还通过优化交通资源分配，有效缓解了城市交通拥堵的问题。更重要的是，滴滴出行的成功推动了共享经济模式在全球范围内的发展。通过鼓励车辆共享，滴滴出行不仅为司机提供了更多的收入来源，也为乘客提供了更多的出行选择，促进了资源的有效利用和环境的可持续发展。

这些案例表明，创新设计与创业活动之间的相互促进，不仅能够推动经济增长和技术进步，还能够应对社会挑战，满足并引领消费者的需求和期望。通过不断探索和实践，设计师和创业者共同为社会带来了更多的可能性，推动了社会的进步和人们生活方式的变革。

1.2 创新设计与创业的核心要素

1.2.1 思维与观念：设计思维与创新文化

设计思维是一种以人为本、以解决问题为导向的思维方式，它强调跨学科团队的协作、对用户需求的深入理解及快速的原型制作和迭代。这种思维方式不仅适用于产品设计，更是推动创新设计和创业活动的重要工具。设计思维鼓励人们跳出传统框架，从用户的角度出发，通过同理心理解用户的真实需求，然后运用创造性思维探索可能的解决方案，最终通过原型制作和测试来验证这些解决方案。这一过程不仅增强了产品和服务的用户体验，也为企业创造了新的价值。

与设计思维紧密相关的是创新文化，其是一种鼓励创新、容忍失败并持续追求改进的组织文化。在一个充满创新文化的环境中，员工被鼓励提出新想法、探索未知领域，即使这些尝试可能不会立即成功。从认识创新文化到创新实践是一个迭代过程，失败是向成功迈进的必经之路。通过建立这样一个支持性的环境，组织能够激发员工的创造力，促进知识分享，加速创新项目的发展。而创新文化包含多个方面，如开放性思维、持续改进、容忍失败和激励创造等。

1.2.1.1 开放性思维

创新文化鼓励开放性思维，即对新想法和不同观点的接受和探索。这种思维方式促进了跨学科合作和知识共享，为创新提供了丰富的土壤。开放性思维在创新文化中占据核心地位，它不仅是一种接受新想法和不同观点的心态，更是推动创新和进步的动力。这种思维方式鼓励个人和组织超越传统的界限和偏见，勇于探索未知世界和接受挑战。在开放性思维的影响下，团队成员被鼓励自由地表达自己的想法和见解，即使他们的一些想法可能与团队现有的观念和实践相悖。开放性思维的价值还体现在它能够促进跨学科合作和知识共享。在当今复杂多变的社会中，单一学科往往难以解决复杂的问题。通过跨学科的合作，不同领域的专家能够汇聚智慧，共同探索创新的解决方案。这种合作不仅能够加速问题的解决过程，还能够激发新的创意和思路，为创新活动提供更加丰富和多元的视角。

此外，开放性思维还能够促进知识的共享和传播。在开放的文化氛围中，知识不再是封闭的和保守的，而是流动的和共享的。这种知识共享不仅有助于提高团队和组织的整体智慧，还能够加速团队和组织学习和成长，使团队和组织能够更快地适应环境变化和技术进步。

1.2.1.2 持续改进

在以创新为核心的文化中，持续改进不仅是一种策略，还是组织日常运作的基本原则，深植于组织日常运作的每一个细节。这种文化不将改进视为偶发事件或特定项目的目标，而是将其视为组织生活的一部分，一种根深蒂固的习惯。在这样的文化氛围中，每一名成员都被激励去主动寻求改变，用批判性思维去审视和反思现行的工作模式、产品设计、服务流程及操作方法，从而不断探索和实践可能的改进方案。这种持续的追求不仅是为了解决眼前的问题，更是为了通过持续的努力和小幅度的快速迭代，不断提升组织的整体性能和效率，推动组织向更高目标前进。

持续改进的文化鼓励每个人形成一种基于学习和适应的心态。在这样的环境中，每一次反馈都被视为学习和成长的机会，无论其是来自成功的经验还是失败的教训。员工被鼓励开放地分享他们的见解和体会，这种分享不仅限于团队内部，而是可以跨越不同部门和层级，从而促进组织内部的沟通和协作。这种开放和合作的氛围加速了知识的流动和最佳实践的传播，使得组织能够更快地吸收新知识，应对外部变化。进一步而言，持续改进的文化体现了组织对创新的深刻承诺。通过不懈追求工作方法的优化和创新，组织展现出对创新价值的重视和对卓越的不懈追求。这种文化不仅鼓励创造性思维，还能够激发解决问题的能力，使组织在市场的快速变化和激烈竞争中保持灵活性和敏捷性，快速适应并抓住机遇。

为了支持持续改进，许多组织采用了精益生产、六西格玛和敏捷管理等方法论和工具。这些方法论和工具不仅提供了系统化的改进框架，还强调了跨职能团队合作和快速迭代的重要性。通过这些实践，组织能够有效地识别瓶颈和浪费，优化流程，提高质量，最终实现更高效的运营。

1. 精益生产

精益生产概念源于丰田生产系统，也叫"丰田生产方式"（Toyota Production System，TPS），是由丰田公司提出的一个整合的社会—技术系统，包含一套管理理念和实践。丰田生产方式为汽车制造安排生产流程和物流，以及与供应商和客户的互动。它的核心理念是通过消除浪费来提升生产效率和产品质量。这种方法论认为，任何不为客户创造价值的活动都应被视为浪费，并应从生产过程中剔除。TPS 的主要目标是持续消除浪费、减少波动和避免过载，并将浪费归纳成七种类型：等待的浪费、搬运的浪费、不良品的浪费、动作的浪费、加工的浪费、库存的浪费及未充分利用员工的创造力。通过持续地识别这些浪费并采取措施加以消除，精益生产不仅能够提高工作流程的顺畅度，还能显著提高客户满意度和企业竞争力。运用 TPS 使丰田公司的生产成本大大降低，交货期大大缩短，同时产品品质有所提高。这使得 1998—2020 年丰田公司的营业额一直位居世界公司前十，并与德国大众汽车、美国通用汽车并称为世界三大汽车制造商。

精益生产的实践工具和技术，是其成功实施的关键。例如，看板系统是一种视觉化的管理工具，通过看板来控制生产流程中的工作和库存量，能够确保生产过程中的每一步都按需进行，从而减少等待时间和过度生产导致的浪费。"5S"管理模式[整理（Seiri）、整顿（Seiton）、清扫（Seiso）、清洁（Seiketsu）、素养（Shitsuke）]则是一种旨在创造整洁有序工作环境的实践方法，通过提高工作场所的组织化水平，减少错误和事故，提高效率。

精益生产不仅是一套生产管理的技术或工具，更是一种文化和思维方式的转变。它要求组织中从高层到基层的每一个成员都能够持续地关注流程改进和效率提升，鼓励团队合作、开放沟通和持续学习。在这种文化的驱动下，组织能够更快地响应市场变化，更有效地利用资源，创造更高的客户价值。这就是"丰田模式"（The Toyota Way），其主要包括以下几个方面。

(1)正确的流程有助于产生正确的结果

①创建连续的工作流程,以便及时发现问题。②采用拉动式生产系统,以避免过度生产。③确保工作负荷的平衡化,以使工作进度稳定,避免后期急速冲刺。④建立即时响应机制,以便在问题初次出现时立刻解决,从一开始就注重质量控制。⑤工作任务的标准化是实现持续改进和赋予员工权力的基础。⑥使用可视化管理工具,确保问题能够被迅速识别。⑦采用经过充分验证的可靠技术来支持人员和流程。

(2)培养员工与事业伙伴,以为组织创造价值

①将深刻理解并秉承公司理念的员工培育为领导者,使他们能够指导他人。②培养和发展忠于公司理念的优秀人才和团队。③重视并发展与公司合作的伙伴和供应商网络,通过挑战并支持他们来促进改进。

(3)持续解决根本问题是学习型组织的驱动力

①实地考察:直接去现场以深入理解实际情况。②在决策时不急于求成,通过协商达成共识,并在彻底评估所有选项后迅速行动。③通过持续的反思和改进,成为一个学习型组织。

随着时间的推移,精益生产的理念已经超越了制造业,被广泛应用于服务业、医疗保健、软件开发等多个领域。无论是在提高生产线效率方面,还是在优化办公流程、提升服务质量方面,精益生产都展现了其强大的适应性和改进潜力。通过不断追求更高效、更敏捷的运营模式,精益生产帮助组织在激烈的市场竞争中保持领先地位,实现可持续发展。

2. 六西格玛

六标准差(Six Sigma),又译为六西格玛,其核心理念于20世纪70年代在摩托罗拉(Motorola)公司形成。起因是摩托罗拉公司高层领导对生产质量的批评促使公司意识到提高质量与降低生产成本之间的正相关性,这一认识颠覆了当时人们认为提高质量会增加成本的普遍观念。实际上,提升质量通过降低维修和操作成本反而降低了整体成本。基于这一理念,摩托罗拉公司的工程师比尔·史密斯(Bill Smith)于1986年制定了一系列方法。六西格玛源于统计学中的西格玛(σ)等级,用来衡量一个过程中的变异度,意味着每一百万个机会中只有3.4个缺陷,几乎达到了完美的质量水平。

六西格玛的发展受到了过去几十年多种质量提升方法的影响,包括质量控制、全

面质量管理（Total Quality Management，TQM）和零缺陷法等，结合了沃特·A. 休哈特（Walter A. Shewhart）、威廉·E. 戴明（William E. Deming）、约瑟夫·M. 朱兰（Joseph M. Juran）、菲利普·B. 克劳士比（Philip B. Crosby）、石川馨、田口玄一等人的方法。最初，六西格玛是一套旨在改进生产工业流程和消除缺陷的方法，随后其应用范围扩展至其他商业领域。在六西格玛的定义中，任何不满足客户需求或可能导致成品不符合客户要求的因素都被视为缺陷。

六西格玛方法论主要通过两种策略实施：DMAIC［定义（Define）、测量（Measure）、分析（Analyze）、改进（Improve）、控制（Control）］和DMADV［定义（Define）、测量（Measure）、分析（Analyze）、设计（Design）、验证（Verify）］，前者用于改进现有过程，后者用于创建新过程或开发新产品。这两种策略都依赖于数据驱动的决策过程，强调量化目标和结果，以及团队合作。六西格玛方法论的基本原则包括以下三点：一是通过稳定和预测性地优化流程结果（例如减小流程的统计方差）来持续改进，助力商业成功；二是生产和商业流程可以通过测量、分析、改进和控制得到优化；三是实现持续的质量提升需要整个组织的参与，尤其是领导层的引领。与以往方法不同，六西格玛方法论明确要求获得可测量、可量化的财务回报，并且对领导力和支持提出了更高要求，同时也强调基于确凿数据进行决策，而非依赖猜测和预测。

目前有些创业者已经尝试将六西格玛和精益生产结合起来使用，持续激发创新能力，推动组织和文化创新。但二者也有区别，具体区别如表1-1所示。

表1-1 精益生产和六西格玛的区别

特征/方法	精益生产	六西格玛
企业基础管理水平要求	需要建立5S管理、可视化管理、设备自主保全体系，并培养员工掌握多种技能	适用于各水平企业，通过DMAIC循环活动改进
思想范畴	基于拉动式准时化生产，消除生产浪费	通过科学优化的思想流程解决问题，强调DMAIC流程
解决问题的出发点	直接针对减少7种浪费	从顾客需求出发，选择对顾客影响最大的问题进行改进
对财务效果的认识	通过消除浪费间接影响财务，未经科学分析	以财务成果为中心，优先选择对利润贡献大的项目
系统化工具使用	依赖经验，应用顾客价值流分析、自働化（Jidoka）等技术	有逻辑性地结合各种工具，即使非专家也能参与解决方案

（续表）

特征/方法	精益生产	六西格玛
统计知识应用	较少应用统计技法	广泛应用统计技法，量化分析指标
对波动的认识和处理	通过提高基础管理水平减少波动	将波动视为敌人，力求消灭或减少波动
人才培养机制	非系统化，自主自发的边干边学	系统化培养，建立内在激励机制，培养问题解决专家

总之，持续改进作为组织文化的一部分，塑造了一个永远不满足现状、始终寻求进步的组织环境。通过采用这些方法论和工具，组织不仅能够有效地识别和解决运营中的瓶颈和浪费问题，还能够促进跨职能团队之间的协作，从而加快创新和改进的步伐。这种系统化的持续改进过程使组织能够不断优化流程，提高生产质量，最终实现更高效、更有效的运营。这不仅能够提升组织的竞争力，也能够为员工创造鼓励学习、合作和创新的工作环境，从而推动组织向着卓越迈进。

1.2.1.3 容忍失败和激励创造

创新的根基在于营造一个全面支持性的环境，不仅包括营造积极的社会文化氛围，也包括设计鼓励创意和实验的物理空间。在这种环境下，个体被赋予了自由探索和冒险的空间，从而能够充分挖掘和利用自己的潜力。如果团队成员一开始就被放置在一个可能努力无果的环境中，那么即便团队由跨学科人才组成，团队成员之间的协作也难以发挥最大效用。因此，组织的物理布局和心理氛围是团队成员能否成功的关键因素。

在这样的文化中，容忍失败和激励创造成为创新的两大驱动力。容忍失败意味着将失败视为学习和成长的机会，而非终点或耻辱。在这种文化背景下，失败后寻求宽恕而不是事前获得许可成为常态，同时，成功的尝试也会获得奖励。这种对失败的宽容态度和对创新尝试的积极激励，共同营造了一个充满活力和创新精神的工作氛围，有效地消除了阻碍新想法产生的障碍。

以谷歌为例，这家科技巨头不仅是搜索引擎的同义词，更是设计思维和创新文化融入企业基因的杰出代表。谷歌采取了一项独特的政策，即允许员工将长达20%的工作时间分配给自己的创意项目，这一政策背后的理念是鼓励员工自由探索、实验新想法，即使这些新想法可能与他们日常工作不直接相关。这种做法不仅激发了员工的创造力，也为公司带来了如 Gmail、谷歌新闻（Google News）等一系列创新产品，这些产品不仅改变了人们获取信息和沟通的方式，也进一步巩固了谷歌在全球科技行业的领导地位。

谷歌的这种创新文化体现了其对设计思维的深度理解和应用。设计思维是一种解决问题的方法，强调以用户为中心，通过迭代的过程不断探索、制作原型、测试，最终找到最佳解决方案。谷歌鼓励员工跨越常规的思维边界，从用户的角度出发，探索能够真正满足用户需求和解决实际问题的创新解决方案。这种方法不仅提高了产品和服务的质量，也加速了创新的过程。

此外，谷歌的成功也证明了容忍失败的重要性。在谷歌，失败被视为学习和成长的宝贵机会，而不是被指责和惩罚的理由。这种文化鼓励员工大胆尝试，即使尝试的结果并不总是成功的。谷歌认识到，创新过程本质上充满不确定性，只有通过不断的实验和探索，才能实现真正的突破。因此，公司内部形成了一种积极的氛围：员工不因失败而气馁，反而将每次失败视为向成功迈进的一步。这种对失败的宽容态度和从失败中学习的文化，为谷歌的持续创新奠定了坚实的基础。

谷歌还通过建立跨职能团队来促进创新。这些团队汇集了来自不同背景和专业领域的员工，他们共同协作，将各自的知识、技能和视角融合在一起，以解决复杂的问题。这种多元化的团队结构促进了创意的交流和碰撞，使创新解决方案能够从不同角度得到设计和完善。通过这种协作方式，谷歌不仅能够快速响应市场变化，还能够预见并引领未来的趋势。

总之，谷歌的例子展示了当一个组织将设计思维和创新文化深植于其核心时，它能够通过鼓励自由探索、容忍失败、激励创造和跨职能团队合作，不断扩展技术和服务的创新边界。这种文化不仅促进了谷歌自身的持续成长和成功，也为其他企业提供了宝贵的启示，即创新不仅需要技术和资金的投入，更需要一种支持性的组织文化和环境。

加里·哈默尔（Gary Hamel）所强调的"21世纪将偏爱适应性和持续创新"，指出了将创新作为组织核心价值的重要性。为此，组织应致力于营造一个既能反映又能强化这一理念的环境。这不仅要求组织为员工提供自由探索的空间，而且要求组织确保团队成员之间能够紧密协作，形成一个协同一致的整体。过度的个体独立性可能反映出组织内部的深层次问题，特别是当创新人才与组织的其他部分隔离时，这种孤立不仅会限制创新人才接触更广泛的知识和技能，也会削弱组织整体的创新能力。

因此，通过鼓励设计师、营销人员和工程师等不同领域的专家共同面对挑战，组织可以更快速地适应市场变化，促进知识的交流和创意的碰撞。这种跨职能合作不仅能够打破"信息孤岛"，促进知识共享，还能够激发团队成员的创造激情，推动组织向着更加创新和灵活的方向发展。最终，这种以支持性环境为基础，以容忍失败和激励创造为核心的文化，将成为推动组织持续进步和创新的强大动力。

1.2.2 创意与创造：从灵感到实现

创意与创造构成了将初步灵感转化为具体实践的完整过程，涉及从最初的想法孕育到最终成果的实现。这一过程不仅是个人想象力和创新能力的体现，更是在一个能够将创意具体化为实际产品或解决方案的环境中进行的集体努力的体现。

在创意阶段，灵感的闪现往往源于对日常生活的观察、对特定问题的深入思考或对未来可能性的遐想。这时，个体或团队通过不断地探索和研究，将抽象的想法逐渐清晰化，形成初步的概念。这一过程需要开放的思维模式，鼓励跨界思考和自由联想，以促进新奇想法的产生。

头脑风暴是获得灵感的第一个环节。有研究者指出，对于头脑风暴的研究不应仅停留在理论研究上，更应该亲身实践这些理论。有研究表明，具有高度积极性的个体在独立工作时可能会产生更多的创意。同时，案例研究也显示，头脑风暴对于激发创造力就如同定期的体育锻炼对于保持心脏健康一样至关重要。就像板球、足球或美式橄榄球一样，头脑风暴也必须遵循一定的规则。这些规则为团队提供了一个可以充分发挥的平台。没有这些规则，头脑风暴会议可能会沦为无目的的聚会，或者出现人多话少、毫无成果的混乱场面。每个组织可能会根据自身的特点制定不同的头脑风暴规则。在IDEO公司，头脑风暴会议专用房间的墙上清晰地写着规则：推迟评判、自由发散、保持聚焦、建立在他人想法之上等。其中，"建立在他人想法之上"被视为最关键的规则，因为这一规则确保了每名参与者都能针对之前提出的想法作出贡献，有逻辑性地结合各种工具，即使非专家也能接近解决方案，推动整个讨论向前发展。IDEO公司曾在为耐克设计一款儿童产品的过程中，通过邀请一群8~10岁的儿童进行头脑风暴，发现了男孩和女孩在产生想法的数量上存在显著差异：女孩们提出了200多个想法，而男孩们仅提出了50个想法。这一发现揭示了倾听他人想法对于真诚合作的重要性，而女孩们在这方面表现得更为出色。

尽管头脑风暴法并不一定适用于每个组织，也不是产生想法的唯一手段，但当目标是激发多样化的想法时，其价值不容忽视。其他方法在决策过程中可能更为重要，但在创意生成阶段，没有什么方法比头脑风暴会议更有效。

创造阶段是将经过精炼的创意具体化的过程。这一阶段需要将创意与现实条件相结合，考虑技术可行性、市场需求、成本效益等因素。同时，团队成员需要密切合作，利用各自的专长和知识，通过设计、原型制作、测试和反馈等步骤，不断调整和优化方案。这一过程往往充满挑战，可能会遇到预期之外的技术难题或市场变化，但正是这些挑战促使团队不断学习和成长，最终实现创意的落地。

然而，创意本身并不完全等同于创新。要将灵感转化为实际的创造成果，需要一个支持性的环境，其中包括鼓励尝试和容忍失败的文化、提供必要资源和工具的机制，以及促进团队合作和知识共享的组织结构。在这样的环境中，创意得以通过实验和迭代不断完善，逐步接近可行的解决方案。

在创新创业领域，将灵感转化为实际产品的过程至关重要，而深入理解目标用户的需求和体验是这一过程的基石。以新百伦（New Balance）公司为例，它是一家美国的生产运动鞋和运动服等体育用品的大型国际公司，成功地实现了通过实地了解客户来启发创新思维和产品开发。新百伦的高级产品研发团队成员遍访美国，与各地的跑步爱好者并肩奔跑，这种亲身体验使他们能够捕捉到那些能显著提升跑步体验的关键细节。

这种深入的用户研究方法帮助新百伦公司识别出用户需求中未被充分满足的部分，从而提出了"智能鞋垫"的创新概念。这个概念旨在通过一种舒适、易于使用的方式记录用户的每一步，无论用户是在专门的锻炼时间还是在日常生活中。新百伦团队意识到，许多潜在用户由于生活节奏较快，难以抽出时间进行传统的锻炼，因此他们设计了"智能鞋垫"这款产品，旨在鼓励用户将更多的运动融入日常生活，从而无须专门安排时间运动也能保持活跃。通过对目标用户群体的深入了解，新百伦研发团队将灵感转化为具体的产品设计。他们不仅关注产品的功能性，还考虑到了用户的心理需求和生活方式，从而设计出既能满足用户健康需求，又能无缝融入日常生活的创新产品。这一过程展示了在创新创业中组织成员将灵感转化为成果不仅需要掌握技术和创新思维，更需要具备对用户的同理心和洞察力。

新百伦公司的案例说明了在创新创业过程中实地了解用户的重要性。通过直接与用户互动和观察用户，创业者可以获得宝贵的第一手信息，这些信息是将灵感转化为创新产品不可或缺的基础。新百伦公司通过开发智能鞋垫，成功地将洞察转化为实际产品，为用户提供了更加个性化和满足需求的运动解决方案。

总之，从灵感产生到灵感实现的过程是一次创新的旅程，它不仅是创造新产品或服务的过程，更是推动个人成长、团队发展和组织进步的过程。在这一过程中，每一次尝试、每一次失败、每一次成功都是宝贵的经验，共同铸就了创新的成果。

1.2.3 知识创新：理论与实践的结合

知识创新在当代企业和组织的发展中发挥着至关重要的作用，它远远超出了传统技术更新的范畴，成为驱动社会进步和经济增长的核心动力。通过融合理论知识与实践经验，知识创新不仅催生了新产品和新服务，而且扩充和深化了知识体系本身。这个过程要求企业持续地吸收和应用新知识，以便发掘和解决问题，同时促使知识体系不断地更新和扩展。

知识创新是一个充满活力的互动过程，它包含跨学科知识的整合与新思维的孕育。这不仅涵盖技术层面的创新，还包括管理理念、商业模式和市场策略等多方面的更新。这一全方位的创新过程要求企业保持开放和前瞻的思维，通过不断地探索和实验，形成有效的解决方案，进而推动知识的更新和技能的提升。

知识创新赋予了企业和组织在全球化和信息化时代保持竞争力的能力，同时为社会知识的积累和技术的进步作出了贡献。它成为企业持续发展的关键源头，通过不断地实践和积累经验，推动了知识的更新和应用，从而促进了社会和经济的持续进步。为了深化我们对知识创新在现代企业和组织中的重要性的理解，有必要探讨知识创新的本质和显著特征，以及其如何成为增强企业和组织竞争力的根本途径。这将为我们揭示：知识创新不仅是推动技术发展的关键，也是企业和组织持续成长并适应市场变化的核心战略。

1.2.3.1 知识创新的内涵

知识创新的内涵是在现有知识基础上进行创新性的思考、整合、重组或扩展，以产生新的理论、产品、服务或解决方案。知识创新过程超越了对现有技术的简单改进或知识的累积，它要求深刻理解和灵活应用知识，通过探索未知领域和解决实际问题，创造新的价值和意义。具体而言，知识创新可能体现为对现有理论的深入研究和批判性思考，提出新的理论观点或模型，推动学科知识的发展；或在科学研究和技术开发中，通过新的发现或技术应用，改进或创造新的技术方法和工具，提高技术效率和效果；也可能在组织管理和运营模式上，通过引入新的管理理念或策略，优化组织结构和流程，提升管理效率和组织效能；以及通过重新设计企业的价值创造、交付和获取机制，开发新的商业模式，以满足市场需求和创造经济价值。

知识创新的核心在于创新主体对知识的深刻理解和灵活运用，以及持续的探索精神。这要求创新者具备跨学科的知识、开放的思维和持续的好奇心，能够在不同领域间建立联系，发现并解决问题。

知识创新的实践过程是充满挑战和机遇的探索之旅，它要求创新者不仅具备深刻理解知识的能力，而且能够灵活运用所理解的知识来解决实际问题。这意味着创新者不仅要有广泛的知识储备和跨领域的思维能力，还要有持续的好奇心和勇于面对失败的决心。大规模开放在线课程——慕课（MOOCs）的兴起正是知识创新实践的一个典型案例。通过将互联网技术与先进的教育理论相结合，慕课成功地将高质量的教育资源向全球的学习者开放，这不仅解决了传统的教育资源获取不均的问题，也为个性化和自主学习提供了新路径。美国麻省理工学院的开放式课程（Open Course Ware）项目通过免费提供数百门课程的教学材料，展示了如何通过知识创新将抽象的理论知识转化为具体的应用实践，从而解决了现实世界中的教育可及性问题。

总之，知识创新的内涵体现在其通过新的知识组合、重组或扩展，不断探索和实践，将理论知识转化为解决实际问题的具体应用。这一过程不仅推动了知识的发展和应用，也促进了社会的进步和经济的增长，显示了知识创新在当代社会中不可替代的重要地位。

1.2.3.2　知识创新的特征

知识经济以现代科技为核心，依托知识和信息的生成、储存、应用和消费。知识经济的本质是通过持续的知识创新来驱动经济的质变和发展。知识创新不仅意味着"创造新知识"，它还涵盖了创造新价值的经济学意义，包括但不限于创新知识本身。知识创新不是孤立发生的，而是企业将市场需求和技术发展紧密结合的过程。在这一过程中，技术创新成为知识创新的关键组成部分，企业通过技术创新在市场上获得领先地位，进而实现经济效益最大化。

知识创新的特征体现了其独特性及对社会和经济发展的重要贡献，主要表现为跨学科性、持续性、问题导向性等。首先，知识创新是跨学科的，它涉及不同领域知识的融合与交叉，能够促进不同学科间的相互启发和创新思维的碰撞。这种跨学科的特征使知识创新能够突破单一领域的局限，探索更广阔的创新空间，从而产生全新的解决方案和思想。其次，知识创新是一个持续不断的过程，而非一次性事件。它要求创新者持续探索、学习和实践，不断积累新知识，以适应不断变化的环境和需求。最后，知识创新需要做到问题导向。知识创新通常是以解决具体问题为导向的。它从实际需求出发，通过创新找到解决问题的新方法和新途径。

企业的知识资源是其最宝贵的资产和生产要素之一。知识创新可以在研发、生产、经营和管理的任何环节发生，其范围非常广泛。知识创新涵盖企业独立进行的技术知识创新（包括应用技术知识创新和基础技术知识创新）、管理知识创新和商业模式知识创新，以及与科研机构和高等教育机构合作进行的基础科学知识创新、前沿科技知识创新等。因此，企业知识创新构成了一个动态的、多维的创新系统。例如，谷歌作为一家以技术和知识为基础的公司，其成功充分体现了知识创新的力量。谷歌不仅在搜索引擎技术上进行了革命性的创新，还通过应用数据分析和人工智能技术，开发了广告业务模式，创造了巨大的经济价值。此外，谷歌的安卓操作系统是谷歌与手机制造商、开发者和消费者合作的结果，展示了跨界合作在知识创新中的重要性。在生物技术领域，CRISPR技术的开发是基础科学知识创新和前沿科技知识创新的典范。这项技术使得基因编辑变得更加简单、快速和精确，为治疗遗传疾病、改良作物和解决食品安全问题提供了新的可能。CRISPR技术的开发涉及广泛的学科知识和跨学科合作，展现了知识创新在应对全球性挑战中的潜力。

在讨论知识创新时，必须认识到企业在其中所扮演的关键角色。当今世界，科学和技术知识的产生、使用及供需之间的界限变得越来越模糊。虽然大学和公共科研机构在知识创新过程中扮演着重要角色，但它们并非以营利为目的，因此它们不是知识创新的主体，而是知识创新的重要参与者。追求利润的企业通过知识创新可以实现经济收益，因此，企业才是知识创新的真正主体。企业可以与大学和科研院所合作，充分利用这些机构的科技创新能力，为自身乃至整个社会带来更大的经济效益。

1.2.3.3　知识创新是提升竞争力的源泉

知识创新作为提升竞争力的源泉，是现代企业在激烈的市场竞争中保持领先地位的关键。通过不断的知识创新，企业能够开发出独特的产品和服务，满足市场不断变化的需求，同时提高生产效率和服务质量，从而在市场上获得竞争优势。例如，苹果公司通过不断进行产品创新和设计创新，成功地将智能手机、个人电脑和数字媒体产品融合，创造了全新的消费电子市场。苹果的成功不仅基于其技术创新，更在于其对用户体验的深刻理解和创新的商业模式。例如，iTunes 音乐商店和 AppStore 应用商店的建立，都极大地增强了苹果公司的市场竞争力。在制药行业，知识创新同样是提升竞争力的关键。制药公司通过持续的研发投入，不断发现和开发新药，以满足未被充分解决的医疗需求。例如，默克（Merck）公司通过实施创新的研发策略，成功开发出多种治疗重大疾病的药物，这不仅为患者带来了福音，也为公司赢得了市场领先地位和经济效益。

知识创新在企业的业务流程和管理模式改进中扮演着至关重要的角色，这一点在丰田公司生产方式的成功实践中得到了充分体现。丰田公司不仅引入了精益生产的理念，更通过持续的改进和优化，将这一理念深入生产的每一个环节，从而显著提升了生产效率和产品质量。这种对细节的关注和对完善的追求，使得丰田公司成为全球汽车行业的佼佼者，其生产方式也被广泛认为是制造业效率和质量管理的典范。丰田公司的例子展示了如何通过在管理模式和业务流程方面实施知识创新，实现企业运营的优化和产品质量的提升，进而在竞争中获得优势。

同时，知识创新在帮助企业把握市场趋势、洞察消费者需求方面也显示出其不可替代的价值。随着数字化和网络化的深入发展，企业所面对的市场环境和消费者行为日益复杂多变。在这种背景下，利用大数据分析和人工智能技术对消费者行为进行深入的理解和预测，已成为企业获取竞争优势的关键。例如，亚马逊（Amazon）通过分析用户购买历史和浏览习惯，能够精准地为用户推荐其感兴趣的商品，极大地提高了用户体验和销售效率。同样地，网飞（Netflix）是一家会员订阅制的流媒体播放平台，该平台通过分析用户的观看偏好来为用户推荐电影和电视剧，不仅提升了用户满意度，也优化了平台内容采购和制作决策。这些成功案例表明，企业通过知识创新敏锐洞察和快速响应市场趋势，能够在激烈的市场竞争中抢占先机，快速推出符合消费者需求的新产品和新服务，从而实现持续增长和发展。综上所述，知识创新是企业提升竞争力的重要源泉。它不仅包括技术创新，还涵盖管理创新、商业模式创新等多个层面。通过持续的知识创新，企业能够不断提供创新的产品和服务，优化运营效率，增强市场敏感性，从而在竞争激烈的市场环境中保持领先地位。

1.3　新经济时代下的创新与创业

在新经济时代，创新与创业正处于一个充满活力和变革的阶段。随着技术的飞速进步，特别是人工智能（Artificial Intelligence，AI）、"工业4.0"、工业互联网及一系列其他突破性技术的涌现，创新的路径和模式正在发生根本性的转变。这些技术不仅为创新活动提供了前所未有的支持和平台，使得创新过程更加高效、广泛和深入，也为创业者开辟了新的领域和市场，带来了丰富的机遇及相应的挑战。

人工智能的应用正在重塑各行各业，从自动化的生产线到智能客服，人工智能技术的引入极大地提升了效率和效果，同时也推动了新产品和新服务的产生。人工智能技术的进步不仅提高了原有流程的效率，更为解决复杂问题提供了新的方法，使企业能够开发出创新的解决方案来满足市场的新需求。

"工业4.0"代表着制造业的未来，它旨在通过智能制造和数字化转型实现生产过程的自动化、智能化和网络化。这一变革不仅提升了生产效率和产品质量，还使得生产过程更加灵活和可持续，为客户提供了更加个性化和多样化的产品选项。"工业4.0"的实施，为创业者提供了探索新商业模式和新服务的机会，同时也要求创业者不断学习和适应新技术，以使自身潜力得到充分发挥。

工业互联网通过连接设备、系统和人员，实现了数据的实时交换和分析，为企业运营提供了全新的视角。这不仅使得生产过程更加透明和高效，还为产品创新和服务优化提供了数据支持。通过利用工业互联网，企业能够更好地预测市场趋势，优化资源配置，提高响应速度，从而在竞争中占据有利地位。

此外，其他突破性技术如量子计算、区块链、生物技术等，也正在为创新与创业带来新的可能性。这些技术的发展不仅推动了科学的进步，也为解决行业难题和满足消费者的新需求提供了工具和方法。创业者需要紧跟技术发展的步伐，不断探索和实践，以发现和把握新的商业机会。

总之，在新经济时代，技术的快速发展为创新与创业带来了前所未有的机遇和挑战。创业者需要不断学习和适应这些新技术，利用它们为社会和市场创造更多价值，带来更多变革。

1.3.1 "AI +"与创新

"人工智能"一词最早在1956年的达特茅斯会议上被提出。迄今为止，人工智能领域经历了六十多年的发展，历经多次技术革新引发的热潮，以及因商业化进程中的挑战而遭遇的低谷。近年来，随着大量新技术的累积，人工智能再次以势不可挡的态势回归，其在商业和社会价值方面的巨大潜力引起了全球政府、学术界和产业界的广泛关注。

人工智能技术的发展和应用已经成为推动新经济时代创新的重要力量。人工智能不仅是一项技术，还与各行各业结合形成"AI +"模式，为传统行业带来革命性的变革。例如，在医疗领域，人工智能技术能够帮助医生诊断疾病，提高诊断的准确率和效率；在金融行业，人工智能技术被应用于风险管理和客户服务，提升了服务质量和安全性。"AI +"模式的兴起，促进了新产品和新服务的创造，为创业者提供了广阔的创新空间和市场机遇。

据统计，十九路围棋的所有可能局面大约有 2×10^{170} 种，这一数字远超过了英国天文学家亚瑟·爱丁顿（Arthur Eddington）估算的宇宙中质子的总数（1.57×10^{79}）。围棋因其复杂性和文化深度，曾被认为是机器智能难以战胜人类的领域。

2016年3月，DeepMind公司开发的人工智能机器人AlphaGo利用深度学习技术，以4∶1的成绩击败了韩国围棋九段高手李世石。2017年10月，DeepMind公司推出了进一步基于强化学习的围棋程序AlphaGo Zero，该程序通过自我对弈的方式学习，最终以100∶0的成绩战胜了其前身AlphaGo，这一成就标志着机器智能在与人类的对决中取得了历史性的胜利。AlphaGo和AlphaGo Zero的一系列胜利不仅证明了人工智能在处理复杂问题方面的巨大能力，也激发了全球对于人工智能商业应用潜力的广泛兴趣。

AlphaGo的成功引发了全球范围内对人工智能的极大关注，媒体的广泛报道、资本的热烈追捧及各国政府的战略部署，迅速将人工智能推向了公众视野的中心。这一时期，无论是寻求开创商业新篇章的创业者、寻找投资新机会的投资者，还是关注自身未来的各行各业人士，都对人工智能的发展有极高的期待。因此，2016年被众多媒体誉为"人工智能发展的关键年份"。

AlphaGo能够吸引全球的目光，关键在于它成功地将科学研究与工程实践相结合，通过整合卷积神经网络、残差网络和蒙特卡洛树搜索等多种技术，有效地解决了在围棋对弈中取胜这一历史悠久且极具挑战性的问题。这不仅是技术上的一大突破，也展示了人工智能在商业和实际应用中的巨大潜力，从而在短时间内引发了全球对人工智能技术的热烈讨论和广泛关注。随着AlphaGo战胜人类围棋大师，与人工智能相关的技术关键词迅速获得了全球关注。其中，"机器学习"已经超越"大数据"成为网络上最受关注的技术词语，同时，"人工智能"和"深度学习"二词的关注度也显著提高。

引人注目的是，世界各地对人工智能技术的兴趣和重视程度各不相同。例如，中国、日本、韩国这三个东亚国家对于"深度学习"技术的关注尤为突出，而在美国等西方国家，"机器学习"则成为关注的焦点。

随着人们对人工智能技术的兴趣日益增加，全球各地纷纷涌现众多人工智能初创企业。全球人工智能初创企业从2011年的70家增至2015年的400多家，这一跃升反映了人工智能行业的迅猛发展。特别值得一提的是，在过去几年中，中国人工智能企业数量的增长尤为显著，截至2024年一季度，全球人工智能核心企业近3万家，其中中国企业占全球的15%，即近4 500家。虽然与占比34%的美国企业相比还有一定的差距，但中国在这一领域的增长速度仍然令世人瞩目。

在技术突破的推动下，全球对人工智能的投资和研发热情高涨，政府、资本市场和产业界纷纷加大对人工智能领域的投入，希望在科技发展的新浪潮中占据有利地位。2013年起，全球人工智能行业的投融资规模呈现持续扩大的趋势，2017年更是成为人工智能投资的爆发年，全球人工智能行业投融资总规模约400亿美元，融资事件超过1 000件。在这一年，科技巨头如脸书、谷歌、微软、百度、阿里巴巴和腾讯等纷纷发布了自己的人工智能战略，全球对人工智能的关注和投资达到了前所未有的高度。特别是我国人工智能企业的融资总额占全球融资总额的70%，我国融资事件数量占全球融资事件数量的31%，显示了我国在人工智能领域的活跃度和潜力。

美国和中国作为人工智能领域两大重量级玩家，通过战略调整、大规模并购和合作等方式，在全球人工智能产业中占据了举足轻重的地位。英国凭借其卓越的高等教育体系和科研环境，孕育了DeepMind公司等技术领先的初创企业，展现了其在人工智能未来发展方面的巨大潜力。法国以其在数学研究领域的全球领先地位，以及在航空航天业、汽车工业和高端制造业的强劲实力，为人工智能的发展奠定了坚实的基础。德国凭借其在"工业4.0"、智能制造和汽车等领域的技术积累，有望在人工智能时代继续发挥领导作用。以色列凭借其在网络安全和国防军事等领域的显著优势，以及特拉维夫这一"创业圣地"的活跃创新氛围，成为全球人工智能发展的重要力量。

虽然中美两国在人工智能领域的竞争和发展吸引了全球关注，且关于哪国将成为该领域的领导者的讨论持续不断，但人工智能领域的竞争远不仅限于此。英国、法国、德国、日本等国家凭借在"工业3.0"时代积累的优势，有望在人工智能时代保持其领先地位。人工智能领域的竞争才刚刚开始，人工智能未来的发展潜力和方向仍充满无限可能。

1.3.2 "工业4.0"与创新

"工业4.0"，亦称第四次工业革命，标志着制造业进入了数字化、智能化的新纪元。这一概念深植于物联网、云计算、人工智能、虚拟现实、增材制造和机器人等革命性技术，旨在通过整合和优化线上与线下的资源、人力和信息，构建灵活性强且资源效率高的智能工厂。通过实现产品从设计、采购、生产、分销、零售到最终消费者端的信息流无缝衔接、实时化，"工业4.0"不仅极大提升了信息的透明度，还降低了运营成本，实现了产品的高度个性化及生产和开发流程的灵活和高效，同时推动了商业模式的创新。

"工业4.0"为全球制造业打破现有的生产力增长限制提供了关键的机遇。尽管自1978年至今中国制造业飞速发展，但其生产力水平仍然落后于发达国家，即便是经历了15年（2010—2024年）的快速发展，其生产力水平也仅达到全球领先发达国家的五分之一。一直以来，中国制造业的快速增长依赖廉价劳动力、资本和对创新的模仿，然而，这些竞争优势正在逐步消失。面对这一挑战，中国政府推出了"中国制造2025"计划，目标是乘着"工业4.0"的浪潮，将中国从世界制造业大国转变为制造业强国。然而，要实现这一数字化转型，中国制造商必须从自身的实际情况出发，探索中国特色的数字化转型路径。

1. 搭建数字化运营体系

当前，尽管中国企业在整个价值链的多个职能环节上，包括产品开发、供应链、生产制造、销售和营销及售后服务等，普遍在充分有效利用数字化管理工具方面面临着挑战，但也有一些积极案例值得关注。例如，在汽车制造业中，一些领先的企业已经开始采用数字化工具和流程来提升其产品开发、供应链管理和企业运营的效率。

中国一汽作为中国汽车工业的领军企业，面对传统制造业数字化转型中的典型挑战——数据孤岛、业务与IT系统脱节、管理依赖经验决策等，于2022年启动系统性数智化转型。在此背景下，中国一汽推出覆盖全价值链的"七星云工作台"和全球首个汽车行业企业级智能体OpenMind。前者以"北斗七星"为喻，贯通战略管控、技术开发、产品诞生、订单交付、客户运营等七大业务域；后者则通过多模态感知与智能决策能力重塑企业运营范式，标志着中国一汽从"机械硬件制造商"向"智能生命体"的质变。在具体实践中，中国一汽通过"七星云工作台"将38 000多个业务流程拆解至最小动作级，形成标准化管理节点。例如，订单交付OTD系统依托"超级云BOM中心"，实现从研发数据到生产交付的全流程自动化，并与700余家供应商构建数字孪生供应链，使物料需求覆盖率提升至100%，订单交付周期缩短至15.9天（较行业平均水平快25%）。而OpenMind智能体则通过多模态感知、智能决策与动态执行三大能力重构企业运营。如在差旅场景中，OpenMind智能体能基于员工历史数据生成个性化行程规划，动态调整路径并完成端到端交付。这一系列举措带来的成效显著。在效率层面，中国一汽审批自动化率突破50%，删除冗余审批节点超2 000个，业务响应速度提升3倍；订单交付周期、研发周期分别缩短25%和50%，制造成本降低40%，销售转化率提升42%。在组织能力层面，企业完成972名员工向"数据挖掘者""模型构建者"的技能转型，并部署数字员工替代完成重复性工作并沉淀数据，构建起企业"数字基因库"，实现从"人脑经验"到"系统范式"的转化。中国一汽"业务单元孪生+智能体"的协同模式为"工业4.0"背景下的制造业智能化转型提供了理论与实践的双重范本。

2. 管理基础设施及管理理念和能力

对"工业4.0"的盲目追求有时会导致企业在技术设备上进行非理性投资。例如，一些中国企业急于引进最新的自动化设备和软件系统，却忽视了其在组织架构和管理体系方面尚未做好充分准备的现实。在组织架构方面，调查显示，只有9%的中国企业为"工业4.0"项目设定了明确的职责分工，而仅有6%的中国企业制定了清晰的实施路径。这种情况下，缺乏对"工业4.0"实施策略的规划、数字化人才培养和商业模式验证成为企业面临的主要挑战。在绩效管理体系方面，许多企业未能将"工业4.0"项目的目标与员工的日常工作绩效挂钩，导致项目缺乏动力和方向。

管理理念上的短视也是一个普遍问题。许多企业将数字化转型视为一种时尚趋势，而非核心竞争力的提升。他们可能在社交媒体上大力宣传自己的"工业4.0"项目，实际上却缺乏深入和系统的项目实施计划。这种象征性的行动无助于企业真正实现数字化转型，反而可能导致浪费资源和偏离战略目标。

总之，虽然"工业4.0"为中国企业提供了转型升级的机遇，但成功实现转型升级目标需要企业在管理理念、组织架构、人才培养等方面做好充分的准备。只有当企业全面理解并投身这一变革过程，才能真正从"工业4.0"的浪潮中获益。

3. 生态系统相互作用

中国在"工业4.0"方面的发展正处于起步阶段，虽然由政府主导并吸引了技术投资者的关注，促使一些先进制造企业开始构建自身及跨界的合作网络，但与发达国家相比，中国在构建"工业4.0"生态系统方面还存在明显短板。这些不足主要体现在科研成果转化为实际应用的效率低下、缺少竞争力强的技术方案，以及产业链各环节间合作不够紧密等方面。

在中国，制造企业的发展水平参差不齐，面临的挑战和机遇各不相同。因此，制造企业在迈向数字化转型的过程中，寻找适合自身特点和需求的个性化"工业4.0"发展路径尤为重要。对于那些还处在传统生产模式、缺乏精益管理基础的企业而言，引入精益管理的理念和自动化技术不仅能迅速提升效率，还能显著改善运营质量；同时，加强数据的收集与分析，建立一套完善的决策支持系统，对于提高企业的响应速度和市场适应能力至关重要。对于那些已经实现部分自动化生产并开始探索数据驱动管理的企业来说，进一步优化组织结构，加强对数字化转型的支持力度，是其突破现有业务模式的关键。而对于那些在制造业领域已经走在前列的企业来说，利用数字化工具进一步增强管理的灵活性、提高管理效率，以及勇于探索和实施创新商业模式，是其维持行业领先地位的重要策略。

整体来看，中国的制造业并未像美国、德国等发达国家那样平稳地从第三次工业革命过渡到第四次工业革命。在中国，众多企业还停留在"工业2.0"阶段，有些甚至更落后。然而，随着"工业4.0"概念的提出及"中国制造2025"计划的积极推进，国内许多企业开始对数字化转型寄予厚望，热情高涨。但要实现这一转型和智能制造的目标，中国企业需要依据自身实际情况和行业趋势，打下坚实的精益管理基础，谨慎选择适合自己的数字化技术投资方向。同时，中国企业还需要构建适应数字化的组织结构、管理机制和人才培养体系,并展现出全局视野,主动寻求合作,共同构建健康的产业生态,以促进整个行业的进步和发展。

4. 推动产教融合与人才培养

新经济时代,随着"工业4.0"的兴起,企业对于高技能人才的需求日益增长,推动产教融合与人才培养成为当务之急。这不仅要求企业加强与高等院校和职业技术学院的合作,更要求企业、高等院校和职业技术学院通过有效的合作模式,培养出真正符合"工业4.0"需求的高技能人才。

产教融合、校企合作模式旨在打破传统教育与产业界之间的壁垒,通过直接的合作,实现教育内容与产业需求紧密对接。在这种模式下,企业不仅可以直接参与人才培养的过程,为学生提供实习实训机会,还可以参与课程内容的设计与更新,确保学校培养的人才能够直接满足企业的实际需求。此外,产教融合还意味着教育机构需要更新教学理念和方法,引入更多实践性、应用性强的教学内容,包括但不限于智能制造、大数据分析、云计算等"工业4.0"相关技术领域的教学内容,同时也涉及创新思维、团队合作等软技能教学内容。为了加快人才培养速度、提升人才质量,学校还需要建立更加灵活高效的教育体系,包括短期培训课程、在线学习平台、工作坊等多种形式,以适应不同背景、不同需求的学习者。通过这些方式,可以推动在校学生和在职工作者的知识与技能的快速更新,帮助其持续提升自身竞争力。

总之,推动产教融合与人才培养是一个系统工程,它需要教育机构、企业乃至政府部门的共同努力。通过建立更加紧密的合作关系,实施更加开放灵活的教育模式,可以有效地培养出符合"工业4.0"时代需求的高技能人才,为社会经济的持续发展提供坚实的人力资源支持。

5. 培育创新生态与市场环境

在推进"工业4.0"的过程中,培育一个开放、协同、共享的创新生态系统至关重要。这样的生态系统不仅能够鼓励创新和创业精神的蓬勃发展,还能为中小企业提供必要的支持,从而为"工业4.0"的实施营造一个良好的市场环境和创新氛围。

构建这样的生态系统要求政府、企业、学术机构及其他社会组织之间建立更加紧密的合作关系。政府可以通过制定有利于创新的政策、提供税收优惠和资金支持等方式,降低创新创业的门槛,激发企业和个人的创新动力。同时,政府还可以通过建设公共服务平台、创新中心等基础设施，为创新活动提供必要的物理空间和技术支持。此外，政府鼓励企业之间、企业与研究机构之间开展协同合作，也是构建创新生态系统的关键。通过共享资源、技术和信息，各方可以在相互学习和借鉴的基础上，加速创新成果的转化和应用，共同推动"工业4.0"的发展。例如，大型企业可以与中小企业建立合作伙伴关系，通过技术转让、联合研发等方式，帮助中小企业提升技术水平和竞争力，同时也为自己拓展新的业务领域和市场。

在鼓励创新创业的同时，政府还需要关注创新生态系统内的知识产权保护问题。建立健全知识产权保护机制，可以有效激励创新主体投入更多资源进行研发，保护他们的合法权益，从而推动整个生态系统的健康发展。

构建开放、协同、共享的创新生态系统还需要培养和吸引高素质的人才。通过提供丰富的培训资源、创业指导服务及良好的工作和生活环境，吸引和留住那些具有创新精神和创业能力的人才，可为"工业4.0"的实施提供强有力的人力资源支持。

总之，培育创新生态与市场环境是实现"工业4.0"转型升级的基础。只有构建一个开放、协同、共享的创新生态系统，才能有效促进创新创业，支持中小企业发展，为"工业4.0"的成功实施提供坚实的市场和创新基础。

6. 优化产业结构和布局

在中国推进"工业4.0"战略的过程中，优化产业结构和布局是实现高质量发展的关键一环。这一策略旨在充分考虑中国各地区产业基础和发展水平的差异，通过科学规划和政策引导，促进产业结构的优化升级和地区经济的均衡发展。这不仅包括对传统制造业的技术改造和模式创新，也涵盖智能制造、绿色制造等新型工业模式的发展，以及产业链和供应链智能化水平的提升。

对于传统制造业而言，通过引入先进的信息技术和自动化设备，改造提升传统生产线，是优化产业结构和布局的重要途径。例如，通过部署工业物联网技术，可以实现对设备的实时监控和远程管理，提高生产效率和产品质量，降低运营成本。同时，采用大数据分析和人工智能技术，可以优化生产计划和资源配置，预测生产过程中可能出现的问题，制定解决方案，从而进一步提升制造业的智能化水平和灵活性。

发展智能制造和绿色制造，是优化产业结构和布局的另一个重要方向。智能制造依托数字化、网络化、智能化技术，能够实现生产过程的高度自动化和智能化，提高生产效率和产品质量，同时降低能耗和排放，推动制造业向更加绿色、高效、智能的方向发展。绿色制造则注重在生产过程中最大限度地节约资源和能源，减少污染和废物排放，实现经济效益和环境保护的双赢。此外，提高产业链和供应链的智能化水平，是实现产业结构优化的关键。通过建立基于云计算和大数据技术的供应链管理平台，可以实现供应链各环节的信息共享和流程协同，提高供应链的透明度和响应速度，降低库存成本和运营风险。同时，利用人工智能和机器学习技术，可以深入分析供应链数据，优化决策支持，提升供应链的整体效率和竞争力。

采用这些措施，不仅可以促进中国制造业的转型升级，也能够为中国经济的持续健康发展提供强有力的支撑。优化产业结构和布局，支持传统制造业升级，鼓励发展智能制造、绿色制造等新型工业模式，提高产业链、供应链的智能化水平，是中国实现"工业4.0"战略目标、构建现代化经济体系的重要路径。

1.3.3　工业互联网与创新

工业互联网是第四次工业革命的重要基石，它通过实现全面的互联互通——连接人员、机械设备及物品，正逐步重塑传统的生产方式和行业生态。工业互联网技术不仅能够促进虚拟世界与现实世界资源的高效整合，还能够构建灵活性强和资源效率高的智能化工厂环境，实现从设计、采购到制造、销售乃至最终用户环节的实时信息交流。这种贯穿整个商业价值链的数字化连接，极大地提高了信息的透明度，降低了运营成本，同时也增强了产品的个性化和生产流程的灵活性。

截至2024年，我国工业互联网的直接产业增加值达1.53万亿元，年增长率高达10.65%，显著推动了第一、第二、第三产业的转型升级与融合发展。当前，我国工业互联网融合应用正处于活跃发展期，其覆盖的主体、行业和应用场景正在迅速扩展。工业互联网已覆盖国家经济的45个大类行业，催生了众多新兴商业模式和业态，并形成了六大典型应用模式，包括平台化设计、智能制造、网络化协同、服务化延伸、个性化定制和数字化管理等。

此外，"5G+工业互联网"的融合创新发展水平已显著提升，应用范围不断扩大、深度不断增加，效果显著，在十大关键行业中形成了二十大典型应用场景。5G全连接工厂的建设稳步推进，多数项目中工业设备的5G连接率已超过60%，标志着我国工业互联网融合应用正处于活跃发展期。通过落地实施工业互联网方案，可以为制造业数字化转型注入新动力，探索更广泛的应用场景，鼓励更多制造企业积极参与工业互联网的创新发展。

工业互联网融合应用正在为数字化转型赋能，通过连接人、机、物，实现数据的实时收集和分析，推动制造业向更高效、更灵活、更智能的方向发展。以下简要介绍几个典型场景。

在汽车制造业，工业互联网使生产线能够实时监控设备状态，通过大数据分析预测设备可能出现的故障，实现预测性维护，显著降低生产中断风险。消费品行业通过工业互联网实现根据消费者的个性化需求快速调整生产线，满足小批量、多样化的定制生产需求。此外，工业互联网还通过优化供应链管理，实现原材料供应的实时追踪和库存优化，降低库存成本，提高供应链的灵活性和响应速度。

在电子制造业，工业互联网应用实现了生产全过程质量监控，通过机器视觉和传感器技术进行实时产品质量检测，及时发现并纠正生产缺陷。同时，工业互联网平台对工厂能源消耗情况进行实时监控和分析，识别效率低下的环节，优化生产过程和设备运行参数，节约能源和成本。

在重工业领域，如石油钻探和矿产开采领域，工业互联网实现了设备的远程监控和操作，减少了现场作业需求，提高了作业安全性和效率。同时，工业互联网背景下，企业还能提供基于互联网的远程维护和服务，提升服务效率和客户满意度。

工业互联网在不同行业的广泛应用，不仅提升了生产效率和产品质量，还优化了能源管理和供应链，促进了新模式、新业态的孕育和兴起，为制造业的数字化转型提供了强大的技术支持和解决方案。

1.4 本章小结

1. 创新设计与创业

这一节明确了创新设计与创业的基本定义和核心概念。创新设计是一种思维方式和过程，它关注利用创意思维和方法来解决复杂问题、满足用户需求或改善现状，从而创造新的价值和意义。它强调设计思维的重要性，是一种以用户为中心，通过迭代、合作和原型制作来解决问题的方法。而创业则不再局限于单纯的公司创立，其是一个涉及创新思维、资源整合、风险管理和持续学习的综合过程。创新设计为创业提供了灵感和方向，而创业活动则为创新设计提供了实践平台和市场验证，二者相互依赖，共同推动社会经济发展。

2. 创新设计与创业的核心要素

创新创业的核心要素，分别是设计思维、创意与创造以及知识创新。设计思维作为创新设计的核心方法，强调以人为本，通过深入理解用户需求、快速迭代和原型制作来解决问题，并推动全方位的创新。创意与创造则强调将初步灵感转化为实际成果的过程，涉及从想法生成到实际解决方案实现的完整路径。知识创新在这一过程中扮演着重要角色，它不仅限于技术更新，更是理论与实践的结合，驱动着社会进步和经济增长。通过这些核心要素，创新设计与创业得以实现从思想到实践的全面发展，并在持续迭代中取得新的突破。

3. 新经济时代下的创新与创业

在新经济时代，创新与创业面临着前所未有的机遇与挑战。随着"AI+"和"工业4.0"的兴起，传统的商业模式正在发生深刻的变化，创新设计与创业的结合正成为应对这一变化的关键因素。人工智能、大数据和物联网等技术的发展，为创新设计与创业提供了新的工具和平台，推动了产业的转型升级。而工业互联网则在制造业领域发挥着重要作用，使得智能制造和大规模定制成为可能。在这些技术的赋能下，创新设计与创业不仅能推动技术进步，更能够引领新兴行业快速发展，提供全新的产品和服务。总之，在新经济时代，创新设计与创业紧密结合，将成为推动社会经济转型的关键力量。

第二章
Chapter 2

商业工程与设计

2.1 关于商业工程与设计

2.1.1 商业工程与设计的内涵与定义

组织科学的研究领域主要探讨各种组织单位中的广义合作问题。这不仅涵盖地理位置各异、规模不一的人类社会组织，还涉及其他生物和生态系统。组织科学相关理论与概念通常较为抽象，直接应用范围有限，常常需要针对特定组织或问题进行调整[1]。以商业科学和公共管理科学为例，这两个领域分别聚焦公司内部和宏观层面的合作问题。商业科学着眼于"社会背景下的公司"中的合作难题，而公共管理科学则关注"公共行政"背景下的社会问题。实践中，"商业科学"与"组织科学"的术语经常互换使用，反映了许多组织研究主要集中于人类社会组织，如公司等。

随着时间推移，人们通常讨论宏观的"组织科学"和"商业科学"，这与这一新兴研究领域的发展历程密切相关。尽管组织的概念与人类历史一样悠久，但科学上对组织问题的研究始于20世纪初，最初聚焦工业革命期间的工厂生产流程。随着时间的推移和技术的优化，对成本和收益的关注与分析变得至关重要。经济学家开始关注公司在金融和经济方面的表现，律师则致力于工作条件、合同及社会保险相关法律框架的研究。1930年前后，美国的研究表明，关注个体对提高生产力和产量至关重要，行为科学领域（如社会学领域和心理学领域）相关学者开始对此提出建议。

第二次世界大战以来，尤其是从20世纪60年代开始，人们逐渐认识到要有效解决商业问题，必须整合多学科的见解。传统的工作方法和组织形式逐渐被抛弃，取而代之的是更符合个体能力的参与性决策过程。这种对人和组织方式的重新理解促进了跨学科合作的研究，旨在找到更有效的合作方法。经济学家和技术专家合作开发技术先进且经济高效的产品和生产方法，优化技术可行性、经济回报率、社会心理预期和社会可接受性。因此，在商业和社会层面，促进学术领域之间更好地合作顺理成章，尽管这在实践中并不易实现。一方面，我们尚未找到科学可靠的方法整合不同领域的知识；另一方面，我们的教育系统也未能培养出具有宽广视野和合作精神的人才。直到20世纪90年代，大学内部才广泛认识到以上两方面问题，并逐渐合作和整合不同领域知识的方法。

在组织科学相关研究中，"组织科学""组织工程""组织理论""商业科学""工商管理"和"商业理论"等术语经常交替出现，反映了它们之间的密切联系。工商管理的任务是应用知识解决具体问题，而商业科学的责任在于收集与企业运营相关的知识，通常需要跨学科的视角。

2.1.2 商业工程与设计中的关键概念

"组织"一词及其同源词"organ"（源自拉丁语"organum"和希腊语"organon"，意为"工具"）蕴含多层意义[1]。根据《柯林斯英语词典》（*Collins English Dictionary*），"organ"一词被定义为身体的一个部分，担负特定的功能，如心脏或肺。这个概念进一步延伸，用于描述为了达成各种目的而精心组合的体系，可视作特定功能的工具。在日常语境中，"组织"一词有多种含义：指代安排或筹备活动，如"组织那个聚会是一项挑战"，这暗示为了实现某个特定事件需要做众多准备工作；用于描述实体或机构，如"组织今年经历了一段艰难时期"或"工会组织指示成员暂时停工"，指的是公司或其他形式的组织机构；描述组织的结构和运作方式，如"海军是一个等级森严的组织"，涉及组织内部关系及工作安排的方式。

随着对"组织"概念的深入探讨，人们还引入了"有机体"（organism）一词，它指代动态的结构和功能部件的整合体，以及拥有组织的存在体，即由各个部分构成的系统化组合，如国家。在探讨"有机体"时，人们通常会首先想到生物体，它们不是由外部事物构建的，而是内生性发展、成长的实体。公司和机构等人类组织的构成要素包括个体和团体，这些个体或团体具有一定程度的独特性和主动性，使得组织在某些方面的行为与生物体类似。那么，"组织"到底是什么？是装备机关，还是提供工具的体系？在商业工程和管理的语境中，组织被定义为一个过程，即在人与人之间建立有效关系（通过手段和交易）以实现某些目标，从而创造一个组织体。

一方面，实现这些目标有时可能是一次性的，如组织一次聚会或建造一座桥梁，这要求以项目为基础来组织工作和分配责任，这类活动称为项目组织。另一方面，为了持续实现某些目标，组织的存在期限会更长，如医院、电力公司、环保组织和教会等。在这种情况下，这些组织面对的核心问题变成了：如何更为持久地运作，以最优化地执行其长期职能。在讨论"商业""机构""企业"时，企业被描述为一个生产产品或提供服务的组织，以履行其在社会生产中的职能。尽管过去"营利"活动和"非营利"活动之间存在明显区别，并且公司根据其所有权归属情况被分类为"私营"部门或"公共"部门,但这种简单的分类方式正变得越来越过时。现在,许多公共部门的公司正在走向私有化,或者被要求变得更加市场导向、客户友好和高效。

在管理领域,管理被视为领导和组织的综合体,涵盖领导和组织的活动,负责这些活动的人员群体,以及企业或部门的领导和组织职能。社会是由个体、团体、组织和机构构成的复杂网络,每个社会成员都有自己的利益和需求。企业作为社会结构的一部分,以多种方式参与社会及其组成群体的互动,需要在满足自身目标的同时,适应社会环境提供的机遇和社会环境的限制。因此,"组织"是一种复杂且多维的概念,不仅关系到如何有效地管理和协调人际关系以实现共同目标,还涉及如何在不断变化的社会环境中找到自身的定位和发展方向。

2.1.3 商业工程创新的价值

商业工程创新(Business Engineering Innovation)是一种将工程原理与商业战略相结合的方法,它针对企业的流程、模型、产品或服务等方面进行系统性的创新和优化。这种创新不仅能够显著提升企业的市场竞争力,使其在激烈的市场竞争中占据优势地位,还有助于企业提高生产与运营的效率,降低成本。

通过推出创新的产品或服务来满足市场上未被充分满足的需求,商业工程创新能够推动企业吸引更多的客户,扩大企业的市场份额并提升其收入。它使企业能够迅速适应市场的变化和消费者需求的演进,确保企业的持续发展与成长。

此外,商业工程创新促使企业持续地审视和调整其策略、流程和产品,培养一种持续改进和学习的企业文化。同时,商业工程创新不仅能够提升客户体验和忠诚度,还能够通过提供更优质、更个性化的产品或服务,开创全新的商业模式或收入来源,如订阅服务或共享经济模式等。

在追求经济价值的同时,商业工程创新也关注可持续发展和社会责任,通过绿色制造、废物回收等措施减少对环境的负面影响,体现了其对社会和环境的积极贡献。

总之,商业工程创新不仅能够为企业本身带来显著的经济效益,还能够推动行业乃至社会的持续进步和发展。

2.2 商业工程的系统方法

2.2.1 商业工程中"系统"的构成要素

在商业工程的语境下,"系统"被定义为一个由多个相互依存、相互作用的组成部分构成的复合体,这些组成部分包括人员、流程、技术和环境等元素。一个系统包括以下五种关键要素。

①组件或子系统:系统的构建块,包括但不限于人力资源、硬件、软件等。②关系与相互作用:组件之间的连接和相互影响,决定了工作流程、信息流和控制机制的形式。③目标或功能:系统被创造和维持的主要理由,可能是为了提供特定的服务、生产特定的产品等。④界限与环境:定义了系统的作用范围及其与外部世界的互动模式。⑤反馈机制:为系统提供性能调整和优化的信息,这些信息可以源于系统内部或外部。

一个系统在商业工程领域被视为一个整体,其有效性不仅取决于各个组成部分的性能,还取决于这些部分之间相互作用和协同工作的方式,以实现既定的目标或功能。

2.2.2 商业工程中"过程"的构成要素

在商业工程的框架中,"过程"是指一组有序排列的活动或步骤,其以特定的输入开始,通过一系列活动转化为输出,旨在达成明确的目标。这些过程既可以是业务层面的,如订单处理和供应链管理,也可以是技术层面的,如软件开发和生产线设计。以下是商业工程中"过程"的关键环节。

①输入:启动过程所需的资源或信息。②活动:为实现过程目标而进行的操作或任务。③输出:过程完成时产出的成果或产品。④控制与评估:用于监督过程以保证其效率和有效性的机制和反馈。

系统方法在商业工程中的应用通常遵循以下六个步骤。

①需求分析与目标设定:明确系统应达成的具体目标和需求。②系统建模与设计:利用工程技术和工具,如统一建模语言(Unified Modeling Language,UML)图和流程图来描述和设计系统的结构与组件。③资源分配与优化:根据系统的模型分配所需资源,包

括时间、人员和资金等。④实施与部署：根据设计方案和计划实现或改进实体系统。⑤监控与评估：通过关键绩效指标（Key Performance Indicators，KPIs）或其他评估手段持续追踪系统的表现。⑥反馈与调整：根据评估结果进行调整，优化系统以更高效地实现目标。

采用系统方法，商业工程能够有效应对商业环境的复杂性和变化性，促进持续的优化和长期成功。

2.3 商业工程的设计方法

在新产品开发流程成型之前，创新往往依赖个人的灵感、经验或是小窍门。然而，随着大型复杂产品的涌现、技术集成需求的提升、市场需求的演变及企业间竞争的激化，仅凭个人经验和小规模作坊模式进行创新和开发已经无法满足需求。开发者面临的挑战包括：如何开发大型复杂产品？如何实现大型团队的协同开发？如何提升新产品开发的效率和成效并降低新产品开发的失败率？是否存在一套可以复制、遵循并整合成功要素的方法，以指导新产品的开发？

通过不断地实践、探索和深思，新产品开发的实践者和理论研究者逐渐发现并总结出一些规则，形成了结构化、分阶段、可持续且可复用的新产品开发流程。这一流程不仅指导了实践，也促进了新产品开发的成功，从而正式确立了其在产品管理中的地位。随着科学的进步和社会的发展，为了更好地适应新的变化趋势，人们基于不同的需求、市场和产品特性，识别了新的关键因素，并开发出适应各种特定场景需求的多样化新产品开发流程。

2.3.1 阶段评估流程

20世纪60年代，美国国家航空航天局（National Aeronautics and Space Administration，NASA）引入了阶段评估流程。这一评估流程是划时代的框架，旨在将新项目的开发过程系统化[2]。它包含从概念研究到项目收尾的全过程，确保了项目的高效执行和优质完成。以下是该评估流程的各个阶段。

（1）概念研究

概念研究阶段的目标是产生并筛选项目的创意和方案，评估系统的可行性，草拟需求,以及评价性能、成本和进度的可能性,识别技术需求和风险。产出包括模拟结果、分析结果、研究报告、可行的系统概念及其虚拟或实体模型。

(2)概念与技术开发

概念与技术开发阶段旨在验证新系统的可行性,并确保其与NASA的战略计划相一致。工作焦点包括最终任务概念、系统级需求定义、系统技术开发计划。主要产出为系统概念定义和分析、工程模型和概念验证。

(3)初步设计和技术完成

初步设计和技术完成阶段致力于对项目进行详细定义,建立初步设计基准以满足需求,涉及开发系统结构、明确最终产品需求并生成初步设计。产出包括实体模型、权衡研究、设计和技术规范、接口文件和原型。

(4)最终设计和制造

最终设计和制造阶段完成系统及其子系统(包括操作系统)的详细设计和制造。主要产出为详细设计文档、制造好的组件和开发完成的软件。

(5)系统组装、集成、测试和上市

系统组装、集成、测试和上市阶段负责系统的组装和集成(包括硬件、软件和人员),确保系统满足所有要求。此阶段的具体工作包括系统最终产品的生成、组装、集成和测试,以及过渡到操作阶段。主要产出为满足需求的最终产品。

(6)运营和维护

运营和维护阶段涉及执行任务,满足项目最初的需求,维护对这些需求的支持并执行操作计划。主要产出为运行中的系统。

(7)收尾

收尾阶段执行系统的退役和处置计划,分析回收的数据和样本。主要产出为项目的结项和总结报告。

通过这一结构化、分阶段的方法,NASA不仅提高了新产品开发的效率和成效,还降低了失败率,为新产品开发实践提供了一套可复制、可遵循的成功模板。

2.3.2 产品开发模型

20世纪60年代中期,博思艾伦汉密尔顿机构(Booz Allen Hamilton)开创了一个由探索、筛选、商业评估、开发、测试和商业化六个基本阶段组成的新产品开发流程[3]。这一流程为多种开发流程提供了模板。通常，在进入上述六个阶段之前，需要制定一个新产品开发战略，明确新产品开发的指导原则，通过任务和目标审查为开发阶段提供方向。

（1）探索

探索阶段的目标是发掘与既定目标一致的产品创意。该阶段通常从自我评估开始，确定感兴趣的产品领域。随后，通过环境分析探索增长机会，并通过包括员工、客户和供应商在内的各种潜在来源征集创意，以产生大量创意。

（2）筛选

筛选阶段涉及对收集到的创意进行分析，以识别需要进一步探索的创意。将每个创意都视作潜在的市场产品，并根据其对企业的潜在贡献对其进行评估。通过筛选，将注意力集中在最具潜力的项目上，缩小创意的范围。

（3）商业评估

在商业评估阶段，企业将彻底审查最有希望的产品理念，以评估其转化为可行产品的可能性。针对这些最有希望的产品理念，企业会构建商业案例，内容包括产品特性、市场准入障碍、现有及潜在竞争者、市场增长预测、财务预测和营销策略等。通过审查的产品理念将进入下一阶段。

（4）开发

在开发阶段，企业将选中的产品理念转化为实际产品，满足前阶段的审查要求。对于有形产品而言，此阶段涉及产品的物理组装；对于服务而言，此阶段包括集成所有所需元素，如办公空间、设备、操作许可及人员。在此阶段，产品可能经历多次迭代。

（5）测试

测试的目的是验证新产品相关的早期预测，确保新产品的市场适应性。在测试阶段，企业应根据产品特性和目标市场，进行实验室测试和市场测试，直接或间接收集消费者反馈，并根据消费者反馈进行必要的调整，为产品的商业化做准备。

（6）商业化

新开发的产品全面进入市场后，企业应持续收集客户反馈，确保产品满足并超越客户期望。同时，企业应及时解决其发现的任何问题，并密切监控竞争对手的反应，必要时采取应对措施。

通过这一流程，可以确保新产品开发的每个阶段都经过仔细考虑和准备，从而增加新产品开发成功的可能性，并为市场带来创新和价值。

2.3.3 软件开发模型

1. 瀑布模型的起源及优缺点

在早期的软件开发实践中，开发过程往往缺乏规范化管理，这直接导致了软件质量和交付的不确定性。为了解决这些问题，温斯顿·罗伊斯（Winston Royce）于1970年提出了著名的瀑布模型[4]（图2-1），这标志着软件开发进入了一个更加结构化和规范化的时代。

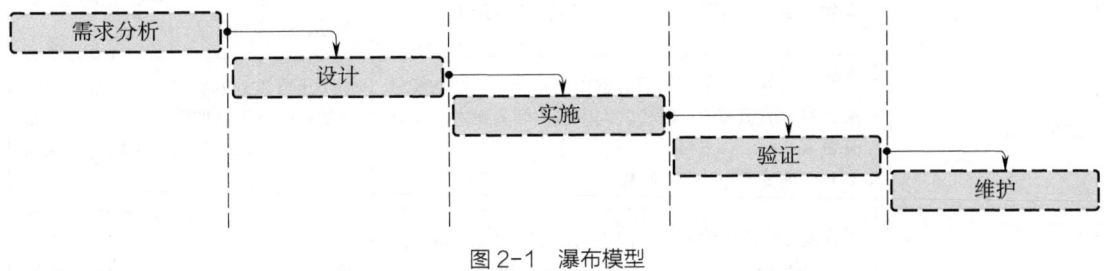

图 2-1 瀑布模型

瀑布模型是在软件开发过程中最早被采用且应用最广泛的模型。这种模型本质上是一种结构化的线性模型。它将软件生存周期内的各项活动进行严格划分，并按照固定顺序依次推进开发流程，其动态特征形似瀑布逐级下落，因此得名"瀑布模型"。瀑布模型强调各工作之间的顺序性和依赖性，前工作的结束即是后工作的开始，特别关注需求分析的预先定义（"冻结需求"）。瀑布模型将软件开发过程严格划分为需求分析、设计、实施、验证及维护五大阶段。整个开发流程按照顺序逐一进行，每个阶段必须完成本阶段的所有任务。

然而，瀑布模型也存在明显的局限性：①瀑布模型首个阶段——需求分析阶段需要明确的客户需求是客户在早期很难清楚定义的，这常常导致最终开发出的软件产品不能真正满足客户需要。②重大缺陷也许到流程后期的验证阶段才被发现，从而导致灾难性的结果。③不必要的等待（前工作延迟等）造成开发效率低下，成本不易控制。

2. 瀑布模型的演进

尽管存在显著局限性，瀑布模型仍被视为最基本和最有效的软件开发模型。以线性顺序为基础，辅以并行、迭代等方法来扩展瀑布模型，可以弥补瀑布模型灵活性不足的缺陷并提高软件产品的质量。表2-1对几种典型的瀑布演进模型作了比较。

表2-1 典型瀑布演进模型比较

模型名称	特征	应用场景
瀑布模型	①分阶段线性完成开发任务 ②阶段间存在顺序性和依赖性 ③各阶段均有评审 ④过程中无客户参与 ⑤要求客户尽早"冻结"需求	适用于项目开始时需求明确的软件项目
快速原型模型	①先建立一个原型，用于客户交互 ②允许客户渐进式完善需求，对变更的适应性强	可以克服瀑布模型互动不足的缺陷，适用于需求复杂、早期难以确定、变更频繁的软件项目
增量模型	①综合了瀑布模型和快速原型模型的特点，按功能分解为多个增量模块，以模块为单位按照瀑布方式实施开发 ②允许开发活动并行和重叠	适用于可以分批次交付、技术风险较大的软件项目，但要求软件产品能够被模块化、项目管理人员具有较强的全局把控能力
迭代模型	①开发工作被划分为一系列小的、固定时间长度（如2~3周）的项目，每次迭代遵循瀑布模型 ②适应需求变化的能力强 ③能降低开发的风险	适用于客户需求在早期不能完全确定、在后续阶段不断细化的软件项目
螺旋模型	①结合了快速原型模型、迭代模型的特点及瀑布模型的系统化思想 ②引入风险分析活动	适用于需求获取困难、开发风险较大的大型复杂软件项目

2.3.4 产品开发流程管理方法

20世纪80年代，罗伯特·C.库珀（Robert C. Cooper）通过深入研究众多企业的创新和产品开发实践，并结合一线管理人员的宝贵经验与建议，提炼了既有新产品开发流程的优势，创立了门径管理流程[5]（图2-2）。该流程首次被正式介绍是在库珀1988年发表在《市场管理学报》（*Journal of Marketing Management*）的文章中，但是在他早期的作品中能够找到这一理论的更早版本，如他在1986年出版的《决胜新产品》（*Winning at New Products*）一书中虽未使用"门径管理"的说法，但提出了从系统的构思到发布的业务流程的应用，并提供了基于广泛研究的实证证据。门径管理流程主要由"阶段"和"关口"构成，其创新之处在于首次使"关口"独立于"阶段"，并将"关口"作为新产品开发流程中的关键组成部分。

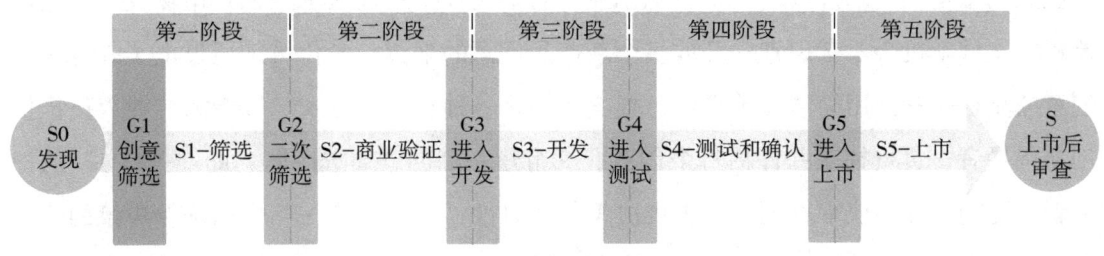

图 2-2　门径管理流程

门径管理流程每个阶段后的决策点更为显著且强制执行，强调了关口决策的重要性。库珀还引入了"把关者"这一角色及"关口会议"，在"关口会议"中，把关者对项目进行评估并作出关键决策，包括通过、终止、暂停和重做等，以及对通过的项目进行资源分配和优先级排序。门径管理流程的灵活性强，允许企业根据实际需要调整阶段的数量，从而增强自身的适应性。自推出以来，门径管理流程因其明确的结构和有效的管理特性，受到众多公司的青睐，被美国、欧洲、日本等国的企业广泛用于指导新产品开发，近年来，更多的中国企业也开始采用门径管理流程。

2.3.4.1　门径管理流程的阶段

门径管理流程通过阶段化定义了一系列活动和综合分析，旨在交付具体成果。为确保最佳实践的融入，每个阶段预设了标准化的活动清单。这些活动由企业内不同职能部门的成员协作完成，形成了跨职能的并行工作流。团队成员共同参与，项目负责人则承担领导角色。典型的门径管理流程包括以下七个阶段。

1. 阶段 0：发现

发现阶段的主要可交付成果是发现的机会和生成的创意。

优秀的产品管理者善于发现并利用机遇，而出色的产品往往源于创新的想法。鉴于机会和创意对企业的重要性，有些企业特别将机会发现和创意生成定为一个独立的、正式的阶段。

库珀建议通过以下方法促进机会的发现和创意的产生：①设立一个系统化且主动的

创意生成和捕获机制,并通过信息技术支持该机制。②进行指导性的基础技术研究,探索新技术的可能性。③通过与先导用户合作或对产品价值进行客户分析,捕获客户的潜在需求和痛点。④利用竞争分析、逆向工程和头脑风暴等方法分析竞争对手的产品。⑤设立创意建议计划,鼓励员工贡献创意。⑥采用战略规划演练来识别市场变革、竞争差距并发掘新机会。⑦识别并开放多个新产品创意的来源,简化员工通过电子邮件提交创意的流程——使用简洁的单页创意提交表格是一种较好的方式。⑧指派专业人员担任创新倡导者,负责捕获并评估每个创意。⑨组建一个创意筛选团队,即"关口1"的把关者,定期召开会议审查创意。重视决策的及时性,并使用统一标准以确保决策的公正性,向提交者提供及时的反馈。⑩在选中的创意进入发展的第一阶段后,授权"关口1"的把关者在会议上就项目进行资源和人员的分配。向成功提交创意的员工给予象征性的奖励。⑪创建一个创意库,存储所有的创意,并使其对公司内的其他人开放,以促进创意的进一步丰富和发展。通过这些做法,企业可以有效地促进创新思维,为发现新机会和生成创意提供坚实的基础。

2. 阶段1:筛选

筛选阶段的主要可交付成果是经过初步市场和技术评估筛选出的项目。该阶段包括对市场机会、技术需求及能力的可获得性进行初步评估,以及对项目进行快速的初步调查。

在这个初期阶段,主要通过案头研究来获取基础信息,进行迅速的项目筛选,目的是在进入下一阶段前缩小项目的范围。库珀强调,筛选这一成本效益高的阶段旨在评估项目的技术可行性和市场潜力。该阶段的时长通常不超过一个月,大约需要十个工作日。

此阶段的主要活动包括初步市场评估,采用各种低成本的调研方法,例如网络搜索,图书馆资料调查,对关键用户、分销商和销售人员进行访谈,以及对一小部分潜在用户进行快速的概念验证。其目的是估算市场规模、潜力及产品的市场接受程度,并初步构建产品概念。

同时,此阶段还将进行初步的技术评估,包括对拟开发产品的快速内部评估,以确定开发和生产路径(或供应链资源)、技术可行性、制造/运营可行性、项目周期并估算成本,以及技术、法律和监管方面的风险评估。

此阶段通过粗略、低成本且快速的方法收集市场和技术相关信息,完成的财务和商业分析将为商业论证阶段提供基础。鉴于工作量相对较小，该阶段通常由来自市场营销和技术团队的几名成员组成的小团队完成。当然，团队的具体规模也会根据项目的大小进行相应的调整。

3. 阶段2：商业论证

这一阶段的主要可交付成果是项目的商业论证，包括产品定义、全面的项目论证和详细的项目计划。

此阶段为项目的深度调研期，旨在全面分析技术、市场和商业的可行性，同时对产品进行明确的定义，并在进入资金密集型的后期阶段前，验证项目的吸引力。这是一个至关重要的阶段，容易出现失误，需要充分准备并精心执行。

此阶段的活动包括市场调研，这一步骤致力于理解客户的需求和偏好，以便定义一个既具创新性又与其他产品有差异的新产品。竞争分析同样是此阶段的重要组成部分。此外，概念测试通过向潜在客户展示产品原型，收集他们的反馈，以评估市场对新产品的接受度。

技术评估着重于项目的技术实现可能性，即将客户的需求和期望转化为技术上可行且经济上合理的方案的可能性。这可能包括初步设计和实验室测试，但并不涵盖完整的开发过程。制造或运营评估作为商业论证的一环，涉及可制造性、供应链资源、成本和所需投资等方面的分析。同时，法律、专利和监管评估也至关重要，旨在识别潜在风险并制定相应对策。

商业和财务分析是此阶段不可或缺的环节，包括投资回收期、净现值和内部收益率等指标的计算，以及通过敏感性分析来识别潜在风险。

由于此阶段的工作量较大、复杂度较高，建议由跨职能团队来完成，这个团队通常由项目的核心成员组成，确保能够从各方面对项目进行全面评估和深入分析。

4. 阶段3：开发

开发阶段的可交付成果是通过阿尔法测试或实验室测试的产品原型及完整的生产和市场投放计划。

此阶段集中于产品的详细设计和原型制作、确保产品的可制造性、准备产品的生产流程以及规划产品的市场推出策略。在此阶段，企业会实施详尽的开发计划，并进行产品的实体开发，包括在受控环境下的实验室测试、内部测试或阿尔法测试，以验证产品是否满足既定标准。对于开发周期较长的项目，开发计划会设立多个里程碑和定期的项目评审，这些里程碑虽然不是关口，但对于项目的有效管理与控制至关重要。此外，大规模的内部测试和实验室测试通常也在此阶段完成。

技术开发虽是此阶段的主要焦点，但市场和运营活动也会并行。例如，市场分析和收集客户反馈将与技术开发同步进行，以确保开发过程中的产品形态能够根据客户的反馈进行调整和反复迭代。通过螺旋式的开发方法，将首个原型等开发成果展示给客户以获取评价和反馈，是此阶段的常见做法。同时，企业在此阶段会制定详细的测试计划、市场推出策略及生产和运营规划，涵盖生产设施的具体要求。此外，企业在此阶段还需要更新财务分析，并着手解决任何与监管、法律和专利相关的问题。

5. 阶段4：测试与确认

测试与确认阶段的可交付成果是经过测试和确认的产品。此阶段着重全面测试和验证项目的可行性，涉及产品本身、生产流程、客户接受度及经济效益等方面，同时启动对产品和项目的外部确认过程。此阶段的具体活动包括以下几方面。

①内部产品测试：进行更广泛的实验室测试和阿尔法测试，以评估产品在受控环境或实验室条件下的品质和性能。②用户偏好测试或现场试验：通过在实际使用条件下测试产品，验证其功能并收集潜在用户的反馈，以评估市场的购买意向。③试生产、运营：对生产或运营流程进行测试、调试和验证，从而更准确地估算生产成本和能力。④市场测试或试销：收集客户反馈，评估市场推广策略的有效性，并预测市场份额及收益。⑤商业和财务分析修订：基于更新的且更准确的收入与成本数据，重新评估项目的商业持续性和经济可行性。

若此阶段的成果未能满足既定要求，项目可能需要回退至阶段3进行进一步的开发与调整。

6. 阶段5：上市

上市阶段的可交付成果是规模化生产和进入市场的产品。在此阶段，项目进入全面的运营和生产环节，同时新产品的营销和销售活动启动，全力推进市场推广、生产运营、分销和质量保障，以及市场投放后的持续监控。此阶段的主要任务包括执行市场推出策略和生产运营计划，进行生产设备的采购、安装和调试工作（这项工作虽然有时会在第四阶段的早期阶段就开始，但作为试生产的一部分，通常在此阶段完成），构建物流配送网络，以及启动产品销售。

7. 阶段6：上市后审查阶段

上市后的审查通常分两个阶段进行。首先是中期审查，通常在产品上市后的2~4个月内进行，这个时期团队成员对项目的所有细节还记得很清楚，因此是进行审查的理想时机。在审查中，企业应总结项目的经验教训，并从中提炼出关键的知识点，以便更好地执行未来的项目。同时，企业应对临时的商业成果、初始销售数据和生产成本进行分析，识别并实施必要的改进措施。

项目进入稳定期后，即产品上市12~18个月，将进行最终审查。此时，项目团队通常已经解散，产品已经成为公司产品线的一部分。最终审查会审查产品的收入、成本、支出、利润及项目历时等最新数据，并将这些数据与开发阶段和上市阶段的预期标准进行对比，以评估项目的整体绩效。审查的重点之一是项目团队的责任感，即团队是否兑现了其承诺并实现了预期的结果。重要的是，项目团队及其负责人需要在产品上市后的审查阶段持续对项目的成功负责，直至最终评审结果出炉。

2.3.4.2 门径管理流程的关口

关口是新产品开发流程中每个阶段的入口，是质量控制检查点，是通过/否决和优先级排序决策点，它决定了下一阶段的行动计划及可使用的资源。关口由可交付成果、标准和决策构成。

1. 关口1：创意筛选

关口1进行初步筛选，确定项目是否满足少数几个必须满足的关键标准。财务标准通常不属于初步筛选的依据，因为此时可靠的财务数据相对较少。可以应用检查表、记分卡或评分模型进行筛选，并对项目进行排序。

2. 关口2：二次筛选

关口2进行严格筛选。关口2的功能和关口1是一样的，但关口2的筛选更加严格。二次筛选根据筛选阶段获得的新信息，对项目进行重新评估。可以考虑额外的标准，如销售人员和客户对项目的反馈，潜在的法律、技术和监管等。二次筛选通常采用检查表和评分模型。同时，二次筛选也进行财务收益评估，但只进行快速简单的财务测算（如计算投资回收期）。如果在此关口上作出决定，项目将进入一个更大的支出阶段。

3. 关口3：进入开发阶段

关口3是开发阶段之前的最后一道关卡，也是项目投入巨额开支前可能被扼杀的最后一道关卡。一旦通过关口3，财务上的承诺就要兑现。关口3通常由业务的领导团队负责。财务分析结果是在该关口筛选项目的重要依据。如果项目通过，开发计划、初步运营和市场启动计划将在该关口接受审查和获得批准，项目团队也将被指派。

4. 关口4：进入测试阶段

关口4是对产品开发和项目的进度及项目的持续吸引力的检查。此关口对开发工作进行审查和检查，确保开发工作高质量完成，并且开发的产品与关口3规定的原始定义一致。关口4还通过基于新的和更准确的数据修订的财务分析重新审视经济指标。下一阶段的测试或验证计划获得批准，可立即实施，同时详细的市场投放和运营计划也会接受审查，以备将来执行。

5. 关口5：进入上市阶段

关口5作为最后的关口，开启了新产品的全面商业化——上市启动和全面生产启动。项目在此时仍然有可能被扼杀。该关口主要关注测试和验证阶段的活动质量及其结果。通过关口的标准主要集中在预期的财务回报、项目的启动准备及运营启动计划的适当性。

2.3.4.3 把关者

谁是上述关键关口的工作人员？谁是制定通过/否决项目和资源分配决策的人？谁是使新产品流程发挥作用的关键人员？是把关者。显然，把关者的选择要与业务和组织结构相适应。以下是一些经验法则。

①任何关口的把关者必须有权批准下一阶段所需的资源，也就是说，他们是资源的所有者。

②如果需要来自不同职能部门的资源，把关者必须能代表不同的职能部门，如研发、市场营销、工程、运营等部门，也许还包括销售、采购和质量保证等部门。仅仅从一个职能部门（如市场营销部或研发部）抽人组建一个把关者小组并没有多大意义。

③不同关口的把关者人选通常有所变化。通常情况下，最初的筛选是在关口1进行的，由一小部分人筛选，可能是4~5个人，他们不必是组织中最高层的领导者，因为这时的支出水平相当低。但是，在关口3中，财务和资源承诺是实质性的，把关者就应

包括更多的高级经理,如业务领导团队。

④从一个关口到另一个关口,把关者也应该保持一定的连续性。

⑤评估小组的成员应根据实际情况调整,需要从项目开始时就对每个关口的评估参与者进行全面的调整。例如,关口2需要领导团队的一些成员(如营销和研发负责人),而关口3则需要完整的领导团队。关键项目或具有重大战略意义的项目,通常在早期的关口,甚至在关口1就让高级把关者参与。有资深人士提出:"我们不希望在没有我们的早期批准的情况下启动任何可能最终涉及数百万元支出的项目。"在有些业务中,领导团队很乐意审查关口3及之后关口的项目,将早期的关口决策留给更初级的团队。不过,领导团队希望得到早期关口决策的相关信息。

⑥在某些企业,不同规模的项目需要不同级别的把关者小组。也就是说,并非所有的项目都要交给高级把关者小组或业务领导小组。关口会议通常由来自不同职能部门的高级管理人员参与,这些管理人员拥有项目团队在下一阶段所需的资源。

1994年,库珀提出了第三代门径管理流程,以6F为特征,即灵活性(Flexibility)、模糊的(有条件的)入口(Fuzzy Entrances)、流动性(Fluidity)、聚焦(项目优选与组合管理)(Focus)、引导(Facilitation)和永远保持生命力(Forever Green)。

2016年,库珀又提出了敏捷门径混合(Agile-Stage-Gate Hybrid)模型。一些开发智能产品的北欧企业运用了这一模型,取得了不俗的绩效。

应用门径管理流程需要根据产品的差异、项目复杂度和风险水平优化、裁剪流程。新产品开发通常采用上述经典的五阶段过程。高风险项目的开发阶段可以进一步细分,超过五阶段。低风险项目可以采用简化的三阶段或四阶段版本产品开发过程,或将筛选阶段与商业论证阶段合并为一个阶段,或将开发阶段及测试与确认阶段合并为一个阶段。简单的产品更新则可以使用更轻量的两阶段版本产品开发过程,即开发测试及上市两阶段。

2.3.5 产品及周期优化方法

1. 起源

产品及周期优化法(Product and Cycle-Time Excellence,PACE),是美国研发咨询公司PRTM(Pittiglio Rabin Todd & McGrath)在20世纪80年代中后期提出的一种产品开

发模式[6]。随后，IBM 公司基于 PACE 并结合公司实践提出了集成产品开发（Integrated Product Development，IPD）。

2. 主要特征

产品及周期优化法代表了一种"流程"导向的思维方式，强调产品开发是从理解客户需求出发，通过将这些需求与企业的技术和能力相结合，将潜在商机转化为实际产品的连续过程。产品及周期优化法是一种专注于面向市场的产品管理的开发流程框架，而非仅仅聚焦于技术管理。它通过将市场机会与技术能力整合到一个连贯的流程中，促成了产品的诞生，这与许多公司采用的需求拉动和技术推动的双轮驱动研发模式相契合。产品及周期优化法的产品开发流程是可定义、可管理的，与重视"做事正确"不同，它更注重迅速响应市场需求，确保"做正确的事"。

产品及周期优化法的产品开发流程基于七大核心要素构建：决策、项目小组、开发活动的结构化、开发工具和技术、产品战略流程、技术管理及管道管理。这些要素构成了产品及周期优化法框架的基石，合理运用这些要素能有效缩短产品的市场投放时间。这七个要素相互依赖，任何一个要素的成功运用都需要其他六个要素的支持和配合。

（1）决策

产品开发是由决策推动的，正确的决策有助于减少产品开发过程中的浪费。所有的公司都有一个产品开发决策流程，虽然有的公司没有明确定义这个流程。在产品开发中，决策流程不当可能引发以下问题：①高层管理人员由于不知道应由谁作出决策，或者因为彼此间不能达成一致而无识地延迟决策。②信息不充分导致决策的质量较低。③没有及时解答过程中的疑问。④产品及周期优化法流程中，产品开发决策是通过阶段评审流程进行的，阶段评审流程要求评审者在开发流程中明确定义的关键节点上作出决策。

一个阶段结束时必须达到预期定义的明确目标，才能获准进入下一阶段。产品审批委员会（Product Approval Committee，PAC）是指在企业内部负责主要产品决策点的高层领导小组，它通过负责产品开发活动来执行企业的战略，并拥有资源分配权，能够通过评审流程动态地分配资源。

产品及周期优化法认为，决策失误往往并不是因为决策者能力不足，而是因为产品开发流程存在缺陷。产品及周期优化法就实现高效决策提出了两方面要求：①建立产品审批委员会。②建立阶段评审流程。

产品及周期优化法的阶段评审分为五个阶段，分别是概念阶段、计划阶段、开发阶段、测试阶段和推出产品阶段（表2-2）。有效决策是产品成败的一个重要因素，武断地"拍脑袋"决策可能会给整个产品研发过程带来巨大的损失。

表2-2 产品及周期优化法的五个阶段

阶段	重点
概念阶段	快速评估产品机会，要将焦点放在分析市场机会和战略可行性上
计划阶段	产品开发的基础阶段，这一阶段的目标是清楚地定义产品，认识产品的竞争优势，明确其功能，定义开发的可行性
开发阶段	根据上一阶段评审会议批准的方案来开发产品，大部分具体的设计和开发活动都在这个阶段进行
测试阶段	完成验收测试，准备批量生产和推广产品。完成这一阶段的标志是成功地通过产品测试，生产和辅助体系得到批准，并且完成了产品推广计划
推出产品阶段	包括批量生产、市场推广、初步分销及产品的早期支持。产品在这个阶段被投放至市场

（2）项目小组

一个高效的项目小组能极大地促进沟通、协作和决策。在评审初期，很多项目小组效率低下，而核心小组的模式可以克服这一缺陷。核心小组是一个有权开发特定产品的小型跨职能项目小组。典型的核心小组有权力、有责任管理所有与开发该产品相关的任务。核心小组法关注的是项目组织结构，即执行流程的团队和人。通过有效的沟通、协调和决策，达到尽快将产品推向市场的目的。为了达到这一目的，产品及周期优化法认为要把产品开发过程中传统的职能部门之间的组织结构转换为一个核心小组，该核心小组成员来自市场、质量、研发、采购等不同职能组织，并由核心小组组长带领，核心小组协调人作为流程工程师更关注流程改进。通过这一转变，核心小组负责成功开发产品，而传统的职能经理则负责组织内技术水平的提升和团队建设。

（3）开发活动的结构化

结构化的开发流程明确了要做的开发工作，工作的先后顺序、相互关联性，以及用于开发项目的标准术语等，并对每项工作都作出了明确的定义。基于产品及周期优化法理念的开发包含四个层次：阶段、步骤、任务和活动。产品及周期优化法中一个结构和开发流程包括多个等级。在阶段评审流程所提供的框架中，一般有15~20个主要步骤来定义一个产品开发流程；每个步骤又分成10~30项任务，规定了每个步骤如何在公司得以实施。这些任务又为每个步骤定义出标准周期时间，据此可以编制进度表、预测资源需求、制订计划并进行跟踪管理。

（4）开发工具和技术

质量功能展开、装配设计、可制造性设计等技术可以促进产品开发成功。然而这些技术都不能单独解决产品开发中的所有问题，所有开发工具的使用都需要一个结构化的流程，这是一个先决条件。产品及周期优化法没有给新技术或新工具下定义，其关注的焦点是在产品整体开发流程中适时运用合适的技术或工具。产品及周期优化法涵盖一系列技术设计和自动化开发的工具，并且说明了这些工具怎样适应产品开发流程。

（5）产品战略流程

产品战略流程是产品开发的起点。通过产品开发战略，企业定义了要开发的产品的类型、自身竞争优势及如何将新技术引入新产品。选择开发的产品应与企业的产品战略保持一致。产品战略提供了一个框架，供产品及周期优化法在阶段评审流程中作为决策和设立优先级顺序的依据，并为核心小组提供了指南，用于定义产品。产品战略明确定义了扩展现有产品线和创造新产品线的机遇。

（6）技术管理

技术管理的作用是发现应用新技术的机会，并且启动技术开发项目，从而做好基础设施建设，最终提高公司的核心竞争力，为更多的产品提供共享通用的平台。很多企业都没有积极管理好潜在的技术，而是把注意力都放在了产品开发上。但是产品开发是依赖技术的，缺少核心技术会导致产品在投放市场后逐渐失去市场份额，最终丧失竞争力。

（7）管道管理

管道管理解决问题的方法是做好项目优先级排序，为资源管理提供一种框架，并协调职能部门的能力和项目要求。管道管理体现了一种可持续的平衡，即从组合管理的角度出发，实现资源的合理配置。产品及周期优化法认为，做好管道平衡，需要从以下两方面入手：①做好市场优先级排序，基于市场实现资源的合理配置。②打破职能壁垒，保持产品开发和各职能部门的工作协调一致。

2.3.6 集成产品开发管理体系

集成产品开发是灵活的、发展的，其在不断吸纳业界最佳实践和解决业务问题的过程中与时俱进。集成产品开发（Integrated Product Development，IPD）是一套以市场和客户需求为驱动的产品开发管理体系，涵盖战略流程、支撑体系和团队的综合模式、理念与方法。其核心在于通过跨部门团队包括市场、开发、制造、服务、财务和采购等方面的专业人员的协作，共同管理整个产品开发过程。采用这种管理方式，能够使产品开发更加关注客户的实际需求，加快市场响应速度，缩短开发周期，降低开发成本，同时提升产品的稳定性、可生产性和可服务性。

集成产品开发是一个商业流程，它注重商业结果，并将产品开发视为一项投资进行审慎管理。它通过组建跨部门团队，集成各职能领域的专业智慧和资源，形成合力，共同推进项目的成功。集成产品开发分为多个阶段，并通过设置决策评审点（Decision Checkpoint，DCP），实现集成组合管理团队（Integrated Portfolio Management Team，IPMT）和产品开发团队（Product Development Team，PDT）之间的互动及资源的受控分配，既能满足项目进展需要，又能规避投资失控风险。该体系灵活且不断发展，能够吸纳业界最佳实践和解决业务问题的经验，确保产品开发与时俱进。

1. 组织与团队

（1）集成组合管理团队

在集成产品开发中，存在类似产品审批委员会的组织，称为集成组合管理团队。相较于产品及周期优化法，集成产品开发更多地认为产品开发是一种投资行为，需要基于市场进行创新。集成产品开发把产品开发分成概念形成、计划、开发、验证、发布和生命周期管理六个阶段，从产品运营的角度将产品及周期优化法中的推出产品阶段进行了细化拆分。评审只在概念形成、计划、验证和生命周期四个阶段进行。

研发是投资行为，集成组合管理团队把所有研发项目作为投资对象进行管理，设置不同层次的决策团队。决策团队负责作出决策，其中，决策团队主席由项目投资方或其委托方人员担任，决策团队成员为决策涉及的业务领域（一般包括规划、市场、研发、采购、生产、供应链、工程、财务、质量等领域）的主要负责人。决策团队的职责为：①从投资角度对产品开发的目标、策略、收益及存在的风险和问题进行审视，决定是继续还是放弃。②为确保产品快速响应市场，特别设立决策机制和下沉机制，根据项目的创新程度和重要程度，确定哪些决策点可以授权，但是授权不授责。

（2）产品开发团队

产品开发团队是一个跨职能团队，由产品经理领导，负责产品的全生命周期，包括产品开发、交付、维护等。产品开发团队由核心组和专业组构成。核心组成员包括产品经理及研发、市场、采购、生产、供应链、工程、财务、质量等领域的代表。根据产品开发需要,核心组提出要求,与各职能部门协商确定开发内容。核心组的成员需要得到各职能部门的充分授权,从而代表相关领域参加产品开发中的各项活动,作出决策和承诺,并调动资源完成工作。核心组的职责包括:①根据产品规划,制订、更新并管理产品包业务计划,继续进行产品需求分析和各领域策略分析,确保产品按时交付。②负责产品的设计、开发、测试、交付和维护。③组织成立专业组,协调各专业领域共同完成产品开发和交付。④与平台开发等相关团队协作,完成产品开发、交付和维护等工作。

(3)技术研发团队

集成产品开发设立技术研发团队(Technology Development Team,TDT),负责技术或平台研发流程及技术转化工作,从而对产品开发和技术开发进行更为彻底的分离。

集成产品开发参考了产品及周期优化法中的核心小组法,并对其进行扩展。集成产品开发整体框架有四大主流程,分别为产品战略流程、市场管理流程、产品研发流程和技术研发流程,每个主流程都由独立的小组负责运作。除了上文提到的 IPMT 负责产品战略流程,还有组合信理团队(Portfolio Management Team,PMT)负责市场管理流程,PDT 负责产品研发流程及 TDT 负责技术研发流程,其中产品开发团队是产品及周期优化法中的核心小组法在集成产品开发中的最好体现。

集成产品开发中的评审使用了决策评审点这个概念,与技术管理中的技术评审(Technical Review,TR)有区别。集成产品开发中的产品战略和规划分层与产品及周期优化法是完全一致的,但是做了细分,集成组合管理团队负责整个产品的战略流程。

首先,产品平台是一个系列产品的通用化组件的集合,包括共享的软件架构、硬件架构和关键技术等。在制定产品平台战略时,需要考虑现有平台、衍生平台和新平台之间的演进关系。

其次,集成产品开发认为产品线规划是市场管理的输出,所以在集成产品开发中添加了一个全新的主流程,即市场管理流程,该流程通过市场细分、组合分析等在产品平台的基础上制定产品线规划。PMT 负责该流程中的决策。

2. 主要框架

集成产品开发的结构化分层并不是从范围分解的角度出发的,而是更加关注流程。

集成产品开发把整个产品开发分成六个阶段，每个阶段对应一个流程，构成了集成产品开发主流程中的六个阶段流程。六个阶段流程以下是多个支持性流程或制度，如项目管理、配置管理、需求管理流程，以及文档控制、质量管理制度。

集成产品开发基本沿用产品及周期优化法的思想和工作方式。对于技术评审，集成产品开发流程中一共包含七个评审点：TR1、TR2、TR3、TR4、TR4A、TR5 和 TR6，分别分布在产品研发的概念形成、计划、开发和验证等阶段，每个技术评审点主要关注产品的一个技术方面，如需求、概念设计等。集成产品开发流程在应用中因企业而异，部分企业集成产品开发流程中的技术评审点会有所简化。

技术评审在日常研发过程中也是一个比较常见的做法，我们有很多可以使用的评审技术，如同级评审（Peer Review）技术。技术评审的关键是将技术上的决策更好地转化为产品开发成果，例如，组织的一个公共技术平台需要同时支持多个产品线的开发工作，那么这个技术平台将需要根据各个产品线的不同需求进行适配。

3. 集成产品开发全景图（三大主流程）

集成产品开发、线索到回款（Lead to Cash，LTC）和问题到解决（Issue to Resolution，ITR）并称公司三大主业务流程，一起完成向客户交付产品。其中，集成产品开发包含从产品规划、开发到维护的端到端产品开发过程，以及平台规划和开发、技术规划和研究对产品开发的支撑。集成产品开发流程在业务流程中的位置如图 2-3 所示。

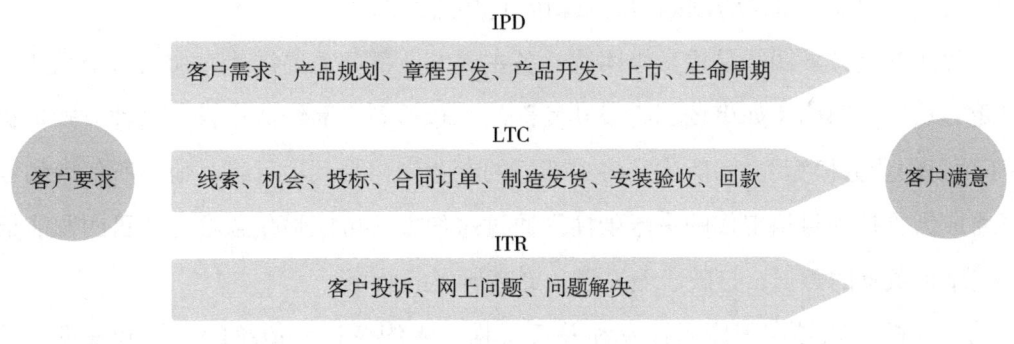

图 2-3　集成产品开发全景图

企业战略决定了产品发展的方向性要求和研发投入的整体策略，由此影响各事业部的产品规划和产品组合策略。通过产品规划、版本规划和研发资源分配，将企业战略落地到集成产品开发的产品开发、平台开发、技术研究中。

线索到回款提供了销售管理线索到回款的端到端流程，覆盖商机挖掘、订单获取、项目交付三大阶段。为了高效满足客户需求，集成产品开发和线索到回款的协同主要体现在以下三个方面。①通过需求管理实现集成产品开发和线索到回款两个流程之间市场信息和客户需求信息的一致性。规划的产品和服务的解决方案应得到销售计划的支持。②集成产品开发流程在维护阶段的策略需要线索到回款流程来执行。③线索到回款流程的目的是通过以客户为中心的问题解决机制，提高产品和服务的效率和能力。问题到解决流程和集成产品开发流程的协同主要体现在通过对客户反馈问题的分析，带动产品和服务的改善及开发流程的优化。

4. 集成产品开发基本原则

（1）充分授权跨职能团队

产品开发过程需要跨越多个职能领域进行协作，按跨职能原则组建团队，并进行充分的授权赋能，能够最大限度地保证绝大部分事情在团队内即可得到快速解决，既有利于大幅度降低协作成本，也有助于激活团队，确保组织具有高昂的战斗力和高效的执行力。

①开发过程指从概念形成到产品批量上市或完成移交的过程。此过程除了研发领域的设计开发活动，还包括市场分析、财务分析、研发选型和采购、生产/售后/销售准备及产品逐步上市的活动，因此整个过程横跨市场、研发、财务、采购、生产、销售、维护、质量等职能，采用跨职能的研发团队是必然的选择。

②集成产品开发团队是重量级团队，各主要专业部门需要派代表加入这个团队，团队将重心从单个部门（如市场部门或开发部门）转移到产品线或项目，这种方式被称为"基于项目的业务模型"。团队成员将本部门的专业知识带到项目组，他们所代表的专业领域将成为支持项目组工作的中流砥柱。通过这种方式可以强化各参与项目的职能部门对最终结果负责的意识，打破职能界限，提高研发的效率。

③跨职能团队是实施协同开发和并行工程的组织基础。传统的串行开发模式（研发—制造—销售—服务）已不能适应快速的市场变化。为了缩短新产品上市周期，企业必须强调跨领域协同的管理结构和并行工程的行为模式。

（2）视研发为一种投资行为

产品开发过程中的阶段决策是由产品决策团队从投资角度审视产品目标市场的变化

和产品开发状况，以决定产品开发的下一步走向的。在整个生命周期中，企业通过财务分析与管理及时有序地调配资源。企业通过有效的投资组合管理和研发过程管理，增强风险管控，提高投资效益，以达到有效利用资源来最大化投资回报率的目的；同时，基于长远和可持续发展理念，对中长期发展进行投资和规划，以保证持续提升研发能力和产品竞争力。

提高效率应注重两个方面：第一，要强化选择能力。最大化提高效率的方式是"只做该做的事，不做不该做的事"。第二，要强化资源的调配能力。如果没有能力在关键的时候把关键的资源集中到关键的工作上，就无法提升企业的竞争力。如何才能提升这两个方面的能力？建议采用投资管理的方法对研发投资进行管理，在研发活动中具体体现为以下三方面。

①采用投资组合管理的方法来管理研发项目组合。应用组合分析的方法筛选、确定潜在的投资机会，使研发项目最大限度地和市场需求匹配，从而将投资收益最大化。资源永远是有限的，企业需要在总体资源的约束下把研发资源配置到最符合企业战略、能够实现利益最大化的项目上，保证企业的市场竞争力，最大化企业的利益。

②为了降低风险，研发活动应采用分批、分阶段投入的方式进行。在研发过程中设置序列的阶段决策点，在这些决策点上从投资角度审视市场变化和开发状况，及时调整项目方向并分批进行研发投入，以降低风险和确保项目成功，尤其需要强化项目的前端决策活动，达到筛选项目、减少项目失败的目的。

③将投资回报率作为研发决策的根本依据，投资回报率可能是短期的或长期的，也可能是综合的，视具体的投资策略而定。

（3）价值驱动交付

价值驱动交付指基于用户/业务价值优先级进行产品开发，可持续地交付产品或产品增量，并且快速从用户和市场获得反馈以不断优化产品、提升价值。所交付的产品要追求低成本、高质量、安全可信、可靠可用。高效产品开发的最终目的是向客户交付价值，而价值驱动交付是集成产品开发的初衷和内核，即以客户价值为核心，快速响应客户需求，快速交付价值，在持续帮助客户获得市场竞争优势的同时，提升自身的竞争优势并实现企业价值。

（4）质量内建

质量内建是指遵循消除浪费的精益原则，将高质量内建在过程和活动中，而不只是在过程的最后以检查的方式保证质量,从而最大限度地提高产出质量,减少返工浪费。

(5)管控风险

一种意识和思维方式只有与管理行为相结合,融入活动和过程管理才能生效。成功的组织会主动将基于风险的思维运用到管理中,形成一种习惯性行为。体现这一管理思维的企业级治理能够保证产品安全、信息安全、业务连续性等。风险管理将不再是一个单项的控制活动,而是这种思维、过程方法和循环三者的有机结合。

(6)结构化流程

结构化是指相关联的工作有一个框架结构,并且有相应的组织原则支持,以此实现工作的规范化,并有助于成功经验在组织中快速复制。实施结构化流程务必防止过度管控、僵化,须紧密结合充分授权和持续改进,以确保在具有规范性的同时,不失灵活性和良好的适应性。集成产品开发是一个平衡的结构。

(7)异步开发与并行工程

异步开发是指分开进行技术研究、平台开发和产品开发,以降低开发风险、减少浪费、提高效率和快速复制。并行工程指在开发过程中同时开发和改进相关的生产、采购、服务和市场推广等相关工作和过程。客户需要的绝不仅仅是设备,而是一个优质的网络,因此并行工程的实施非常重要。通过实施并行工程,不同专业领域原本串行的工作提前并行运作,大大缩短了开发周期,提升了企业的研发效率和竞争力。

(8)开发工具和方法

为了保持技术先进性、产品竞争力和更高的用户满意度,需要持续为对方法与工具的研究投资,如 DevOps、数字及物理仿真、开源、社区化、云化、成熟度评估,以及更具前瞻性的数字化研发——基于模型的系统工程、数字主线(Digital Thread)、数字孪生等。

5. 应用案例:集成产品开发在华为公司的应用

集成产品开发(图2-4)在华为公司的应用,分为三个主业务流程,包括市场管理(Market Management,MM)流程、需求管理(Offering Request,OR)流程、集成产品开发流程。

(1)市场管理

通常来说,市场管理是一个持续进行的过程,没有终点(因为外部的环境不断变化），需要快速和准确地响应外部的变化，管理层团队就要不断评估和定义客户需求（图 2-5）。

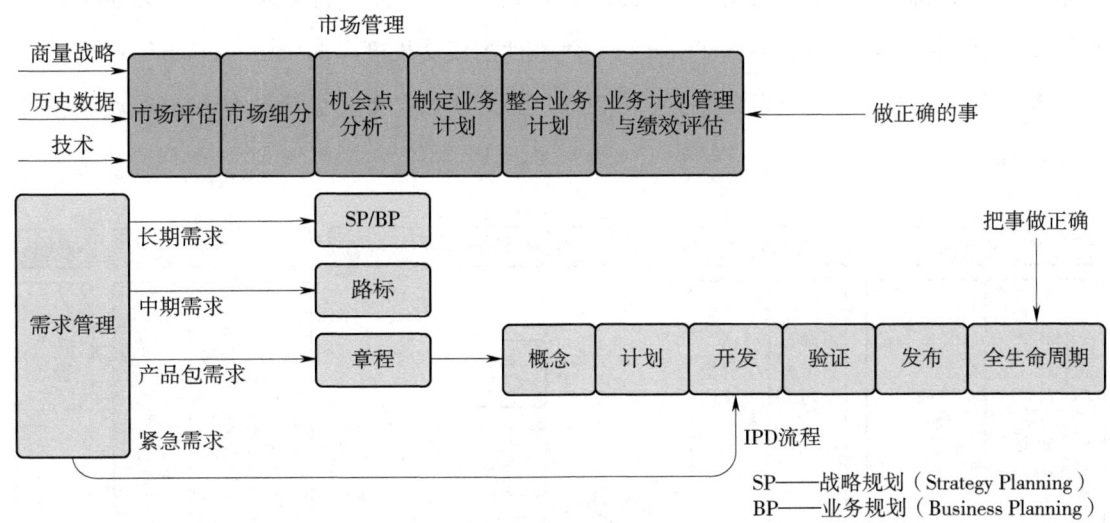

图 2-4 集成产品开发全景图

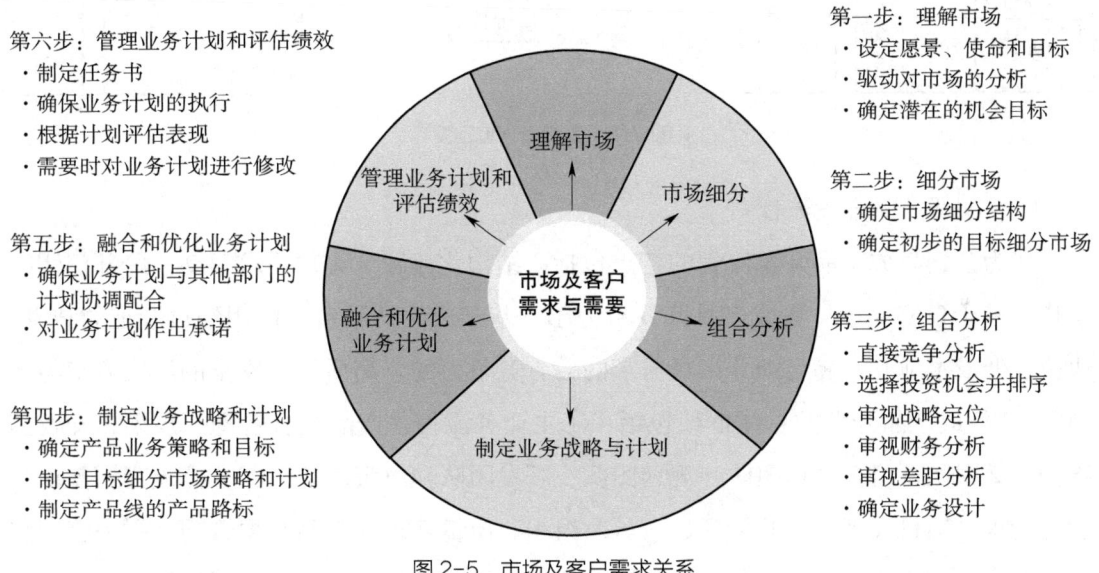

图 2-5 市场及客户需求关系

（2）需求管理

没有需求就没有产品，需求管理不当是项目方向偏离和产品失败的最主要原因。集成产品开发使用一种用于了解客户需求、确定产品市场定位的工具——$APPEALS 进行需求分析。$APPEALS从八个方面衡量客户对产品的关注。$代表产品价格（Price）；第一个A代表可获得性（Availability）；第一个P代表包装（Packaging）；第二个P代表性能（Performance）；E代表易用性（Easy-to-use）；第二个A代表保证程度（Assurances）；L代表生命周期成本（Life Cycle of Cost）；S代表社会接受程度（Social Acceptance）。

集成产品开发中需求管理流程（图2-6）主要分为收集、分析、分发、实现和验证五个阶段。

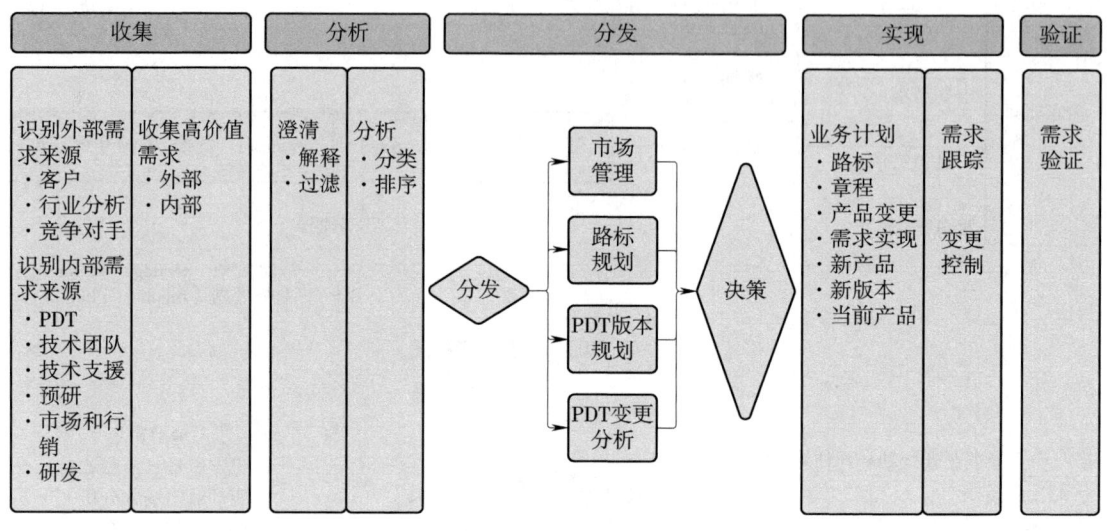

图2-6 需求管理流程图

（3）集成产品开发流程

华为公司集成产品开发流程的特点包括：结构化流程、客户需求驱动、跨部门团队运作、基于事实决策。集成产品开发致力于"基于成熟的平台，使用经过验证的技术，快速、低成本地开发满足细分市场需求的、有竞争力的、高质量且安全的解决方案与产品"。其集成产品开发的总体框架包括：①主业务流程：产品组合管理、规划、开发和维护。②团队：组合管理团队、规划团队、开发团队和决策团队。③支撑流程：需求开发与管理、项目管理、绩效管理、人员及组织、质量管理、产品数据管理、财务管理和持续改进。④方法与工具：DevOps、数字及物理仿真、开源、成熟度评估等，以及基于模型的系统工程和数字主线等。

2007年中兴引入PRTM公司提供的PD咨询服务，在中兴被称为高效产品开发（High Performance Product Development，HPPD），如图2-7所示。HPPD、LTC、ITR成

为中兴的三大主业务流程，共同支撑着整个公司的业务流。

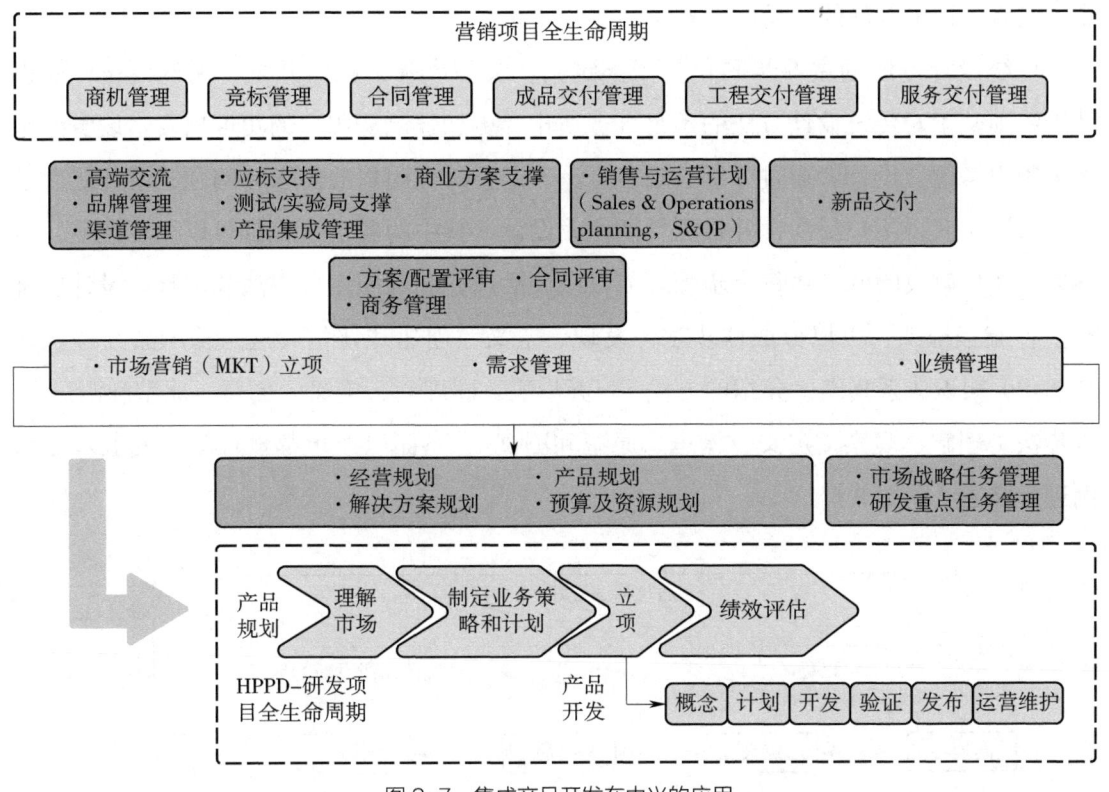

图 2-7　集成产品开发在中兴的应用

2.3.7　设计思维

1987 年，哈佛设计学院院长彼得·罗（Peter Rowe）出版了《设计思维》（*Design Thinking*）一书，首次使用设计思维（Design Thinking）这个词[7]。不同的人对设计思维有着不同的看法，设计思维是一种设计理念，它所关注的重点不再是"使用"本身，而是通过理解用户内在的心智模式和用户所处的环境，观察用户在心智模式和所处环境双重作用下的使用行为，去设计一种真正能够融入他们的生活、被他们所依赖的产品。

设计思维也被认为是一种有特定步骤的思维方式，适用的项目和人群较广泛。但由于每个人对设计思维的理解不同，即使每个人严格按照设计思维所描述的步骤去做，得出的结论也可能不同，这就是设计思维的高明之处。就像指南针一样，它可以告诉人们方位，但是目的地在哪里，怎么走，都要靠人们自己的理解和能力去获得线索从而达到目标。

设计思维不是凭空产生的，今天的设计思维已发展成一个可以学习的创新设计模式，它倚靠的不是设计师个人的创意，而是不同专业的人从不同的角度共同产生的创意，然后设计出创新的产品或服务。

传统设计方法的主要步骤包括需求定义、头脑风暴、原型开发、测试校正，而设计思维则基于对传统设计方法的不足进行演化，更加强调从用户的角度出发，设身处地地为用户考虑。设计者通过分析、观察、深入调查研究用户的需求和问题，设计之后通过创造原型获得用户反馈，并根据反馈修改设计，其中的各个过程都可以循环往复，最终通过迭代解决问题。在每个步骤环节可以灵活选择和利用多种方法和工具。设计思维有多种流程框架，可以分成四步法（发现、定义、创建和评估，这是《产品经理认证（NPDP）知识体系指南》介绍的方法）、五步法（同理心、定义、创意、原型和测试）、六步法（理解、观察、定义、构思、原型和测试）。下面以斯坦福设计学院的五步法为例进行描述（图2-8）。

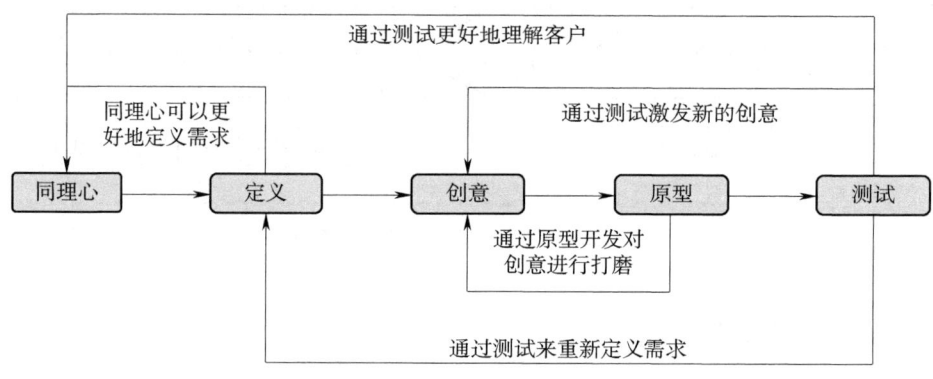

图2-8　设计思维创新模式

1. 同理心

同理心就是通过开展用户调研，了解用户的行为、语言、思想和感受来获得用户的真实需求。同理心是一种设身处地体会他人感受的思考方式。在这一过程中，从用户的角度和思维出发至关重要。假设滴滴打车想改善用户的乘车体验，那么在这一阶段，工作人员就需要和真实用户对话，观察他们做了什么、如何进行思考，以及想要什么，同时思考"是什么激励着用户或阻碍着用户""用户在哪儿受到了挫折"，其目的是收集尽可能多的信息，力求与用户产生共鸣，真正理解用户。

同理心一般有以下三个层次：①理解对方所表达的言语、行为和肢体动作。这是最基本的层次，一般可以通过简单重复对方的言语来达到，即表明你已经关注到和理解对方。②理解对方未表达的情绪、情感、动机和思维。人在沟通的过程中，会心里想着某件事情，却说着无关紧要的事情，把重要的信息放在后面说或者不说。因此，在沟通时要辨明对方想要表达的重要信息。③给予对方此时最需要的东西。同理心的最高境界不在于你说了什么，或者做了什么，而在于对方的需求得到了满足。常用的方法有观察法、角色扮演和采访。

2. 定义

学会真正发现问题并重新定义它。幸存者偏差提醒我们，表面问题很可能并非真正的问题，只有深入探究问题的根源，才能真正发现核心问题并有效解决它。

定义需求时通常使用的句式是：我们该如何做，为谁做，做点什么，好解决什么问题。

3. 创意

《颠覆：鬼才卡兰尼克与他的Uber帝国》一书中提到，卡兰尼克在巴黎时，某天午夜打不到出租车，而出租车可能就在附近，信息不对称导致了这一结果。卡兰尼克想：能不能做一个软件解决这一问题？于是他回美国后就创办了Uber。头脑风暴就是设法提出更多更有创意的解决方法。采用头脑风暴法的组织进行群体创意时，要集中有关专家召开专题会议，主持者以明确的方式向所有参与者阐明问题，说明会议的规则，尽力创造融洽轻松的会议氛围。开会时，主持者一般不发表意见，以保障会议的自由气氛。由专家们自由地提出尽可能多的方案。

4. 原型

原型是指在实际生产、制造预期产品之前，先制作出的该产品的模型，原型可用来征求用户对其需求满足程度的早期反馈。"原型开发"就是根据产品使用情景，动手把大脑中的想法转化为仿真的物理模型或者图画模型，展示人们可能怎样使用产品或服务，然后制作出粗略的模型与客户或用户沟通，以便参考他们的意见来改进产品。俗话讲得好：一图胜千言。同理，一个好的模型胜过1 000张设计图。通过大量制作模型，创新的观点得到展示、交流、检验和提高。

模型制作要符合3R法则。①迅速（Rapaid，追求速度）：力求快速廉价，不要在构造复杂概念上浪费时间。②粗略（Rough，不求精细）：以展现设计概念为主，不要在细节上花费太多心力。③恰当（Relevant，正确制作）：要恰当展现想法和方案，保证正确。

模型制作材料可以是橡皮泥、积木、纸板、塑料和泡沫等。展示模型时，可以主动邀请客户参与，用视频呈现消费者在产品及服务推出后可能的使用体验，也可以通过小品、情景剧、角色扮演等方式，模拟不同类型消费者的使用体验。

5. 测试

原型做好之后，工作人员要邀请真实用户参与测试。测试的时候，让用户深入体验，自己观察。如果有小的方便改动的不足之处，可以直接改进让用户再测试。也可以征询用户对原型的反馈意见，例如，可以通过反馈矩阵收集如下反馈信息：用户喜欢的地方、没能让用户满意的地方、新想法或新建议、开放或未决的疑问等。总之，不要过于固守自己的想法。

设计思维方法的五个步骤看上去是线性的，但在实践中却经常循环往复。这么做的目的是不断修正解决方案，真正实现"以人为中心"的设计，经过不断测试，使解决方案更加成熟。

6. 应用案例

"拥抱"是一款专为早产儿设计的婴儿保温襁褓，旨在解决早产儿因体温过低而死亡的问题。最初，设计团队认为重新设计医院内的保温箱是解决这一问题的方案。然而，通过在尼泊尔乡村调研，设计团队发现当地的主要困难在于无法及时将早产儿送至医院。因此，设计团队决定重新定义产品的原型。

通过应用设计思维和开展新材料实验，设计团队找到了一种熔点为37℃的蜡。将这种蜡放入热水中加热融化后，置于襁褓中作为保温介质，能够缓慢释放热量，且温度不会超过37℃，每次可持续使用3~4小时。这款产品成本不到20美元，兼具经济性和实用性。据"拥抱"官网介绍，这一产品已经挽救了超过2万名婴儿的生命。

从这一案例可以得到的关于设计思维的关键点有：①产生一种想法相对简单，运用头脑风暴产生很多想法也相对容易，困难的是在产生许多不同想法的同时，洞察想法背后的真正问题和需求，进而制定有效的方案。使用更加系统化的创意方式，如用户画像、头脑风暴、六顶思考帽等，能够迅速产生更多想法。②以往的设计团队可能更具专业性，但同时也存在局限性。为了更全面地了解用户需求，设计团队可以使用不同背景和经历的成员，甚至组织外成员，从而获得不同的观点，产生更具有包容性的创意。③设计思维从以产品为中心，转变为以设计价值、体验和人们的需求为中心。信息收集和合成不是一蹴而就的，尤其是当团队面对解决难度大、尚未被发现的潜在需求时，更需要兼具灵活性与耐心，只有这样才能保证设计团队制定的新方案满足用户需求。④整个设计思维的过程不是单一的线性流程，而是需要不断往复迭代的过程。设计者需要发现和思考各种看似无关的想法之间的交互性和连通性等关系。

2.4 商业工程与设计实践

1. 制定创业计划

制定创业计划是任何商业工程和设计实践的核心步骤。创业计划应该包括以下几个关键部分：①市场分析：研究目标市场的规模、需求、竞争态势等。②产品或服务描述：详细地描述自己打算提供的产品或服务，以及它们如何满足市场需求。③营销策略：如何推广自己的产品或服务，包括定价策略、销售渠道策略和广告推广策略等。④运营计划：包括生产、供应链、人力资源等方面的详细规划。⑤财务预测：包括预算、现金流量表、盈亏平衡分析等。制定创业计划需要多学科的知识和多角度的思考，这正是商业工程专业的优势所在。

2. 商业评估

开展商业评估是为了确认创业计划的可行性和盈利潜力。商业评估通常包括：①SWOT分析：识别业务的优势（Strengths）、劣势（Weaknesses）、机会（Opportunities）和威胁（Threats）。②风险评估：识别可能影响业务的各种风险，并制定应对策略。③财务模型：使用财务指标来评估创业项目的经济可行性。

3. 项目融资

创业项目通常需要大量的启动资金，这些资金可以从多个来源获取：①自有资金：创业者或合作伙伴的储蓄和资产。②天使投资和风险资本：从投资者那里获取资金，通常以公司股权作为回报。③银行贷款和政府补贴：通过传统的贷款或政府支持项目来筹集资金。每种融资方式都有其优缺点和条件，因此需要仔细评估和规划。

4. 团队组建

一个创业项目的成功依靠一个高效、专业的团队。团队组建包括：①角色和职责分配：确保团队成员各司其职，拥有需要的技能和资源。②团队文化和沟通：建立明确的价值观和沟通机制，以确保团队成员有效合作。③激励和发展：通过各种激励机制（如股权、薪酬、晋升机会等）来保持团队成员的积极性和忠诚度。在商业工程和设计实践中，团队的组建和管理是实现长期成功的关键。

通过以上几个方面的专业处理，商业工程与设计实践不仅能帮助创业项目快速启动，还能确保其可持续性和营利能力。这些步骤都体现了商业工程综合多学科知识、运用系统方法来解决复杂商业问题的核心价值。

2.5 本章小结

1. 商业工程与设计

商业工程与设计是一种结合多学科理论与实践的方法，旨在通过跨部门团队协作解决组织中的广义合作问题，涵盖从概念研究到项目收尾全过程。它强调理解用户的心智模式和环境，以设计出能够融入用户生活的产品。商业工程创新融合工程原理与商业战略，不断提升企业竞争力和运营效率，关注可持续发展和社会责任。集成产品开发通过市场和客户需求驱动，采用系统方法管理各个环节，确保产品开发的高效执行和优质完成。这种方法涉及需求分析、系统建模、资源分配、实施部署、监控评估等步骤，以应对商业环境的复杂性和变化性，促进持续优化和长期成功。

2. 商业工程的设计方法

商业工程的设计方法部分深入探讨了商业工程中常用的七种设计方法，这些方法体现了新产品开发过程的复杂性和多样性，以及实现创新的多种策略和实践方法。NASA的阶段评估流程，博思、艾伦和汉密尔顿阶段模型，瀑布模型，门径管理流程和产品及周期优化法强调新产品开发的结构化和阶段性，注重系统化管理和阶段评估，以确保项目顺利进行。集成产品开发和设计思维则代表了更为现代的设计方法。集成产品开发以市场和客户需求为导向，强调跨部门团队合作，通过决策评审点控制项目进程，旨在加快市场响应速度、缩短开发周期；设计思维则包括同理心、定义、创意、原型和测试五个步骤，强调从用户角度出发进行创新设计，旨在深入理解用户需求，创造能融入用户生活的产品或服务。

上述设计方法不仅包括新产品开发的策略和技术，还涉及项目管理和团队合作的重要性，展示了商业工程和设计实践的多维度和系统性。它们共同的目标是帮助创业项目快速启动，并确保项目具有可持续性和营利能力，体现了在不断变化的市场和技术环境中有效地管理和实施新产品开发的过程。

3. 商业工程与设计实践

在商业工程与设计实践中，制定周详的创业计划是关键，包括市场分析、产品或服务描述、营销和运营策略，以及财务预测。通过SWOT分析和风险评估进行商业评估，验证创业想法的可行性和盈利潜力。项目融资则需探索不同的资金来源，如自有资金、外部投资和贷款。建立专业且协作的团队，明确角色职责，建立有效沟通机制，并通过激励措施维护团队积极性和忠诚度。这些步骤能够加速创业项目启动，确保持续发展和营利能力，展示商业工程解决复杂问题的核心能力。

第三章
Chapter 3

大模型技术
构成创新设计

3.1 大模型的概述

大模型般是指一类在人工智能领域引起广泛关注的强大计算模型。这些模型以其巨大的参数规模、复杂的网络结构和卓越的学习能力而闻名。其中，大语言模型（Large Language Model，LLM）是一类具有数十亿到数千亿参数的大型模型，代表模型包括生成式预训练变换器（Generative Pre-trained Transformer，GPT）系列（如GPT-3）等。这些模型源于深度学习领域的发展，其核心思想是利用深层神经网络模拟人类大脑的工作方式，从而实现智能化的学习和决策。大语言模型在自然语言处理（Natural language processing，NLP）领域应用广泛，能够完成文本生成、问答系统、语言理解等任务，为人们提供了强大的自然语言处理能力。

与传统的机器学习算法相比，大模型具有更高的灵活性和表达能力，能够在各种复杂任务中发挥令人瞩目的作用。通过大规模的预训练和微调，大语言模型能够从海量文本数据中学习到丰富的语言知识和语义理解，从而实现对各种自然语言任务的高效处理和准确预测。

大模型的突出特点之一是参数规模庞大，其能够捕捉和表示庞大而复杂的数据模式。此外，大模型采用了深层次的网络结构，包含多个隐藏层，每一层都负责从输入数据中提取不同层次的特征。这种层次化的表示使得大模型能够逐步学习和理解数据的抽象特征，从而实现更高层次的推理和决策。

在大模型的训练过程中，数据扮演着至关重要的角色。大模型通常需要大量的标记数据来进行训练，以便调整模型参数以最大程度地拟合数据。此外，为了应对数据的多样性和复杂性，研究人员还开发了各种强大的训练技术和优化算法，以提高模型的学习效率和性能。

尽管大模型在各种任务中取得了巨大的成功，但其也面临着诸多挑战和限制。例如，由于模型规模的扩大，大模型需要大量的计算资源来进行训练和推理，这限制了其在实际应用中的可扩展性和实用性。此外，大模型还面临着数据隐私、模型解释性和社会影响等方面的伦理和法律问题，需要进一步研究和探讨。

3.1.1 人工智能基础：定义、分类与发展趋势

人工智能是指致力于使计算机系统具备类似于人类智能的能力和特征的学科领域。

其目标在于模拟、仿真甚至超越人类智能的各种方面，包括但不限于感知、推理、学习、规划、语言理解和自主决策等。人工智能研究的核心在于开发能够执行智能任务的算法、模型和系统，从而实现智能化的自动化过程。人工智能全球趋势及中国路径如图 3-1 所示。

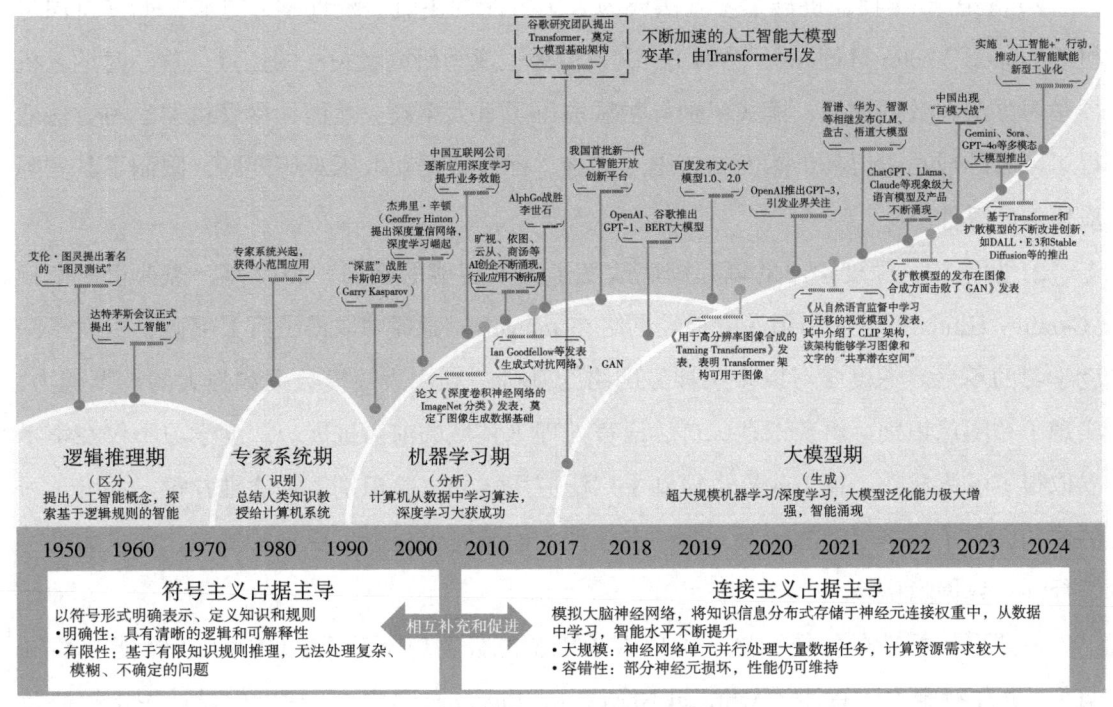

图 3-1　人工智能全球趋势及中国路径

人工智能的发展历程源远流长，其自诞生之初便吸引了无数研究者的关注和探索。人工智能之父、数学家艾伦·图灵（Alan Turing）在 20 世纪中叶提出了图灵测试，为人工智能的研究奠定了理论基础。他的理论和思想对后来人工智能的发展产生了深远的影响。

在人工智能的初期阶段，特别是 20 世纪 50 年代至 70 年代，研究者主要集中在符号主义范式下进行探索。这一时期，专家系统成为人工智能的主流。专家系统试图模拟人类专家的决策过程，如 DENDRAL 系统用于化学分析、MYCIN 系统用于医疗诊断等，取得了一定的成就。然而，这些系统存在着知识获取困难、推理效率低下等问题，限制了自身的进一步发展。

20 世纪 70 年代后期至 80 年代，连接主义的兴起为人工智能研究注入了新的活力。神经网络模型，特别是感知机模型的提出，开启了人工神经网络的时代。感知机模型是一种简单的单层神经网络，虽然其存在着局限性，但为后来的神经网络研究奠定了基础。20世纪80年代，随着计算能力的提升，神经网络的研究进入了黄金时代，如霍普菲尔德网络、反向传播算法等的提出使得神经网络模型的复杂度和性能得以提升。

20世纪90年代，机器学习方法成为人工智能的主流。统计学习方法，如支持向量机（Support Vector Machine，SVM）、决策树等，成为研究者关注的焦点。这一时期，机器学习方法在数据挖掘、模式识别等领域取得了重大突破。然而，尽管机器学习方法取得了巨大的成功，但其仍然面临着维度灾难、标注数据获取困难等问题，限制了其实际应用的广泛性。

21世纪初，深度学习的崛起彻底改变了人工智能的格局。2012年，杰弗里·辛顿（Geoffrey Hinton）等人利用深度神经网络在ImageNet竞赛中取得了巨大突破，引发了深度学习的革命。深度学习以多层神经网络为基础，利用大规模数据和强大的计算能力，实现了在图像识别、语音识别、自然语言处理等领域的前沿进展。深度学习不仅在学术界取得了巨大成功，在工业界也得到了广泛应用，如人脸识别、智能推荐等。深度学习的成功证明了数据驱动的学习方法的有效性，但同时也提出了更多的挑战，如模型的可解释性、数据隐私等。

按照人工智能的智能程度，可以将人工智能分为以下三类：①弱人工智能（Weak AI）：也称特定人工智能（Artificial Narrow Intelligence，ANI），指专门设计用于解决特定任务的人工智能系统，只在特定领域展现智能行为，无法像人类一样通用地解决各种问题。②强人工智能（Strong AI）：也称通用人工智能（Artificial General Intelligence，AGI），指具有和人类相似智能水平或超越人类智能水平的人工智能系统，能够在各种任务中表现出智能行为和自主学习能力。③超人工智能（Super AI）：超人工智能是一种超越了强人工智能的形态，具备自主思维意识和创造能力。超人工智能能够像人类一样独立思考和创新，甚至可能超越人类的智能水平，超人工智能对人类社会和文明可能产生深远的影响，引发变革。

随着人工智能技术的不断进步，未来的发展趋势将主要集中在技术层面，尤其是在深度学习和大语言模型等领域。Open AI等机构的崛起及大语言模型的出现和应用将成为人工智能未来发展的重要方向。

首先，大语言模型的出现标志着自然语言处理领域的重大突破。通过训练巨大规模的神经网络模型，如GPT系列，人工智能系统可以生成高质量的自然语言文本，具有强大的语言理解和生成能力。随着大语言模型技术的不断进步和优化，我们可以预见未来更加智能和灵活的语言处理系统将会出现，为自然语言理解、机器翻译、智能客服等领域带来更加准确和高效的解决方案。

其次，深度学习技术的发展将持续推动人工智能领域的创新和进步。随着神经网络结构的不断演化和改进，如卷积神经网络（Convolutional Neural Networks，CNN）、循环神经网络（Recurrent Neural Networks，RNN）、注意力机制等，人工智能系统在视觉、语言、推荐系统等领域的性能将不断提升。未来，深度学习技术将更加注重模型的可解释性、泛化能力和效率，以适应不断增长的应用场景和需求。

最后，强化学习等新兴技术也将在未来的人工智能发展中发挥重要作用。强化学习通过模拟智能体与环境的交互，进行试错学习来优化决策策略，适用于需要长期积累经验和处理不确定性的领域，如智能游戏、自动驾驶等。随着对强化学习算法的深入研究和应用，未来人工智能系统将具备更加智能和自主的能力，可以更好地适应复杂和动态变化的环境。

未来人工智能技术的发展将主要围绕大语言模型、深度学习和强化学习等领域展开。这些技术的不断创新和应用将推动人工智能系统的智能化和自主化，为人类社会带来更多的创新和进步。

3.1.2 大模型驱动 AIGC 发展

内容生产方式经历了从专业生产内容（Professional-Generated Content，PGC）到用户生产内容（User-Generated Content，UGC），再到生成式人工智能生成内容（Artificial Intelligence Generated Content，AIGC）的演变过程（图3-2）。随着互联网的不断发展和演化，这些不同的内容生产方式不仅反映了技术和社会的变迁，也展示了人类创造力的不断进步。

起初，互联网的内容生产由专业人士主导，这一阶段被称为 PGC 时代。在 Web 1.0 时代，互联网内容的生产和发布主要由专业机构和专家负责，他们通过精选、编辑和制作，提供了高质量的内容供用户浏览和消费。这种内容生产方式虽然保证了内容的专业性和质量，但也限制了内容的多样性和普及度，使得互联网内容的创作和分享仍然局限于少数人。

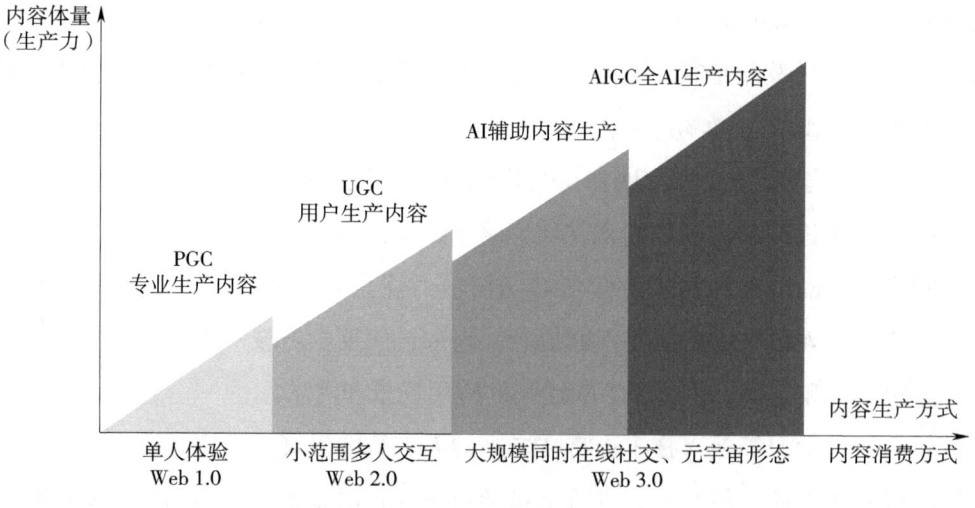

图 3-2　互联网内容生产方式演变过程

随着互联网的普及，互联网用户数量不断增加，用户对多样化和个性化内容的需求不断增长，这推动了 UGC 时代的到来。在 Web 2.0 时代，用户不仅是内容的消费者，也成为了内容的创作者。各种社交媒体平台的兴起让普通用户能够轻松地分享自己的生活、观点和创意，从而丰富了互联网的内容生态。UGC 的出现打破了内容生产的门槛，使每个人都有机会成为内容的创造者，极大地丰富了互联网的内容形态和种类。

如今，随着人工智能技术的飞速发展，AIGC 时代正在到来。AIGC 技术的出现使内容生产进入一个全新的阶段。通过人工智能技术，计算机系统不仅能够自动化地生成内容，还具备了一定的创意性和智能化能力。这使得内容生产变得更加高效、个性化和智能化，为用户提供了更加丰富和优质的内容体验。AIGC 的兴起标志着互联网内容生产方式的又一次革命，为互联网进入智能创作时代奠定了基础。

AIGC 指的是将 AI 技术应用于生成设计和计算创意领域。它结合了计算机科学、机器学习和创意设计，旨在通过算法和模型生成新颖、具有创造性和优化的设计方案。

AIGC 作为一种新兴的人工智能技术，具有自动生成、创意性、优化性、学习能力和扩展性等特点。第一，AIGC 具有自动生成的特点。通过训练数据和模型，AIGC 能够自动生成设计方案，从而减少人工设计的时间和成本。这种自动生成的能力使得 AIGC 在处理大规模设计任务时表现出色，提高了设计效率和生产效率。第二，AIGC 具备创意性。与传统的规则和模式相比，AIGC 能够产生具有创意性和独特性的设计方案。通过模型的学习和创造性生成算法，AIGC 能够突破传统的设计思维，为设计师和创作者提供全新的灵感和视角。第三，AIGC 具有优化性。AIGC 可以通过优化算法和目标函数，在给定的约束条件下寻找最佳设计方案。这种优化能力使得 AIGC 在解决复杂的设计问题时表现出色，为设计师提供更多的选择和可能性。第四，AIGC 具备学习能力。AIGC 可以从历史数据中学习和演化，以改进设计质量和性能。随着模型的不断训练和优化，AIGC 能够不断提升自身的能力，为用户提供更加智能和更具个性化的设计方案。第五，AIGC 具有较强的扩展性。AIGC 的方法和技术适用于不同的设计领域和问题，并具有较强的灵活性和可扩展性。无论是工业设计、平面设计还是建筑设计，AIGC 都能够为设计师提供强大的支持和工具，帮助他们更好地完成设计任务。

AIGC 背后涵盖多种技术原理，预训练模型串联融通是其核心之一。这一技术原理利用大规模数据集进行预训练，使模型能够学习到丰富的语言和图像表示，从而为生成内容提供基础。预训练模型通常通过无监督学习或半监督学习从海量数据中提取信息，并在各自领域内进行优化和微调。随后，这些预训练模型可以与其他模型串联融通，形成更加复杂和强大的生成系统，从而完成更高级别的内容生成任务。

在 AIGC 技术中，几种代表性的技术模型发挥了重要作用，其中最突出的包括生成对抗网络（Generative Adversarial Networks，GAN）、对比语言—图像预训练（Contrastive Language-Image Pretraining，CLIP）、Transformer、扩散模型（Diffusion）、生成预训练 Transformer 模型和双向编码器表示变换（Bidirectional Encoder Representations from Transformers，BERT）模型。这些技术模型在推动 AIGC 的发展和应用中起到了关键作用。

GAN 由一个生成器网络和一个判别器网络组成，采用对抗训练的方式使生成器网络不断提升生成样本的质量，从而生成接近真实数据分布的样本。GAN 被广泛应用于图像生成、文本生成等领域，为 AIGC 技术提供了强大的生成能力。

CLIP 是一种新型的预训练模型，该模型能够同时理解文本和图像语义，并将它们进行对比学习。CLIP 的出现使得模型能够更好地理解文本和图像之间的语义关系，从而在 AIGC 任务中实现更加精准和多样的内容生成。

Transformer 是一种基于自注意力机制的神经网络架构，具有处理序列数据的强大能力。Transformer 被广泛应用于自然语言处理领域，如机器翻译、文本生成等方面，为 AIGC 技术提供了高效的序列建模能力。

扩散模型是一种用于生成模型的概率建模方法，其通过对随机过程进行反向传播学习，实现了对概率分布的建模和采样。扩散技术在图像生成和文本生成等任务中表现出色，为 AIGC 技术提供了概率建模的重要手段。

GPT 和 BERT 是基于 Transformer 架构的两个重要模型。GPT 系列模型由 OpenAI 开发，采用了 Transformer 架构，具有强大的生成能力和语言理解能力。BERT 由谷歌公司开发，采用双向编码器结构，能够更好地捕捉文本语境信息。GPT 系列模型通过预训练和微调实现了文本生成任务，而 BERT 则通过预训练实现了文本理解和表征学习任务。这些模型在 AIGC 任务中发挥了重要作用，为内容生成提供了高效和强大的基础。

3.1.3 大模型在创新设计中的应用价值

大模型在创新设计中的应用价值是多方面的，其核心在于其强大的学习和生成能力，使其成为设计领域的重要工具。首先，大模型能够通过学习大规模数据并从中提取模式和规律，为设计师提供丰富的灵感和创意。其次，大模型具备自动生成设计方案的能力，可以在设计过程中快速生成大量的设计选项，帮助设计师节省时间和精力。可以根据用户需求和输入的参数，自动生成设计方案和原型。通过机器学习和生成模型，大模型可以分析大量的设计数据和样本，进而生成新的设计概念和创意，加快设计迭代和创新过程。大模型可以通过分析用户数据和行为模式，提供个性化的用户体验设计。它可以根据用户的喜好、历史数据和上下文信息，为每个用户提供定制化的界面、推荐和交互方式，从而提高产品的用户满意度和黏性。再次，大模型还能够通过优化算法和目标函数，在给定的约束条件下寻找最佳设计方案，提高设计效率和质量。大模型可以用于开发智能辅助设计工具，帮助设计师执行快速原型设计、布局优化和样式推荐等任务。例如，通过图像识别和分析技术，大模型可以自动提取产品特征并进行分类，辅助设计师快速评估和修改。最后，大模型还具备学习能力，能够从历史数据中学习和演化，以改进设计质量和性能。基于用户的需求和偏好，大模型可以提供智能的产品推荐和配置。通过分析用户的需求、历史数据和相似用户行为，大模型可以推荐最适合用户的产品配置、配色方案和功能组合。

大模型及其相关工具在设计的不同阶段发挥着关键作用，为设计师提供了丰富的支持和帮助，从而推动设计工作的高效进行和优质完成。

在用户研究阶段，大模型可以通过分析海量用户数据和行为模式，为设计团队提供深入的用户洞察和理解。这包括用户偏好、行为习惯、需求痛点等方面的信息，能够帮助设计团队更好地把握用户需求，从而指导后续设计决策。此外，大模型还可以通过自然语言处理技术对用户反馈和意见进行情感分析，为设计团队提供更全面的用户反馈和建议。

在概念发散产品定义阶段，大模型可以通过生成大量的概念设计方案，帮助设计团队进行头脑风暴和创意发散。设计团队可以对利用大模型生成的各种设计选项进行评估和筛选，从而确定最具潜力的设计方向。大模型的自动生成能力可以极大地加快设计团队的决策过程，提高设计效率和创意质量。

在产品设计和原型制作阶段，大模型可以为设计师提供设计指导和优化建议。通过学习产品设计和制造的规律，大模型可以生成创新性和优化性的设计方案，帮助设计师解决设计中的难题和挑战。此外，大模型还可以通过生成高保真度的产品原型，帮助设计师快速验证设计想法和功能，缩短设计迭代周期，提高产品的质量和用户体验。

在用户测试和评估阶段，大模型可以通过模拟用户行为和反馈，帮助设计团队进行实时的用户测试和评估，例如，使用 ChatGPT 进行虚拟对话，收集用户反馈。设计团队可以利用大模型生成的虚拟用户数据对设计方案进行模拟测试，评估设计的可用性和用户体验，发现潜在的问题和改进空间。根据大模型的模拟测试结果，设计团队可以及时调整设计方案，提高产品的质量和用户满意度。

在数据分析设计优化阶段，大模型可以通过分析用户数据和设计指标，为设计团队提供数据驱动的设计优化建议。通过学习用户行为数据和设计效果指标，大模型可以发现设计中存在的问题和改进空间，并提出相应的优化方案。设计团队可以根据大模型的建议对设计方案进行调整和优化，从而提高产品的性能和用户体验。

在不同的设计领域，大模型的应用价值体现得更加具体和多样化。在产品设计领域，大模型可以通过学习大量的产品数据和用户反馈，为设计师提供产品功能、外观和用户体验方面的创新建议，帮助设计师更好地满足用户需求。在建筑设计领域，大模型可以通过学习建筑结构和空间布局的规律，为设计师提供建筑设计方案的优化建议，提高建筑的功能性和美观性。在艺术设计领域，大模型可以通过学习艺术作品的风格和主题，为艺术家提供创作灵感和创意方案，促进艺术创作的多样化和创新性。在工业设计领域，大模型可以通过学习产品制造过程和材料特性，为设计师提供优化产品制造方案的建议，从而提高产品的生产效率和质量。

在应用大模型技术驱动设计时，设计师需要转变传统的设计思维和方法，更好地与

AIGC工具协同合作。首先，设计师需要深入了解AIGC的技术和能力，包括其在数据分析、模式识别、自动化生成等方面的优势。了解AIGC的潜力有助于设计师更好地发挥其在设计中的主导作用。在了解AIGC的技术和能力后，设计师应重新定义设计目标，将AIGC的驱动作为设计的核心，思考如何利用AIGC的能力来实现更高的创新性、效率和用户体验，同时满足设计的要求和约束。其次，设计师需要将数据作为设计过程的主要驱动力。收集大量的设计相关数据，包括用户行为数据、市场趋势数据、竞争对手数据等。利用AIGC的数据分析和挖掘能力，实时更新数据，从数据中发现隐藏的模式和洞察，并将其作为设计的指导依据。将AIGC作为设计的生成工具，利用其自动化生成和优化能力来生成初步的设计方案。设计师可以从AIGC生成的方案中获得启发，并进一步修改和优化。最后，设计师需要与AIGC形成协同工作的模式。设计师不仅要利用AIGC生成设计方案，还需通过对AIGC生成的结果进行解释、调整和创新，发挥自己的创意和审美能力，从而与AIGC达成有机的设计合作。并持续进行迭代和优化，将AIGC生成的设计方案与自身的创意相融合。通过不断地迭代和反馈，逐步优化设计方案，使其更加符合设计目标和用户需求。在设计过程中，设计师需要引入用户参与和反馈机制。通过用户测试、问卷调查、用户反馈等方式，收集用户对设计的意见和建议，以不断改进和优化设计方案。

目前，大模型在设计领域的应用越来越具体和专注于特定垂直领域，如汽车设计、建筑设计、服装设计等。这使得大模型技术能够更好地满足各个行业的需求，提供定制化的设计解决方案。大模型技术在设计流程中的应用越来越自动化。设计师可以利用AIGC自动生成创新的设计概念、进行样式迁移和优化、生成自定义的设计方案等。这种自动化能够大大提高设计效率和创造力。设计师不再是被替代的角色，而是与AIGC模型共同工作的合作伙伴。设计师通过与AIGC互动和交流，共同推动创新和设计的发展。

3.2 智能生成与创造性设计

3.2.1 智能生成算法的原理与实现

智能生成算法主要基于深度神经网络，通过训练大规模的数据集，学习抽象出数据的本质规律和概率分布，并利用生成模型生成新的数据。目前，主流的生成算法有四类，即生成对抗网络（GAN）、标准化流模型（Normalizing Flow，Flow）、变分自编码器（Variational Auto-Encoder，VAE）和去噪扩散模型（Denoising Diffusion Probabilistic Model，Diffusion）。生成模型的数据生成过程，可以被看作将一个先验分布的采样点 Z 变换成数据分布的采样点 X 的过程，各个生成模型的联系和区别如图 3-3 所示。

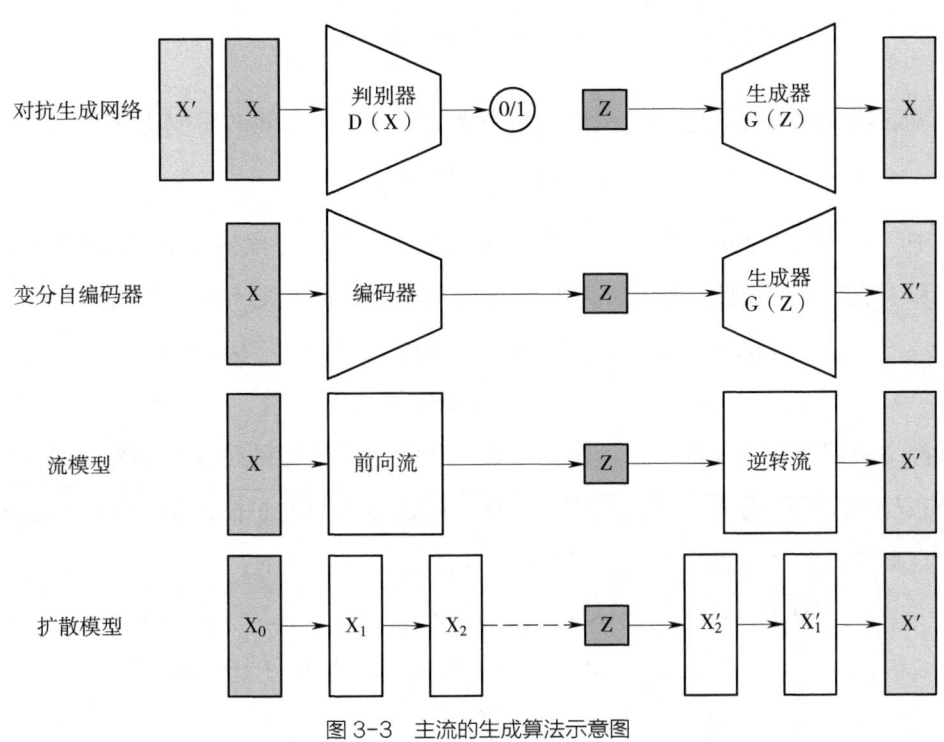

图 3-3　主流的生成算法示意图

1. 生成对抗网络

生成对抗网络是无监督学习的一种方式[8]，通过两个神经网络相互博弈的方式进行学习。该方法由伊恩·古德费洛（Ian Goodfellow）等人于 2014 年提出。生成对抗网络由一个生成网络与一个判别网络组成。生成网络从潜在空间（Latent Space）中随机取样作为输入，其输出结果需要尽量模仿训练集中的真实样本。判别网络的输入则为真实样本或生成网络的输出，其目的是尽可能将生成网络的输出从真实样本中分辨出来。而生成网络则要尽可能地欺骗判别网络。两个网络相互对抗、不断调整参数，最终目的是使判别网络无法判断生成网络的输出结果是否真实（图 3-4）。

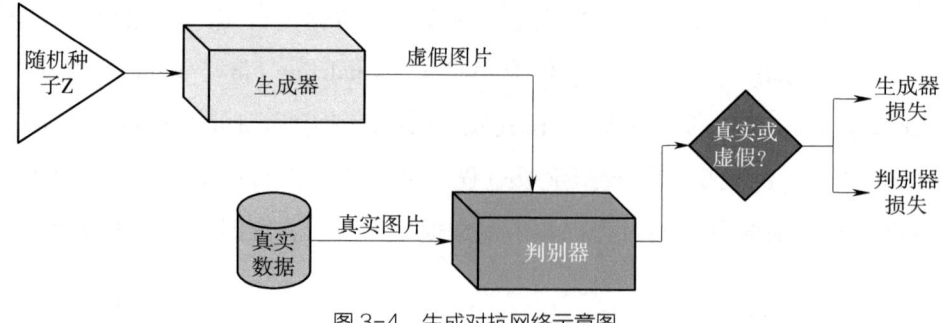

图3-4 生成对抗网络示意图

常见的对抗学习方式是估计模型分布和真实数据分布之间的密度比率$D_\theta(x)$，即：

$$D_\theta(x) = \frac{p(x)}{q_\theta(x) + p(x)} \quad (3-1)$$

其中，$p(x)$表示数据分布，$q_\theta(x)$表示模型分布。学习过程相当于训练分类器区分真实数据和生成数据，因此，生成式对抗网络的目标函数采用交叉熵，公式如下：

$$V(G,D) = E_{x \sim P_{data}}[\log D(x)] + E_{x \sim P_G}\{\log[1 - D(x)]\}$$
$$G^* = \arg \min_G \max_D V(G,D) \quad (3-2)$$

该网络采用交替方式训练，固定生成器、优化函数的目的是使判别器难以区分生成数据分布与真实数据分布；固定判别器、优化生成器的目的是使判别函数难以区分生成样本来自真实数据分布还是生成数据分布。上述优化函数如下：

$$\begin{aligned} V(D,G) &= E_{p_{data}(x)}[\log D^*(x)] + E_{p(z)}(\log\{1-D^*[G(z)]\}) \\ &= E_{p_{data}(x)}[\log D^*(x)] + E_{p_g(x)}\{\log[1-D(x)]\} \\ &= E_{p_{data}(x)}\left\{\log \frac{p_{data}(x)}{[p_{data}(x)+p_{data}(x)]/2}\right\} + \\ &\quad E_{p_g(x)}\left\{\log \frac{p_g(x)}{[p_{data}(x)+p_{data}(x)]/2}\right\} - 2\log 2 \end{aligned} \quad (3-3)$$

根据KL散度和Jensen-Shannon的定义，可将公式改写为：

$$V(D,G) = KL\left(p_{data} \| \frac{p_{data}+p_g}{2}\right) + KL\left(p_{data} \| \frac{p_{data}+p_g}{2}\right) = 2JS(p_{data} \| p_g) - 2\log 2 \quad (3-4)$$

生成对抗网络能很好地建模数据分布，理论上GAN可以训练任何一种生成器网络，无须利用马尔可夫链反复采样，无须在学习过程中进行推断，没有复杂的变分下界，但是难以训练且不稳定，需要精心设计。

2. 变分自编码器

变分自编码器（Variational Autoencoder，VAE）是由迪德里克·P. 金马（Diederik

P.Kingma）和马克斯·韦林（Max Welling）提出的一种人工神经网络结构，属于概率图模式和变分贝叶斯方法（图3-5）。VAE与自编码器模型有关，因为二者在结构上有一定亲和力，但在目标和数学表述上有很大区别。VAE属于概率生成模型（Probabilistic Generative Model），神经网络仅是其中一个组件，依照功能的不同又可分为编码器和解码器。编码器可将输入变量映射到与变分分布的参数相对应的潜空间（Latent Space），这样便可以产生多个遵循同一分布的不同样本。解码器的功能基本相反，是从潜空间映射回输入空间，以生成数据点。虽然噪声模型的方差可以单独学习而来，但它们通常都是用重参数化技巧（Reparameterization Trick）来训练的。

假设存在数据集 $X=\{x^{(i)}\}_{i=1}^{N}$，数据集有 N 个样本，但 X 的具体分布未知。由于先验知识匮乏，很难直接从 N 个样本估计 X 的分布，但是可以考虑通过一个隐变量 Z 生成数据 X，即：

$$P(X) = \int P(X|z;\theta)P(z)\mathrm{d}z \quad (3-5)$$

虽然不能假定数据 X 的分布，但是可以将 X 变换到一个已知的分布上。用极大似然法可以优化参数，变换函数的负对数似然为：

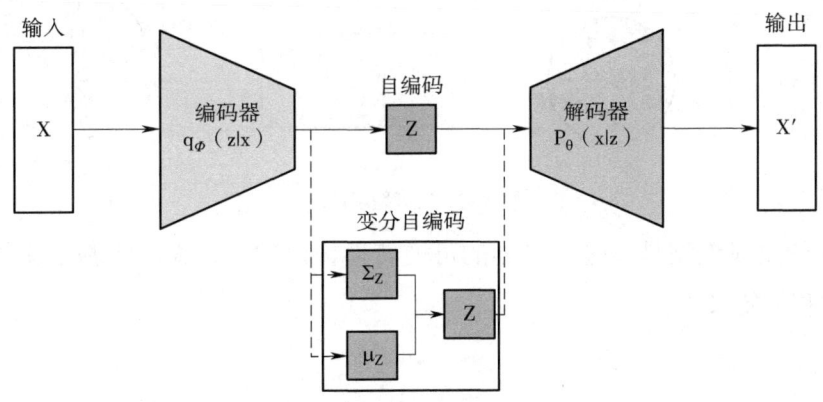

图3-5 变分自编码器示意图

$$L(\theta;X) = -\sum_{i=1}^{N}\ln p(x^{(i)};\theta) = -\sum_{i=1}^{N}\ln\int p(x^{(i)}|z;\theta)p(z)\mathrm{d}z \quad (3-6)$$

对似然函数进行求导：

$$\nabla_{\theta}L(\theta;X) = -\sum_{i=1}^{N}\nabla_{\theta}\ln\int p(x^{(i)}|z;\theta)p(z)\mathrm{d}z \quad (3-7)$$

该积分梯度很难计算，并且从隐变量的先验分布 Z 中采样并不能确保得到的 z 能生成好的 X，因为一个先验分布 Z 的样本空间太大，从先验空间中随意采样很难得到最佳样本。

一方面，VAE 考虑用神经网络来拟合参数，构造一个编码器来寻找最优的变换函数以解决梯度难以计算的问题；另一方面，VAE 不是从先验分布中采样，而是从 $p(Z|X)$ 中采样，该后验分布为给定 X 之后的条件分布，这样的做法缩小了隐变量搜索空间。所以，VAE 神经网络学习的目标实际上有两个：一个是优化出最优的编码器 $q_\phi(z|x)$，将 x 变换到合适的隐向量空间；另一个是优化出最优的编码器 $p_\theta(x|z)$，将采样得到的 Z 变换回图像空间。VAE 采用一种叫作重参数法的方法解决采样的梯度传播问题，使得整个 VAE 模型可以训练。那么，整个 VAE 的损失函数可以表示为：

$$\text{Loss}(\theta,\phi) = -\mathbb{E}_{z \sim q_\phi(z|x^{(i)})}\left[\ln p_\theta(x^{(i)}|z)\right] + \text{KL}(q_\phi(z|x^{(i)}) \| p(z)) \quad (3\text{-}8)$$

3. 标准化流模型

标准化流模型通过可逆仿射变换可将复杂的数据分布转换为另一种分布，变换后的分布通常是一个相对简单的分布，如正态分布。由于标准化流模型采用的是可逆变换，从正态分布中采样生成隐变量，经过逆变换可映射为数据分布中的样本。上述变换实现了由复杂分布到简单分布的双射，这使得流模型较适于概率密度学习（图 3-6）。

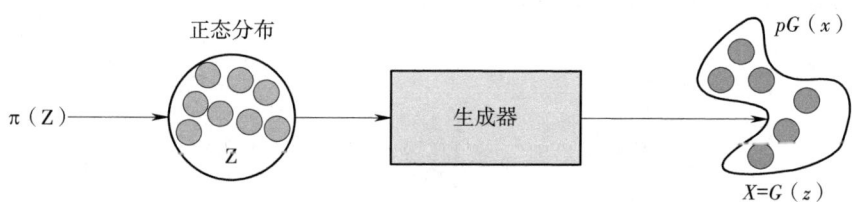

图 3-6 流模型示意图

基于流的生成模型是通过一系列的可逆转换构建的，在大多数基于流的生成模型中，生成过程被定义为：

$$z \sim p(z)$$
$$x = f_\theta^{-1}(z) \quad (3\text{-}9)$$

其中，z 是隐变量，且函数 f_θ^{-1} 是可逆的，给定数据 x，隐变量 $z=f_\theta(x)$。根据变量变换定量，数据分布与隐变量分布可写作：

$$\log p_\theta(x) = \log p(z) + \log\left|\det \frac{\partial z}{\partial x}\right| = \log p(z) + \sum_{i=1}^{k} \log\left|\det \frac{\partial h_i}{\partial h_{i-1}}\right| \quad (3\text{-}10)$$

对于独立同分布的数据集 D，可直接优化对数似然学习模型参数，目标函数记为：

$$L(D) = -\frac{1}{|D|}\sum_{x \in D}\log p_\theta(x) \quad (3\text{-}11)$$

一个流变换应满足两个特征：①变换是可逆的。②雅可比矩阵容易计算。为此，数据被分解为两部分，并按以下公式变换计算：

$$y_1 = x_1 \\ y_2 = f[x_1; m(x_2)] \quad (3-12)$$

一般可通过增加流变换的层数来加强模型学习能力，主流的深度流模型采用多尺度架构，该架构由若干模型组成，每个模块包含若干流变换。

$$h^{(0)} = x, \\ (z^{(i+1)}, h^{(i+1)}) = f^{(i+1)}(h^{(i)}),\ z^{(L)} = f^{(L)}(h^{(L-1)}), \\ z = (z^{(1)}, z^{(2)}, \ldots, z^{(L)}). \quad (3-13)$$

4. 去噪扩散模型

去噪扩散概率模型（Denoising Diffusion Probabilistic Model，DDPM）的基本思想由索尔·迪克斯坦（Sohl Dickstein）等人于2015年提出，但该模型的完整应用逻辑建立于2020年。如图3-7所示，DDPM的整体结构基于一个马尔可夫链，分为前向扩散过程（Forward Diffusion Process）和反向降噪过程（Reverse Denoising Process）。

前向扩散过程在给定真实的数据分布$x_0 \sim q(x)$的情况下，经过T次采样对其添加高斯噪声，得到一系列的带噪声的图片$x_1, x_2, \cdots, x_t$，过程如图3-7所示，则基于马尔可夫链结构对前向过程建模的公式如下：

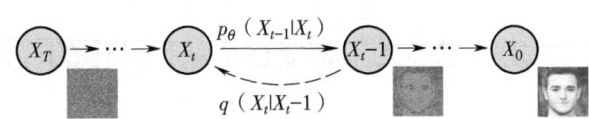

图3-7 去噪扩散模型示意图

$$q(x_t \mid x_{t-1}) = N(x_t: \sqrt{1-\beta_t}\, x_{t-1}, \beta_t I),\ q(x_{1:T} \mid x_0) = \prod_{t=1}^{T} q(x_t \mid x_{t-1})$$

$$x_t = \sqrt{\alpha_t}\, x_{t-1} + \sqrt{1-\alpha_t}\, z_{t-1} = \sqrt{\alpha_t \alpha_{t-1}}\, x_{t-2} + \sqrt{1-\alpha_t \alpha_{t-1}}\, \overline{z}_{t-1} = \cdots = \sqrt{\overline{\alpha}_t}\, x_0 + \sqrt{1-\overline{\alpha}_t}\, z \quad (3-14)$$

x_0经过T次采样，理论上，当$T \to \infty$时，得到的x_T为不包含任何x_0信息的高斯噪声图。

与前向过程相反，反向去噪过程的目的是经过T次采样，不断对x_t进行去噪，得到具有完整语义信息的无噪原生图x_0。从前向扩散过程的推导中可得到，根据正态分布定理，如果$q(x_t \mid x_{t-1})$满足正态分布并且β_t足够小，那么$q(x_{t-1} \mid x_t)$仍为正态分布。所以可以对x_t和x_{t-1}的关系进行建模：

$$p_\theta(x_{t-1} \mid x_t) = N[x_{t-1}; \mu_\theta(x_t, t), \Sigma_\theta(x_t, t)] \quad (3-15)$$

模型训练过程中x_0已知，则根据贝叶斯定理可得：

$$q(x_{t-1} \mid x_t, x_0) = q(x_t \mid x_{t-1}, x_0) \frac{q(x_{t-1} \mid x_0)}{q(x_t \mid x_0)}$$

$$\propto \exp\left\{-\frac{1}{2}\left[\frac{(x_t - \sqrt{\alpha_t} x_{t-1})^2}{\beta_t} + \frac{(x_{t-1} - \sqrt{\overline{\alpha}_{t-1}} x_0)^2}{1 - \overline{\alpha}_{t-1}} - \frac{(x_t - \sqrt{\overline{\alpha}_t} x_0)^2}{1 - \overline{\alpha}_t}\right]\right\}$$

$$= \exp\left\{-\frac{1}{2}\left[\left(\frac{\alpha_t}{\beta_t} + \frac{1}{1 - \overline{\alpha}_{t-1}}\right)x_{t-1}^2 - \left(\frac{2\sqrt{\alpha_t}}{\beta_t} x_t + \frac{2\sqrt{\overline{\alpha}_{t-1}}}{1 - \overline{\alpha}_{t-1}} x_0\right)x_{t-1} + C(x_t, x_0)\right]\right\}$$

(3-16)

因为能够对方差和均值进行参数化,所以可以构建一个预测神经网络对 t 时刻的噪声进行预测:

$$\mu_\theta(x_t, t) = \frac{1}{\sqrt{\alpha_t}}\left[x_t - \frac{\beta_t}{\sqrt{1 - \overline{\alpha}_t}} z_\theta(x_t, t)\right] \quad (3\text{-}17)$$

可得 DDPM 训练的目标函数如下:

$$L = E_{x_0, z_t}\left[\| z_t - z_\theta(\sqrt{\overline{a}_t} x_0 + \sqrt{1 - \overline{a}_t} z_t, t) \|^2\right] \quad (3\text{-}18)$$

DDPM 中采用一个带有注意力机制的 UNet 网络对 z_t 进行预测。

3.2.2 人工智能在创新设计中的作用与面对的挑战

人工智能在创新设计中扮演着越来越重要的角色,其应用涉及多个领域,包括产品设计、艺术创作、建筑设计、电子商务等。在这些领域中,人工智能不仅为设计师提供了更快、更精确的工具和方法,还推动了设计创新的边界,然而,与之相伴的是一系列挑战和难题。

首先,人工智能在创新设计中的作用体现在其强大的数据处理和分析能力上。通过分析海量的数据,人工智能可以帮助设计师发现用户需求、市场趋势和产品特征,为设计提供更加客观、准确的依据。例如,在产品设计领域,人工智能可以分析消费者行为数据和市场调研结果,帮助设计师了解用户喜好和行为习惯,从而设计出更符合用户需求的产品。

其次,人工智能在创新设计中的作用体现在其创造性和生成能力上。通过机器学习、深度学习等技术,人工智能可以模拟人类的创造过程,生成新颖、独特的设计方案。例如,生成对抗网络可以生成逼真的图像和艺术作品,深度学习模型可以自动生成音乐、文学作品等,这些作品不仅具有高度的创意性,还能为设计师提供灵感和参考。

最后,人工智能创新设计中还发挥着辅助和增强的作用。通过智能设计工具和软件，设计师可以快速创建、编辑和优化设计方案，提高工作效率和设计质量。例如，基于人工智能的设计软件可以根据用户输入的要求和参数自动生成设计图纸、平面布局等，帮助设计师快速完成设计任务。

综合来说，人工智能在创新设计中的作用包括但不限于以下几个方面。①提供辅助工具和技术。人工智能为设计师提供了强大的辅助工具和技术，例如基于机器学习的图像识别、自然语言处理和生成模型等。这些工具可以帮助设计师更快速、更准确地获取和分析数据，发现潜在的设计灵感和创新点。②创意激发与优化。人工智能可以通过分析和挖掘海量数据，帮助设计师发现新的创意和设计方向。同时，人工智能还可以通过优化算法和模型，对设计方案进行智能化的调整和改进，提升设计的效率和质量。③自动化设计和生成。基于人工智能的自动化设计和生成技术，使得设计过程更加高效和智能化。通过深度学习和生成模型，人工智能可以自动化地生成各种设计元素，如图像、音频、视频等，为设计师提供更多创作的可能性。④个性化和定制化设计。借助人工智能的个性化推荐和定制化技术，设计师可以更好地满足用户的个性化需求和偏好，打造与众不同的设计作品。通过对用户行为和偏好的分析，人工智能可以为设计师提供精准的设计建议和方向，实现个性化和定制化设计。

尽管人工智能为创新设计带来了诸多机遇，但同时也面临着一些挑战和困难，需要我们认真对待和解决。①数据质量和隐私保护。人工智能技术的应用需要大量的数据支撑，而数据的质量和可靠性直接影响着人工智能算法的准确性和效果。同时，随着个人隐私保护意识的增强，设计师需要在数据采集和使用过程中充分尊重用户的隐私权，避免数据泄露和滥用的风险。②算法透明度和可解释性。人工智能算法的黑盒化特性使得其决策过程难以理解和解释，给设计师带来了困扰。设计师需要更多地了解和掌握人工智能算法的原理和运行机制，以便更好地理解和调整设计结果，确保设计的合理性和可行性。③智能化与人性化的平衡。尽管人工智能可以实现智能化的设计和生成，但过度依赖人工智能也可能削弱设计作品的人文关怀和情感表达。设计师需要在智能化设计和人性化表达之间找到平衡，注重人与人之间的情感交流和共鸣，打造更具人文关怀和情感共鸣的设计作品。④技术应用和设计思维的结合。人工智能技术的应用需要设计师具备丰富的技术知识和设计思维，而这种跨学科的能力和素养对设计师提出了更高的要求。设计师需要不断学习和积累，不断探索和实践，才能更好地应对人工智能给创新设计领域带来的挑战和机遇。

人工智能在创新设计中扮演着重要角色，可以提升设计效率，以及创意生成和设计辅助工具的智能化水平。然而，人工智能在设计中仍然面临诸多挑战，如数据隐私与安全、算法可解释性和技术局限性等。只有充分认识并解决这些挑战，才能更好地发挥人工智能在创新设计中的潜力，推动设计行业的持续发展和创新。

3.2.3 实践案例分析：智能生成与创造性设计的成功案例

智能生成技术在创造性设计领域有着广阔的应用前景，本节致力于梳理智能生成在产品研发、创意营销和管理协作三大领域的最新进展与成功案例。如图3-8所示，在产品研发方面，智能辅助系统已经普遍运用于编程、软件开发和文件质量控制等环节；在创意营销中，大语言模型为广告策划、客户服务和销售流程管理带来了革命性改变；在管理协作领域，语音和文本智能助手则显著提升了团队协作和决策效率。这表明智能生成技术已深入地渗入设计工作的各个环节，释放出巨大的生产力潜能，为设计实现自动化、个性化和效率提升奠定了基础。

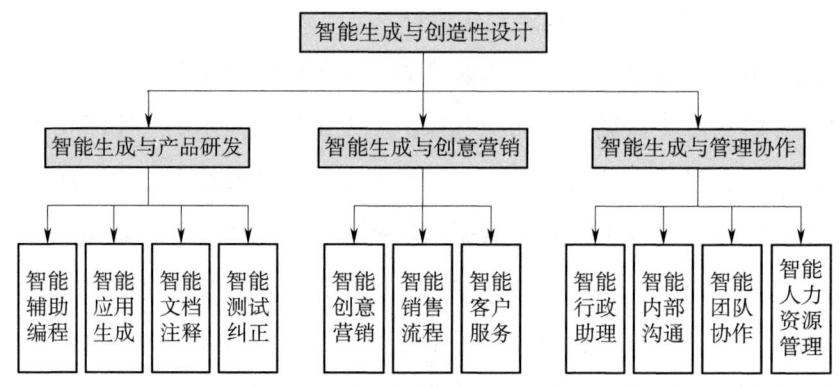

图3-8 智能生成与创造性设计在不同领域的应用情况

1. 智能生成与产品研发

对于绝大多数互联网企业而言，产品研发既是整个团队的核心竞争力，又是创新源头。其研发团队的工作效率和迭代速度直接关系到企业对市场变化的敏感度和应变能力。目前，AIGC在产品研发方面主要有四种应用方式：①通过辅助编程提高开发效率；②应用自动生成，直接将产品需求转化为可运行产品原型；③文档管理辅助，采用自动笔记和文档标注等方式提升工作交流效率；④代码测试纠正，检测和修复漏洞（bug）。

总体来说，这些方式都旨在让开发者能够将主要精力投入产品思考与功能探索中，而非烦琐重复的辅助工作上。这有利于公司提升产品研发能力和对市场变化的响应灵敏度。

（1）智能辅助编程

2021年6月，GitHub和OpenAI发布了二者合作研发的备受瞩目的人工智能辅助编程工具GitHub Copilot。这一工具的命名灵感来自头部科技公司采用的"结对编程"方法，即两名程序员共同完成某一功能的研发，包括需求分析、代码创作和审查测试，以提高生产效率和减少代码缺陷。这一过程类似于驾校练车，需要"驾驶员"输入代码、"观察员"审查代码。而GitHub Copilot则以人工智能的身份坐在"副驾驶"座位，为"驾驶员"提供代码生成的指导。

GitHub Copilot发布后，迅速引起了广大程序员和研发人员的关注和体验，并赢得了高度评价，被认为能显著提升编程生产效率。然而，一些科技媒体对这种工具表达了担忧，担忧集中在人工智能模型训练阶段是否使用了GitHub开源平台上的代码这一问题。尽管像GitHub Copilot这样依赖于公开代码训练的智能辅助编程工具普遍存在此类问题，但其生成模式的变革性是不容忽视的。

传统的代码自动完成工具允许程序员在编辑代码的同时看到当前行代码的推荐内容，并根据上下文情境选择最佳选项以完成自动补全。而Copilot则在传统功能的基础上实现了重大突破，不仅能处理单个单词或短语，还能够利用人工智能生成整个代码片段。这意味着Copilot能够为开发人员提供更全面和实用的建议，指导他们完成一段代码。人工智能在辅助编程中还能发挥超出预期的作用。与此同时，另一个人工智能介入的方向是快速创建样板代码。样板代码是一种常见的代码类型，在许多不同的应用程序中被反复使用。它经常被用作新代码的起点，允许开发人员快速启动并运行一个基本框架。尽管目前许多快速创建样板代码的工具并非基于人工智能，而是利用预制的代码模板，但引入人工智能则可以根据输入的文字描述直接生成更加定制化的样板代码。

人工智能的另一大潜在应用是优化现有代码。通过分析代码，AIGC模型可以提出修改建议，优化效率。例如，AIGC模型可以分析代码，提出使其运行更快或使用更少内存的修改建议。开发人员可以审查这些建议，决定是否实现，与手动优化相比，可以节省时间和精力。除了优化现有代码，人工智能根据不同种类的用户设备生成新的代码也是一个潜在的应用场景。尽管这个场景目前还没有出现被广泛使用的应用，但是对企业而言也意味着巨大的生产力提升。例如，许多互联网企业在开发一个新的程序时往往要对同一个应用进行数次开发，由完全不同的团队输出完全不同的代码以确保用户可以在不同设备上使用，仅仅移动端中需要考虑的环境就包括移动网页端、安卓系统、iOS系统、小程序等。与手动编写和迁移代码相比，人工智能的应用可以为开发人员节省大量的时间和精力。

总体而言，AIGC可以通过快速生成和优化代码帮助开发人员专注于工作中最重要和最具挑战性的方面，使他们能够更迅速、更轻松地创建更优秀的软件。

（2）智能应用生成

和代码自动完成一样，人们早就开始探索如何以更低的成本开发应用。近年来，低代码和无代码开发工具Bubble成为备受关注和广泛使用的代表。使用Bubble，人们无须编写大量代码，甚至可以不需要编写代码，就能完成应用开发。然而，人们使用这类开发工具仍需要学习图形化编程工具，并使用图形和流程图表达他们期望开发的逻辑和数据流。

相较之下，具备AIGC能力的应用开发过程更加简单。只需要用简单的语言描述所需开发的应用功能，人工智能就能帮助完成创作，省去学习新逻辑表达工具和烦琐开发流程的时间。美国硅谷的Debuild就是这个新兴领域的代表，用户只需要简单描述产品，然后选择产品需要具备的功能和相应的应用场景，软件就能自动生成网页端代码。

实际上，在通过人工智能生成的应用场景中，开发者并非唯一的受益者，产品设计师也能通过AIGC工具提高效率。设计师无论是负责视觉设计还是用户体验设计，通常需要在最终设计之前探索多种可能性，并根据团队和市场反馈进行多次调整和重新设计，这是一项耗时久的烦琐工作。AIGC可以自动处理一些工作，使设计师能够根据特定的输入或需求快速生成大量设计选项，包括不同的设计元素、布局、配色方案和其他常用元素。Components.ai就是这样一个工具，它甚至能够帮助设计师生成对应的前端代码，以更好地与前端工程师沟通和互动。

（3）智能文档注释

所谓文档注释，即为整个代码文件提供使用说明文档，并对每一段代码进行易于理解的功能解释。文档注释在协作式代码开发中具有多方面的重要性：对于企业内部开发人员而言，它使现有代码更容易理解和使用，有助于代码的协作迭代；对于开源项目的贡献者而言，文档注释是理解项目运作方式以及在何处作出最佳贡献的不可或缺的工具；对于用户而言，文档注释不仅提供使用教程，还对任何潜在的限制或已知问题作出回应。

尽管文档注释有助于提高代码的清晰度、可理解性和可维护性，但创建和维护它同样需要花费大量的时间和精力。以 Mintlity 为代表的基于 AIGC 的工具可以自动编写和更新每段代码的详细描述，显著降低文档创建和维护的成本。有了 AIGC 工具，开发人员只需要提供必要的输入数据，如代码本身和示例数据等，人工智能系统即可生成详细而准确的代码描述，为开发人员节省时间和精力，使其能够更专注于代码创作。

此外，AIGC 工具还能提升文档注释的质量。传统的人工文档和注释方式存在多种问题，其中之一是文档注释撰写不规范。即便公司制定了规范，但在多人协作和多版本迭代的情况下难以保证所有注释都符合规范，可能导致描述不完整或不准确，尤其是在代码复杂或非一手创作的情况下。此外，开发人员注释意愿较弱也是文档注释质量不高的原因之一。通常，开发人员会在程序版本上线的时间压力下将精力专注于功能的实现，只要保证自己能理解文档注释即可。然而，程序版本上线后，新的工作需求涌现，导致原有文档注释的维护被忽略。在模块交接时，新的开发人员若无法清晰理解原有代码逻辑，撰写的文档注释可能出现更多问题。AIGC 工具的出现显著减少了这些问题，能够生成全面、准确、规范的代码描述，为开发人员理解和处理复杂的代码和程序提供重要帮助。

此外，AIGC 在文档注释上还具有特别的优势，它能够根据代码和程序的发展实时调整。人工编写的代码文档可能会迅速过时和不准确，但 AIGC 工具能够自动更新和维护代码文档，确保开发人员始终能够获取最新和最准确的信息。

（4）智能测试纠正

在产品研发过程中，程序员通常将大量时间和精力投入代码测试和错误纠正，而非仅仅是代码创作。微软研究员在 2021 年 5 月的 NeurIPS 大会上发表了关于机器学习模型 BugLab 的研究成果，指出该学习模型旨在探索如何利用人工智能实现测试和纠错自动化。除了 BugLab 之外，当前市场上涌现了许多基于 AIGC 的产品，主要集中在代码自动测试和代码错误自动修复两个场景。许多大型科技公司通常配置庞大的专业测试团队，测试工程师负责编写测试代码用例或手工操作流程用例，以验证开发人员编写的代码是否正常工作。然而，创建这些测试代码与创建程序本身的代码一样，耗时久且容易出错，尤其是对于庞大而复杂的代码库而言。AIGC 可以根据一组规则自动生成大量测试用例，以验证开发人员编写的代码在各种情况下是否正常工作，从而更轻松地识别潜在问题并进行纠正。例如，为了测试数字大小排序的代码，开发人员可以编写一组测试用例，包括已排列、按反向排列和按随机顺序排列的数字，然后通过 AIGC 工具自动生成这些测试用例，检查代码的正常运作。这样的自动化过程不仅节省了时间，还减小了出错的可能性，更容易确保代码的正常运行。市场上已涌现 Tricentis、ACCELQ、Functionize、Testcraft 等具有代表性的 AI 自动测试工具。

在代码错误自动修复的场景中，即使发现了代码错误，定位并修复错误代码有时需要数小时、数日甚至更长的时间，而 AIGC 对于改善这一情况有所帮助。例如，在 Visual Studio 上，有一款基于 ChatGFI 的自动测试和纠错插件曾迅速成为最受欢迎的插件之一。该插件以对话的方式帮助开发者指出代码中的错误，展示正确的代码示例，并指导如何进行修改。AIGC 在测试和错误修复领域的介入显著提高了代码开发效率，使程序员能够更专注于创作高质量的代码。

2. 智能生成与创意营销

对于所有企业来说，市场营销是实现业务增长的重要途径之一。市场营销包括向潜在客户推销产品和服务，帮助企业增加销售额和收入，并且建立强大的品牌和良好的声誉。随着信息量日益增长，有效传播产品信息并引导客户行动已成为新一代营销人所关注的课题。近年来，随着 AI 技术的语义理解能力和生成能力不断增强，智能系统开始在创意营销各个环节发挥作用。

在创意策划方面，AI 可以根据目标客户画像快速生成各类广告创意方案，为营销策略制定提供参考；在销售过程监控方面，语义分析技术能够为企业定量分析客户需求变化规律，提升产品市场响应；同时，聊天机器人有助于客户查询解答，提高客户满意度和忠诚度，并推动企业销售额和收入增长。

3. 智能创意营销

AI 生成创意营销内容已经成为市场的一项成熟趋势，而这并非刚刚兴起的现象。2015 年淘宝的"双十一"促销活动后，阿里巴巴团队就开始探索基于算法和大数据的创新方法，为用户提供大规模的、个性化的商品推荐，这一尝试被称为"千人千面"。其中，阿里巴巴团队开发的"鲁班"产品是早期 AIGC 在创意营销领域的一次成功尝试。2017 年，"鲁班"能够在一天内制作出 4000 多万张基于商品图像特征专门设计的海报，到 2018 年，"鲁班"累计设计了超过 10 万张创意海报。

以"鲁班"为代表的 AIGC 在创意营销中的关键优势之一在于其能够显著节省时间和资源。AIGC 根据预定义的规则和参数自动生成营销材料，不再需要花费数小时甚至数天的时间来创作创意素材。例如，"鲁班"每秒能够创作 8000 张图片，产出数量远超许多设计师整个职业生涯的产出数量。这不仅释放了时间和资源，降低了成本，还确保了营销材料的时效性。

除了节省时间和资源，AIGC 创作工具的另一个优势在于其能够通过分析大量数据生成与目标受众更加相关且更加吸引人的内容。通过分析目标受众的兴趣、偏好和行为，AIGC 系统能够创作出符合他们特定需求和兴趣的营销材料，更有效地推动营销活动，引起目标受众的共鸣，实现"千人千面"的效果。这一点在阿里巴巴"双十一"促销活动中得到了充分体现。

在创意营销文本领域，AIGC 工具的应用同样重要。它可以根据给定的主题生成几乎无限多的文案，使营销人员有机会尝试不同的风格和方法，快速测试和迭代各种创意。这也使得营销文案能够更容易地适应不同受众和渠道，例如，海外营销工具 Copv.ai 就帮助了大量市场人员创作适应不同场景的推广文字内容。

最后，由于市场动向和用户偏好不断变化，AIGC 工具生成营销内容的另一个优势在于能够帮助营销人员迅速适应这些变化。通过分析大量数据，AIGC 能够快速、有效地识别和响应消费者行为和偏好的变化，使得营销人员能够灵活调整策略，保持与最新的消费者趋势和偏好一致，始终保持领先地位。

4. 智能销售流程

除了依靠创意营销提高曝光率和客户流量，对于众多企业而言，主动的对外销售也是极为关键的一环。尽管不同行业、企业规模和产品类型在销售流程上存在差异，总体而言，对外销售主要涵盖三个关键步骤：线索发现、客户接触、客户转化。

在当前商业环境下，企业通常耗费大量时间在互联网上搜寻潜在客户，努力建立希望联系的客户名单，这一过程被称为销售的线索发现。除了手动在互联网上搜索，企业还常通过参加行业大会或者利用互联网爬虫抓取数据获取潜在客户名单，但即便如此，这些线索往往成本高、质量低。相比之下，AIGC 工具能够通过分析现有客户的人口统计数据、购买习惯等，与在线企业数据库进行比对，从而更迅速、低成本地构建一个更符合企业需求的潜在客户名单。此外，AIGC 工具还可以运用自然语言处理算法分析大量文本（如博客、新闻和社交媒体文章）数据，评估客户对企业提供的服务或产品的需求强度，实现线索的智能发现。举例来说，Seamless.ai 为众多企业提供此类服务，只要简要描述客户特征，如行业、规模、收入等信息，就可以建立一个高效的销售名单。

AIGC同样能生成电子邮件和社交媒体信息，以智能呼叫的方式协助企业提升客户接触效率，大幅度提高售前销售团队的生产效率。正如AIGC工具可用于创作市场宣传材料，这些工具也能助力企业轻松创作邮件内容、微信消息、短信等，甚至能够根据每位客户的信息定制不同的内容。在文本层面，通过自然语言处理，企业可打造智能外呼系统，使人工智能能够主动拨打电话，与更多潜在客户建立联系，从而显著降低企业成本。例如，云蝠智能（Terobot）作为一个典型智能外呼系统，已被广泛应用，能够助力企业实现更高效的销售流程。

AIGC工具还能通过定制化生成客户解决方案和优化销售话术来提高客户转化率，进一步助力企业增加销售额。通过学习企业产品或服务的细节和丰富的过往方案，AIGC工具可以处理输入的客户需求和参数，定制生成最相关、最有可能提高转化率的解决方案，更快速地满足潜在客户的需求。与此同时，像Oliv.ai这样的工具通过学习大量企业销售视频、录音和文字稿，深度分析销售话术的长处和不足，不断帮助企业优化和完善销售话术，从而提高转化率。

5. 智能客户服务

企业的销售工作并不止步于客户签单或付款的那一刻，接下来同等重要的步骤是确保客户能够获得期望的服务和产品，以助其实现购买目标。然而，无论是提供客户支持还是协助客户成功，企业在这一阶段都需要投入大量人力资源，否则企业将面临复购率下降、续费减少甚至企业声誉降低等问题。

AIGC同样能在这个阶段为企业提供协助。利用AIGC工具进行客户支持的一个关键优势在于能够高效处理大量的请求和咨询。传统的客户支持方式需要依赖客服团队来应对各类客户咨询，尤其是面对高级别的大型客户，还需要配置专属客户经理，这显然是一项既耗时又耗费资金的任务。而有了AIGC工具，系统本身能够快速而准确地回答客户问题。这不仅为企业节约了时间和金钱成本，同时，通过更及时地提供客户所需答案，也有助于提升客户体验。此外，AIGC提供客户支持的另一优势在于能够为每个客户提供个性化的响应。与预先设定的回复不同，AIGC能够根据每个客户的具体需求生成独特且个性化的回答，这种程度的个性化服务有助于客户对企业建立信任和客户满意度提升。

AIGC工具不仅可以用于提供客户支持，还可用于协助客户成功的阶段，包括提供个性化的产品推荐和个性化的支持，以助客户实现其目标。举例来说，通过分析客户使用数据，AIGC工具能够识别改进产品体验的机会，然后生成个性化的电子邮件或应用内消息，并就客户如何更有效地使用产品提供建议。这不仅有助于改善客户体验，还能增加客户保留的可能性和对企业的信任程度。在这个领域，许多科技巨头和初创企业都在积极探索，其中销售科技巨头Salesforce的爱因斯坦AI就是一个典型的例子，它能够自动生成多样内容并向客户服务团队推荐作为回答的话术，甚至能够提前预测正在咨询的客户的需求。

6. 智能生成与管理协作

在现今高效和多变的工作环境中，内部有效的组织管理和协作是确保所有团队成员同心协力，朝着共同目标迈进的关键。这不仅有助于促进知识的共享，作出正确的决策和找到有效的问题解决方法，同时也能营造积极的工作氛围，提升员工满意度，降低员工流失率，提高员工留用率。相反，若组织内部存在沟通和协作不足的问题，可能会导致一系列负面后果，如误解和冲突、时间和资源浪费、士气下降，甚至错失关键时机或无法达到标准工作产出。在当今快节奏的商业环境中，为了保持竞争力并取得成功，组织必须高效地进行管理、沟通和协作。AIGC能够提供多种应用场景，有助于企业提高管理效率。

（1）智能行政助理

借助AIGC的自动化处理行政任务的能力，如安排会议、生成报告和管理电子邮件，企业能够节省时间和资源，提高内部流程的效率和准确性。

会议安排看似简单，但在实际执行中却十分繁复，特别是在参与人数较多的情况下。然而，AIGC能够通过深度分析电子邮件和日历邀请的数据，精准了解不同团队成员的空闲时段和会议时间偏好，利用这些信息智能生成会议时段表。通过自然语言处理确认每名与会者是否能够参加，最大程度地提升会议出席率和工作效率。X.ai就是这方面的拓荒者，该公司在2021年夏季被Bizzabo收购，致力于将AI打造为每名团队成员的会议助理。

此外，AIGC还能通过自动创建报告助力企业内部管理。AIGC工具能够深入分析不同来源的数据，包括销售数据、客户反馈和财务报告，凭借这些信息智能生成翔实而丰富的报告。这些报告可根据不同利益相关方的特定需求和喜好进行个性化调整，并在获取新数据时实时更新。这有助于企业基于最新信息作出更明智的决策，同时通过自动化生成报告节约大量时间和资源。

（2）智能内部沟通

AIGC通过实现自动回复邮件、总结会议和文件的要点、跨语言和专业自动翻译等功能，显著提升了企业内部沟通的效率，从而提高了协作效能和企业整体生产力。

人工智能通过学习历史文档和过往邮件，能够智能生成对特定咨询或请求的电子邮件回复，训练识别和标记潜在重要的电子邮件或附件，以确保关键信息不会被忽略。在电子邮件管理方面，AIGC协助企业简化了流程，提高了工作效率。作为科技巨头的代表，谷歌已将AI辅助回复功能整合到其邮箱系统Gmail中，能够帮助用户更高效地完成工作任务。

AIGC另一种帮助企业内部沟通的方式是总结会议和文件的关键信息。许多会议和文件中充斥着大量信息，员工可能难以快速地确定最为重要的内容并采取相应行动。利用AIGC，企业能够实现这一总结过程自动化，使员工能够迅速把握信息要点。例如，员工参加完会议后，只需要向人工智能提供会议记录，人工智能就会生成一个摘要，突出显示最重要的信息。这不仅能为员工节省时间，还能确保他们准确理解关键信息。目前，国内广泛使用的总结会议和文件的关键信息的软件之一是字节跳动旗下的飞书妙记，它能够在线生成会议纪要，通过智能语音识别功能将会议音频转换为文字，提高工作效率。

此外，AIGC结合艺术和组织心理学，有助于团队内部建立更为牢固的信任关系，深化员工对企业愿景和价值观的理解。法国巴黎的Viva la Vida公司凭借其在全球近百家企业和国际组织主导艺术工作坊的经验，开发了一套基于员工价值生命周期的SaaS系统。该系统旨在通过艺术AIGC、组织心理学和大数据，通过与艺术建立联系，提升员工积极性和心理健康状态，未来还计划拓展到C端市场。

最后，AIGC工具通过将信息翻译成不同语言，支持内部交流，促进共识达成，特别适用于跨国企业。例如，员工用英语发送电子邮件，人工智能可自动将英语翻译成收件人的语言，确保每个人都能轻松理解邮件内容。这有助于节省员工手动翻译消息耗费的时间和精力，同时提升组织内部的沟通和协作效率。这一功能几乎已在所有主流的即时通信/协作软件上得到应用。目前，在国内广泛应用的典型案例是字节跳动旗下的飞书妙记，其群聊消息和文档支持113种源语言、17种目标语言的翻译。

（3）智能团队协作

由于存在不同的知识技能、人员配置和工作习惯等差异，同一家公司内不同部门或团队之间的协作效率有进一步提升的空间，而AIGC可用于优化团队协作的现状。

AIGC工具能够有效整理各类相关文件。在企业项目中，常常涉及各种格式的文档（如Excel电子表格、PDF文档、PowerPoint演示文稿等），这些文件可能存储在不同的平台上（云盘、在线文档、电子邮件等）。通过AIGC工具，企业可以训练模型，自动将这些数据组织成相关的类别，例如按部门、项目或主题进行分类。这使得员工更容易找到其所需要信息，减少了员工搜索所需信息花费的时间和精力，也减轻了员工跨部门协作时获取信息的难度。

此外，AIGC还能通过创建和维护跨团队项目协作计划来改善团队合作。AIGC可以自动生成特定项目的项目计划，包括工作流和任务分配计划。因此，AIGC在处理流程复杂、人员庞大的项目时尤为有用，简化了项目经理的烦琐工作。例如，在一家公司开发新产品的过程中，AIGC工具可以自动生成详细的协作计划，包括每个团队或个人要执行的具体任务、每个任务的截止日期以及任务之间的依赖关系。这使得员工更容易理解他们的角色和职责，确保项目在正确的轨道上运行。

总部位于加利福尼亚州的Mem公司正在致力于开发自我管理的协作空间，通过AI协助更多团队管理文件、流程和任务分工，从而提高团队协作的效率。Mem公司的产品还整合了许多前文提到的改善团队内部行政和沟通的功能。

（4）智能人力资源管理

除了前文提及的应用场景，AIGC在提高公司人力资源管理效率和效果方面还有其他场景的应用。包括在招聘人才筛选、自动化人事管理以及员工绩效评估等场景。

通过分析大量数据，包括线上申请材料、简历和社交媒体档案中的数据，AIGC算法能够快速准确地辨别符合特定职位所需技能和经验的个人。这使得人力资源经理不再需要手动审查和评估每个申请者，从而节省大量时间和精力，使其能够更专注于对头部人才的审核和筛选。

此外，AIGC算法还可用于自动化处理许多烦琐和耗时的人力资源任务。例如，AIGC算法可用于自动安排面试、发送合同，甚至处理新员工的入职手续和入职培训。这有助于简化人力资源流程，确保这些流程能够高效、高质量地完成。

最后，AIGC工具在绩效管理方面也能起到关键作用。它可以根据每个员工的个人优势、弱点和目标生成更具体、更有针对性的绩效反馈。这有助于员工更好地了解自己的业绩，确定需要改进的领域，从而实现更出色的绩效，提高参与度和生产力水平。此外，AIGC工具还能协助企业实现绩效评估过程的自动化，例如安排和跟踪员工评审，使人力资源经理和管理人员能够专注于更为重要的任务。在这个领域，AI 推动的团队绩效管理工具 OnLoop 就是一个典型的应用案例。

3.3 大语言模型与用户体验设计融合

近年来，预训练的大型语言模型，如 GPT-4，展现出强大的能力，受到了社会各界的广泛关注。大语言模型与用户体验设计的融合，开辟了人机交互的新领域。大语言模型可以与用户体验设计融合，以为用户带来更加直观、更加个性化的体验。

大语言模型与用户体验设计的融合，关键在于理解用户的需求和行为，并利用模型的生成和分析能力，为用户提供更加个性化、智能化、增强互动和无障碍的体验。这要求设计师和开发者紧密合作，确保技术的实施能够真正满足用户的需求。

3.3.1 大语言模型在用户体验设计中的关键作用

大语言模型在用户体验设计中扮演了多个关键角色，它们不仅极大地扩展了设计的可能性，还提高了设计的效率和个性化水平。

1. 个性化内容生成

①个性化推荐：大语言模型可以根据用户的历史行为和偏好，生成个性化的内容推荐，提高用户满意度和参与度。

②动态内容创建：利用大语言模型的生成能力，根据用户的实时互动来创建个性化的文本、图像或视频内容，使得用户体验更加丰富和多样化。

2. 增强交互式体验

①自然语言处理：大语言模型可以理解和生成自然语言，让用户能够通过自然语言与应用程序交互，收获更加流畅和直观的体验。

②智能助手与聊天机器人：利用大语言模型的强大对话能力，设计智能助手和聊天机器人，帮助用户解决问题、为用户提供信息和建议，增强用户互动。

3. LLM 驱动的智能设计

①用户反馈分析：通过分析用户反馈的文本，大语言模型可以帮助设计师理解用户

的需求和面对的挑战，从而优化产品设计。

②设计元素生成：大语言模型可以生成设计草图、界面布局或其他视觉元素，辅助设计师快速迭代创意和概念。

③用户行为预测：利用大语言模型分析用户数据，预测用户行为和偏好，为用户提供及时和相关的信息或服务。

④设计决策支持：在复杂的决策场景中，大语言模型可以提供基于数据分析的建议，帮助设计师作出更好的设计决策。

4. 无障碍体验

①内容形式适配：对于有视觉或听觉障碍的用户，大语言模型可以自动转换内容格式，如文本转语音、语音转文本，使得应用更加无障碍。

②自然语言理解：大语言模型能够提高系统对用户指令的理解能力，尤其是对于那些可能表达不标准的用户，让他们也能顺畅地与系统交互。

大语言模型在用户体验设计中的应用不仅增强了个性化和交互性，还提升了设计的创意和效率，提高了产品的无障碍性和包容性，并加深了对用户行为的理解。随着技术的进步，我们可以预见大语言模型将在未来的用户体验设计中发挥更加重要的作用。

接下来，通过一个谷歌的案例展示 LLM 在创新交互设计中的潜力和应用方法[9]。

随着智能手机和移动设备在日常生活中的普及，用户与这些设备的交互变得日益频繁。然而，现有的交互方式往往依赖于图形用户界面（Graphical User Interface，GUI），可能不够直观或灵活，尤其是在需要快速响应或自然语言输入的场景中。对于视觉或运动障碍的用户来说，这可能会构成更大的挑战。GUI 结合对话式交互可以较好地解决这个问题。然而，尽管智能助手如谷歌 Assistant 和 Siri 在简化日常任务执行方面取得了显著进展，但它们在支持移动用户界面（User Interface，UI）中的对话式交互方面仍面临限制。例如，它们无法回答用户关于屏幕上显示的特定信息的问题。要实现这些功能，需要一个能够理解图形用户界面（GUIs）的计算代理（Agent），而现有的助手中缺乏这种能力。那么如何利用 LLM 促进移动 UI 的对话式交互，使交互设计更加自然和无障碍呢？

该研究的核心任务是给予 LLM 强大的理解能力设计一个能够理解 GUI 的计算代理。为了解决这个问题，研究人员开发了一套提示技术（Prompting Techniques），使得一个单一的 LLM 能够适配于移动 UI 的四个主要交互场景：屏幕问题生成、屏幕总结、屏幕问题回答和将指令映射到 UI 操作（图 3-9）。这些场景涵盖了用户与移动设备进行对话式交互时可能遇到的各种情形。

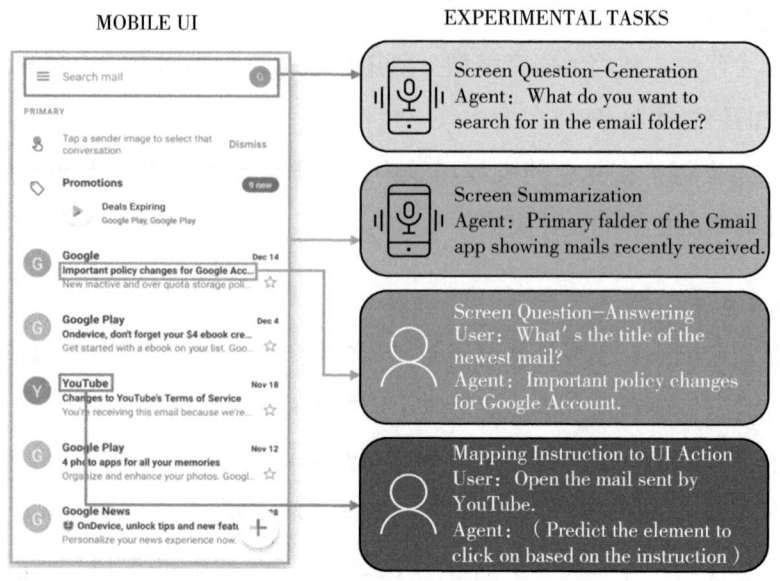

图 3-9　在单个移动 UI 上建立的四个 UI 建模任务的说明[9]

任务的挑战在于将多模态的 UI 元素（如文本、图像和结构信息）转换成 LLM 可以理解的文本形式，并引导模型进行逻辑推理，以支持任务的完成。为了解决这一难题，研究人员首先开发了一种算法，通过深度优先搜索遍历将安卓 UI 的视图层次结构转换为 HTML 语法，从而使 LLM 能够处理和理解移动 UI 的文本表示。随后，引入链式思考提示（Chain-of-Thought Prompting）技术，通过在提示中加入描述中间结果的思考链，促使模型在生成最终输出前展示其推理过程（图 3-10）。

在实验验证部分，研究人员通过四个关键的建模任务（屏幕问题生成、屏幕总结、屏幕问题回答和将指令映射到 UI 操作）的实验，评估了所提方法的有效性。使用的 LLM 是 PaLM 模型，实验基于开源的安卓 UI 数据集开展。

实验结果如图 3-11 所示。实验结果说明，研究所提出的方法在这些任务上展现了有竞争力的性能，尤其是在只使用每个任务两个数据示例的情况下。特别是在屏幕问题生成和屏幕总结任务中，所生成的内容与人类标注的基准模型相比，展示出更高的语法正确性、UI 相关性和覆盖率。此外，人类评估结果表明，LLM 生成的屏幕总结在准确性上超过了现有的基准模型。这些成果不仅证明了利用 LLM 进行移动 UI 对话式交互的可行性，而且展现了 LLM 在交互设计中的潜力，为未来的研究和应用开辟了新的方向。

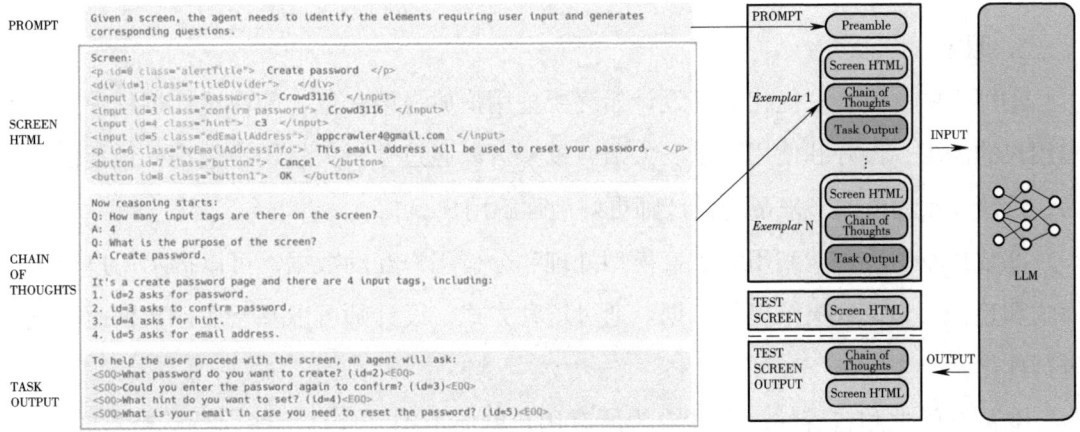

图 3-10　提示结构的实例[9]

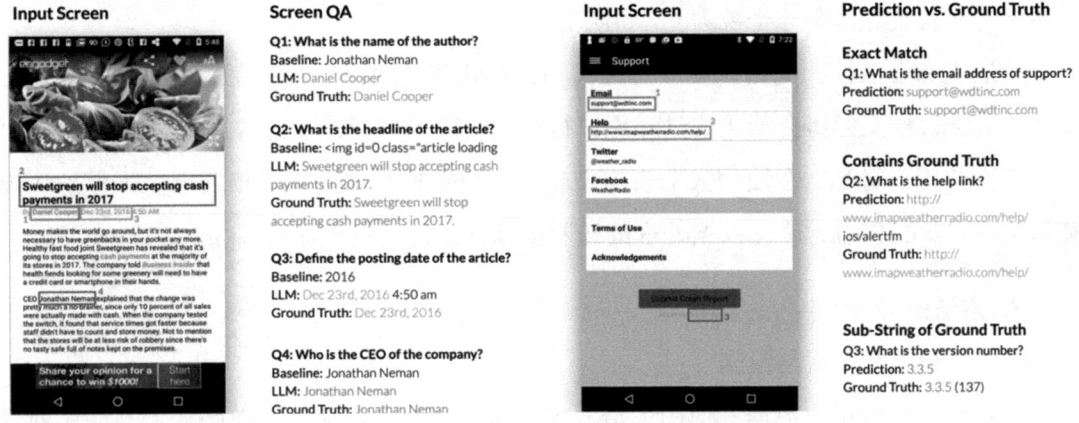

图 3-11　屏幕 QA 实验的示例结果[9]

该研究利用 LLM 的语言理解和生成能力，通过创新的提示技术和界面表示转换方法，成功地实现了对移动 UI 的对话式交互，不仅提高了交互的灵活性和无障碍性，还为未来的交互设计提供了新的视角和方法。

3.3.2　优化交互设计的大语言模型原则与方法

优化交互设计的大语言模型原则与方法涵盖一系列的策略和技术，旨在利用人工智能特别是大规模机器学习模型，来提升 UI 和用户体验（User Experience，UX）设计的质量。随着技术的发展，大语言模型如 GPT 和 BERT 等，已经在文本生成、自然语言理解、图像识别等众多领域展示了其强大的能力。以下是利用这些大语言模型来优化交互设计的一些原则和方法。

1. 原则

①用户中心设计。优化交互设计始终要把用户放在第一位，确保设计过程中充分考虑用户的需求、偏好和使用场景。大语言模型可以通过分析大量用户数据，包括使用行为、反馈和互动模式，来帮助设计师更好地理解用户。

②数据驱动决策。利用大语言模型处理和分析用户互动数据，可以揭示用户行为的模式和趋势，为设计决策提供依据。通过这种方式，设计师可以基于实证数据而非直觉进行优化。

③可访问性和包容性。设计应为所有用户群体考虑，包括那些有特殊需求的用户。大语言模型能够辅助创建更加无障碍和包容的设计，例如，改善 NLP 能力以优化语音交互系统，使其更好地服务于视力受限用户。

④迭代和灵活性。优化过程应是迭代的，不断基于用户反馈和新的数据学习来进行改进。大语言模型使得自动化测试和用户行为预测变得可行，支持快速迭代设计。

⑤保护用户隐私。在使用大语言模型分析用户数据时，必须严格遵守数据保护法规和保护用户隐私权益，确保数据处理的透明度和安全性。

2. 方法

（1）用户行为分析与预测

①收集和分析用户数据：使用大语言模型对用户的点击流、导航路径、互动序列等进行分析，识别出常用功能、痛点和退出点。

②预测用户需求：基于用户行为数据，使用机器学习模型预测用户的未来需求和可能的行为路径，从而提前准备解决方案或优化交互设计。

（2）NLP

①优化搜索功能：利用 NLP 改进搜索算法，理解用户的自然语言查询，提供更准确、相关性更强的搜索结果。

②聊天机器人和虚拟助手：使用大语言模型训练聊天机器人，使其以自然、流畅的方式与用户进行交流，为用户提供帮助和推荐信息。

（3）个性化和动态内容呈现

①定制化用户体验：分析用户数据，识别用户偏好和行为模式，动态调整内容、布

局和功能,为每个用户提供定制化的体验。

②推荐系统:利用大语言模型的预测能力,为用户推荐他们可能感兴趣的内容或产品,提高用户满意度和参与度。

3. 设计辅助工具

①自动生成设计原型:使用大语言模型自动生成界面设计草图或原型,加速初步设计过程。

②内容生成:自动生成高质量的 UI 文本、帮助文档或营销内容,提升内容的一致性和准确性。

4. 无障碍设计

①改善语音交互:利用 NLP 技术优化语音识别和语音合成,使产品能够更好地支持语音命令和反馈,提高无障碍使用性。

②视觉识别辅助:使用图像识别技术帮助视觉障碍用户识别界面元素和内容,通过语音反馈提供导航帮助。

5. 用户反馈和社区参与

①自动化反馈分析:利用文本分析技术自动处理用户反馈、评论和支持请求,快速识别常见问题和用户需求。

②社区驱动的设计:利用 NLP 技术分析用户在论坛和社交媒体上的讨论,获取设计灵感和用户需求。

大语言模型在优化交互设计中的应用,为设计师提供了强大的工具,使设计师能够更深入地理解用户行为,为用户提供个性化体验,加速设计迭代,并设计出更加包容和无障碍的产品。通过这些原则和方法,设计师可以充分利用大语言模型的能力,创造出既满足用户需求又具有前瞻性的设计解决方案。然而,成功实施这些策略也需要应对数据隐私、模型偏见和算法透明度等挑战,确保技术的负责任使用,以及维护用户信任和满意度。

3.3.3 实践案例分析:大语言模型与用户体验设计的创新结合

近年来,大语言模型诞生与技术的积累和不断创新,带来了人机交互方式的革新。许多科技公司也纷纷结合自身业务场景进行模型和应用的开发,面对生成式 AI 的行业浪潮，百度一直在探索如何将大模型能力与自身业务相结合。

一个引人注目的案例是百度百科产研团队发挥百科在泛知识领域的优势，结合大语言模型等生成式AI，延展百科场景AI特色体验的实践案例。百度百科对AI对话式体验设计的探索强化了内容浏览的体验感及效率性，契合用户对百科的期望，给用户带来了更极致的知识消费体验。

百度百科是中国最大的中文在线百科全书，它旨在为用户提供一个开放、自由的知识分享平台。百度百科允许用户编写和修改条目，以收集和建立涵盖各个领域知识的大型百科全书数据库。作为中文互联网上最重要的知识性数据库之一，百度百科聚集了大量的信息和知识，内容覆盖科学、文化、历史、技术、自然、地理、艺术、娱乐等多个领域，为用户提供了丰富、准确、及时的知识信息资源。最近，百度百科产研团队利用大模型能力，强化和延展了百科场景的AI特色体验，提升了内容浏览的体验感及效率。团队致力于通过生成式AI技术解决词条内容冗长的问题，并拓展知识对话场景，以提高用户认知建立和知识探索的效率。

百度百科产研团队进行了两大创新探索：①将词条页与AI初步结合，旨在通过"提炼要点"提升用户的阅读效率。②深度探索"百科同学"的智能对话能力，以权威且专业的AI生成式对话产品提升知识阅读及探索效率。这两大创新探索不仅解决了用户在知识获取过程中遇到的实际问题，还通过技术创新提升了用户体验。

用户体验创新设计案例分析[①]如下。

（1）词条页与AI的初步结合，"提炼要点"促消费

词条页的消费体验是百科业务的基础，但由于词条文字内容量级庞大，用户很难快速获取重点内容。因此百度百科产研团队在该场景探索结合AI能力提炼内容要点，以提升用户的阅读效率。

①双重引导：通过一级目录划分内容段落，并在用户浏览行为基础上触发场景化引导，建立智能化阅读体验（图3-12）。

②轻量化交互：采用半层面板承载提炼内容，打字机动态效果生成文字，快捷切换不同章节的提炼内容（图3-13）。

---

① 案例来自百度MEUX微信公众号，其运营主体是百度移动生态用户体验设计中心，负责百度移动生态体系的用户/商业产品的全链路体验设计。

图 3-12　百度双重引导词条页
图片来源：百度 MEUX[10]。

图 3-13　词条页轻量化交互
图片来源：百度 MEUX[10]。

③相关问题推荐：在要点提炼面板中增加词条相关问题推荐，引导用户进入 BOT 对话页，获取延展知识，深入了解词条内容（图 3-14）。

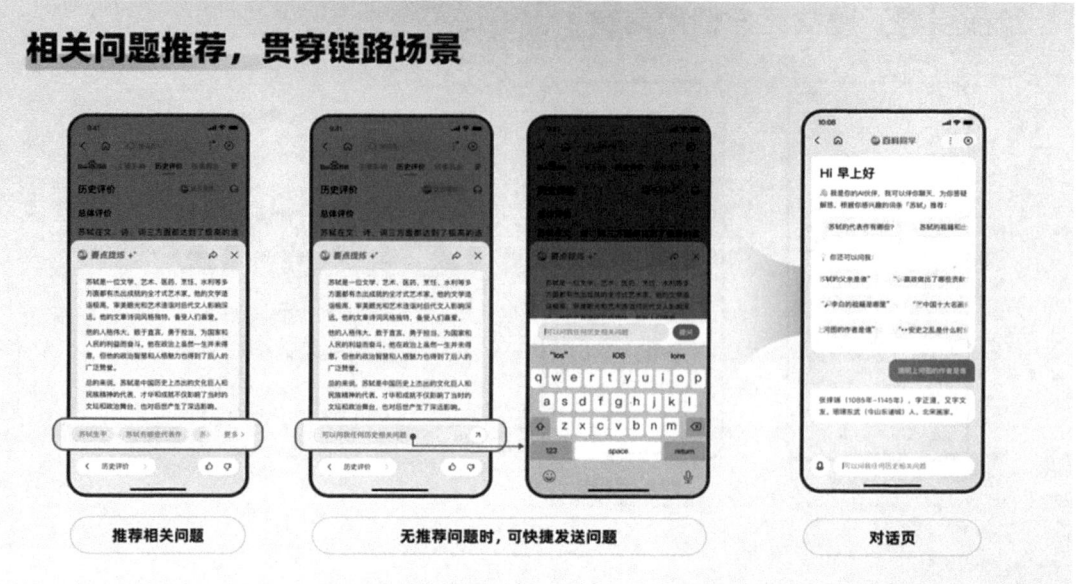

图 3-14　词条相关问题推荐
图片来源：百度 MEUX[10]。

（2）智能对话能力深度探索，"百科同学"拓场景

①入口多形式强化引导：增强 BOT 入口的展示，提升转化及对话量级（图 3-15）。

图 3-15　百科同学入口多形式引导
图片来源：百度 MEUX[10]。

②智能对话专业问答：通过即时感和进程式体验，给用户明确的引导反馈与预期（图3-16）。

图3-16　百科同学智能对话
图片来源：百度MEUX[10]。

③多模态内容生成：构建对话内容库，设置多种模块来丰富对话形式，提供多样化的浏览体验（图3-17）。

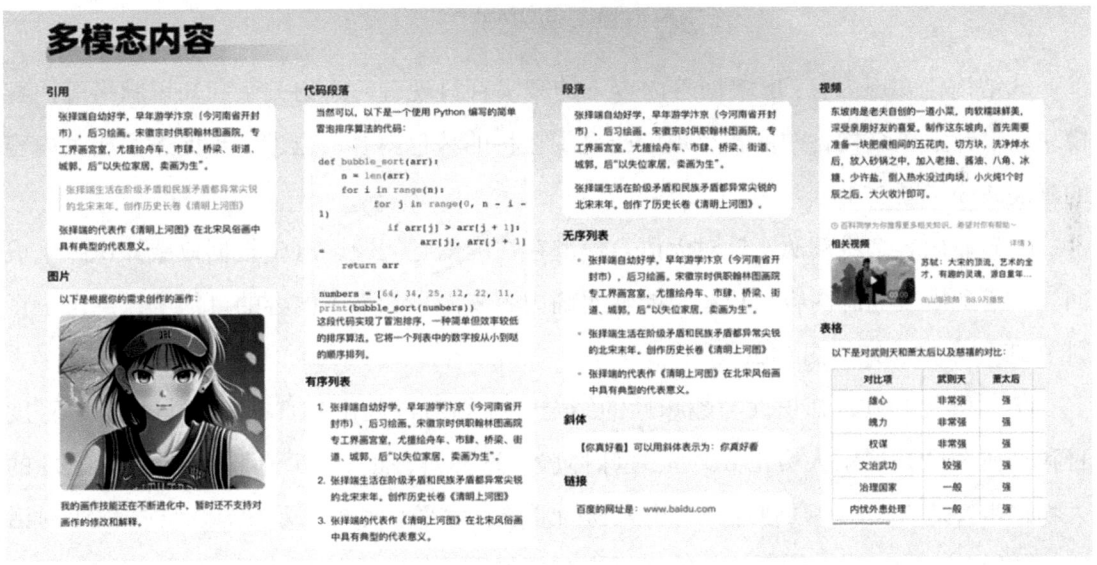

图3-17　多模态内容生成
图片来源：百度MEUX[10]。

第三章　大模型技术构成创新设计　109

④弹幕式问题引导：在 BOT 百科同学对话界面招呼语部分，以滚动弹幕的形式来展现兴趣推荐问题，持续滚动的弹幕不但能吸引用户的注意，且能在有限的空间里增加推荐问题的曝光。用户点击感兴趣的问题即可完成一次提问，低成本高回报的互动能够辅助用户问答，提升用户的惊喜感（图 3-18）。

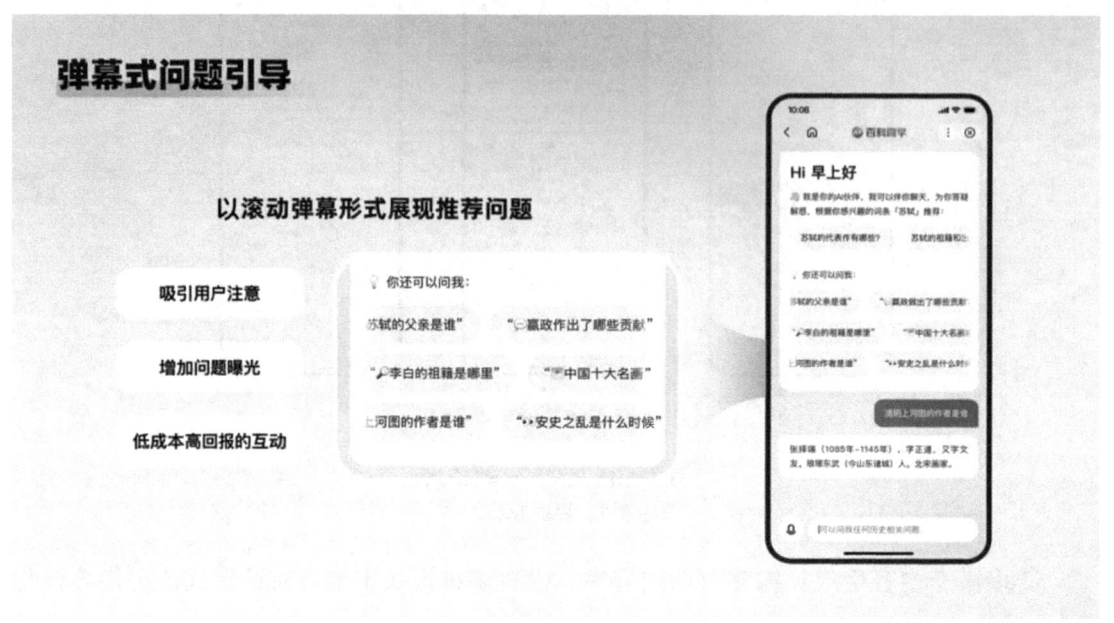

图 3-18　百科同学弹幕式问题引导
图片来源：百度 MEUX[2]。

⑤结构化知识内容：BOT 回答内容下挂载了百科现有的人物关系和知识脉络等内容模块，设计上以结构化的形式呈现，凸显了百科的特色内容，也进一步促进了相关内容的延展阅读（图 3-19）。

⑥专业内容多维溯源：针对大语言模型存在的幻觉问题，BOT 根据权威知识库生成回答，搭配展现溯源内容，让用户能够明确内容来源，加强了内容的可信度，突出了百科 BOT 的权威感知（图 3-20）。

⑦人格化 BOT，知识性与趣味性的结合：在创新特色化 BOT 体验的目标下，百度百科产研团队拓展了人格化 BOT 的趣味体验。选择"鲁迅""苏轼"2 个具有代表性的人物初步打造人设，高质量还原历史人物的形象、生平、思想、爱好等。与该 BOT 对话时，仿佛与人物一对一聊天，能够让用户在新鲜感及趣味性的驱动下，轻松完成知识的获取及探索（图 3-21）。

图 3-19　百科同学结构化知识内容
图片来源：百度 MEUX[10]。

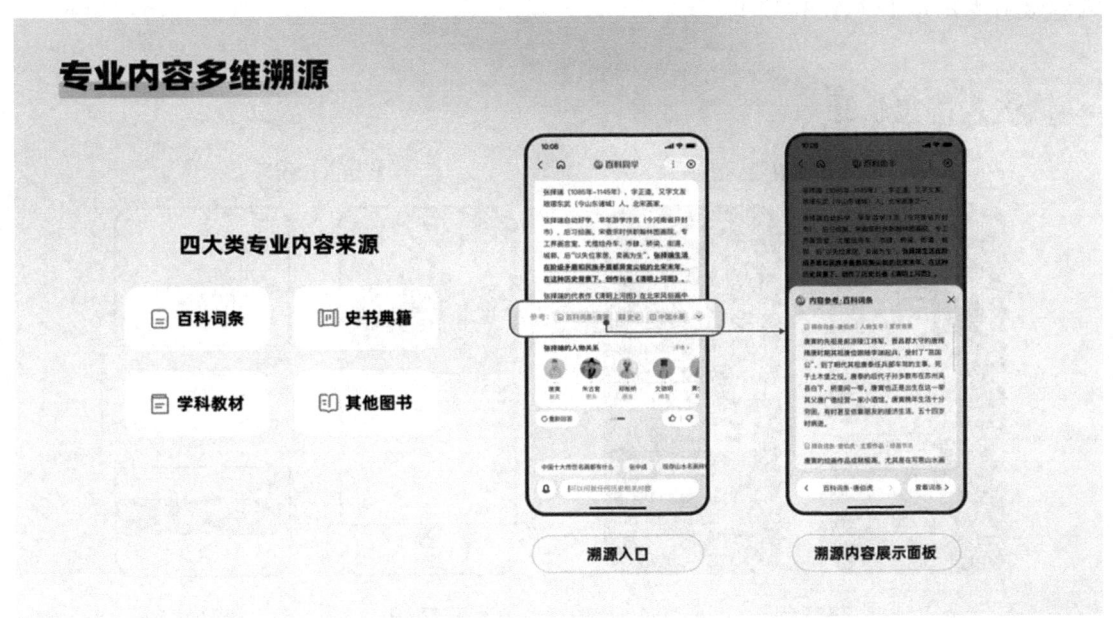

图 3-20　百科同学专业内容溯源
图片来源：百度 MEUX[10]。

第三章　大模型技术构成创新设计

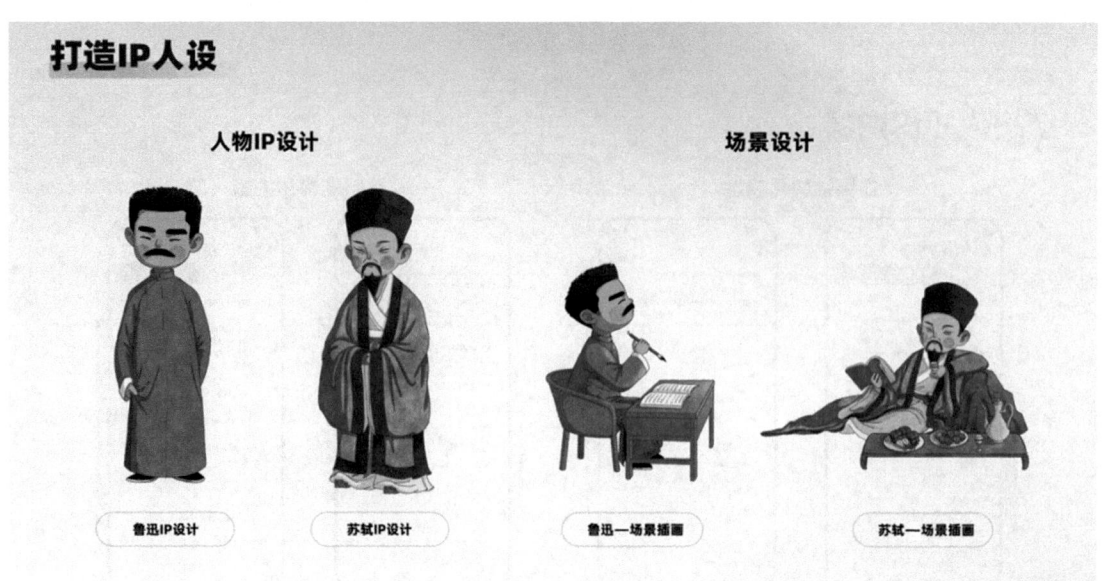

图 3-21 人格化 BOT
图片来源：百度 MEUX[10]。

⑧多层次引导方式，传达人格化认知：在人物相关词条页中，增加沉浸式引导弹窗，以增强吸引力。同时，在词条页首屏设置稳定入口、结合知识脉络模块，外露更多内容吸引用户点击（图 3-22）。

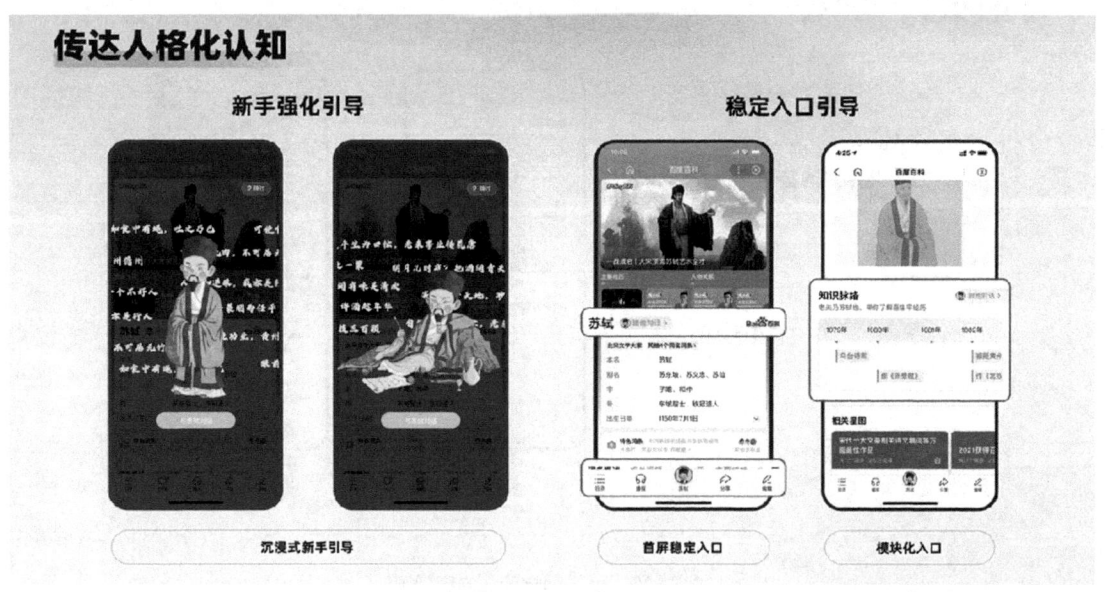

图 3-22 百科多层次引导
图片来源：百度 MEUX[10]。

⑨主 BOT 场景嵌套人格化，便捷切换不同模式：首先，在对话流中嵌入推荐卡片，通过关键词触发进行 BOT 的引导；其次，在对话页的顶部栏中增加稳定模式切换功能，方便用户随时切换进行沟通；最后，增加 @ 功能，用户可 @ 对应人物回答问题（图 3-23）。

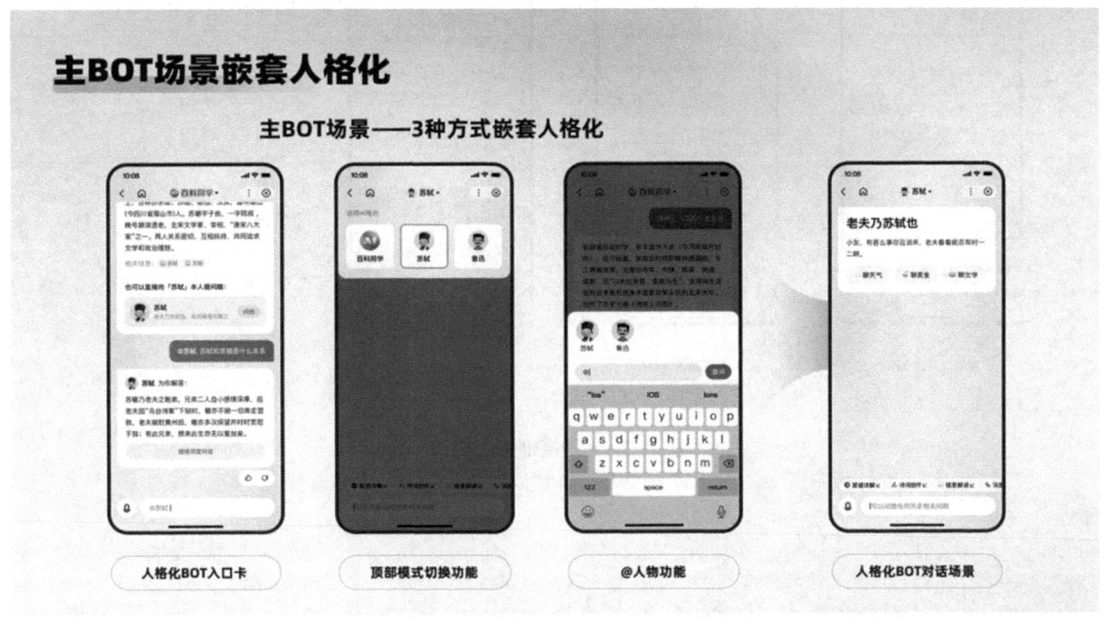

图 3-23　主 BOT 场景嵌套人格化
图片来源：百度 MEUX[10]。

⑩搭建快捷提问工具库，展示 BOT 核心内容：在人格化 BOT 模式下，在底部栏输入框上方区域增加 Prompt 快捷工具库，展示与当前 IP 人设强相关的内容提示，便于用户与 IP 有效互动（图 3-24）。

⑪沉浸式语音通话，打造创新亮点功能：除了文字及语音输入问答的方式外，百度百科产研团队还支持通过语音通话的方式进行快捷问答，能够使用户获得沉浸式互动体验，极大降低问答的操作成本（图 3-25）。

⑫影视剧角色 BOT，逐步实现丰富性拓展：百度百科产研团队与腾讯平台联手，合作古装电视剧《神隐》，打造影视剧人物 BOT，制作了主角人物"阿音""古晋""阿玖"3 个角色 BOT。提升 BOT 的丰富性并扩大其影响力，逐步打造并丰富知识消费 BOT 矩阵，持续探索下一代百科消费形态（图 3-26）。

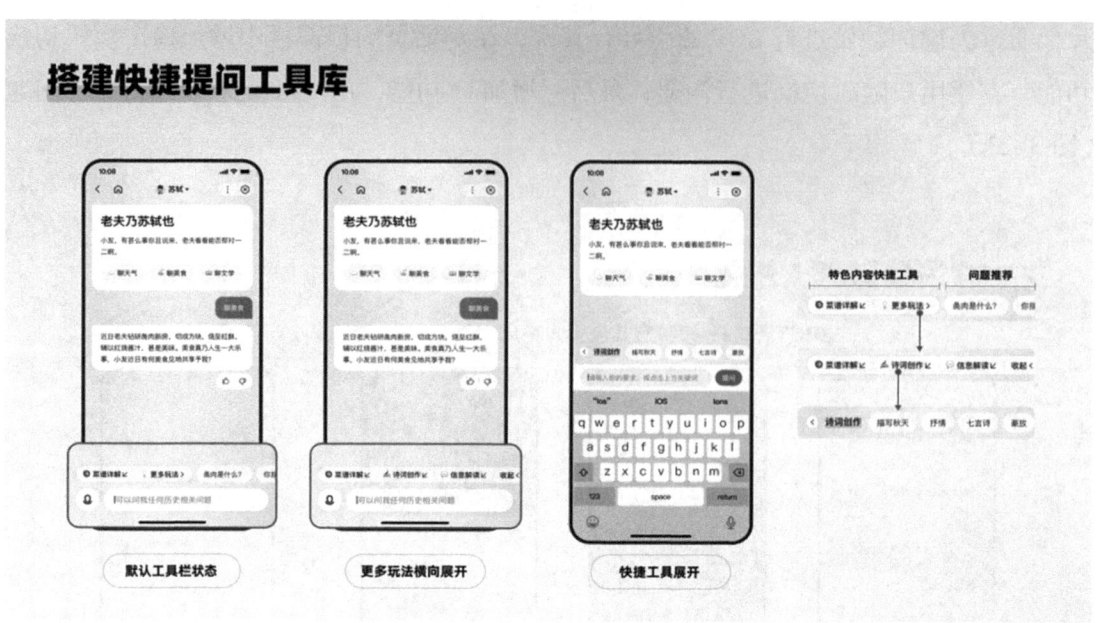

图 3-24　快捷提问工具库
图片来源：百度 MEUX[10]。

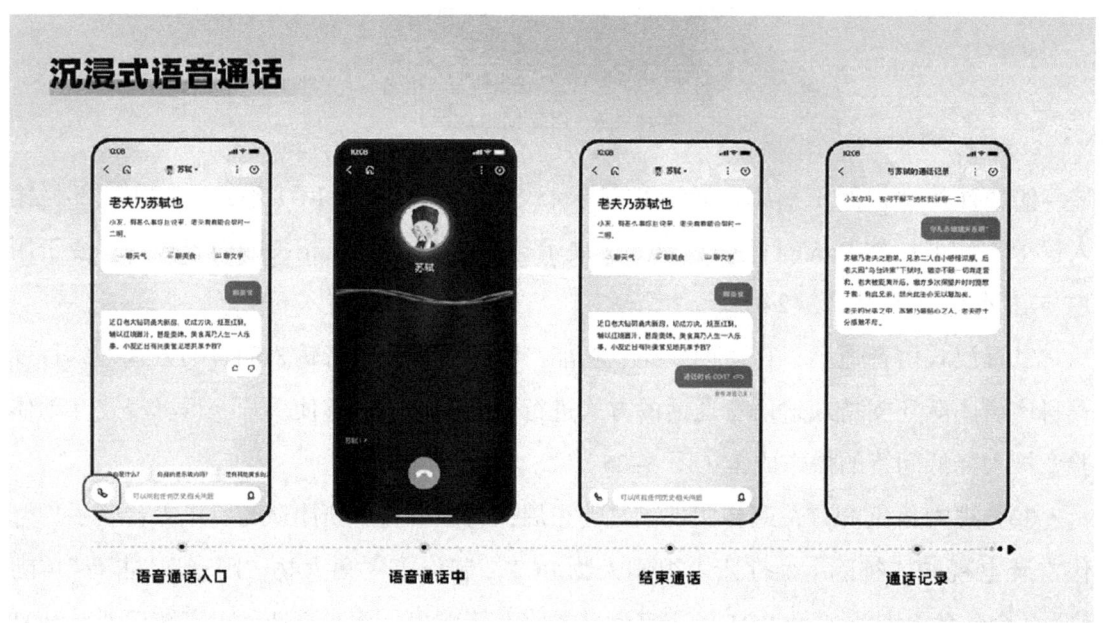

图 3-25　沉浸式语音通话
图片来源：百度 MEUX[10]。

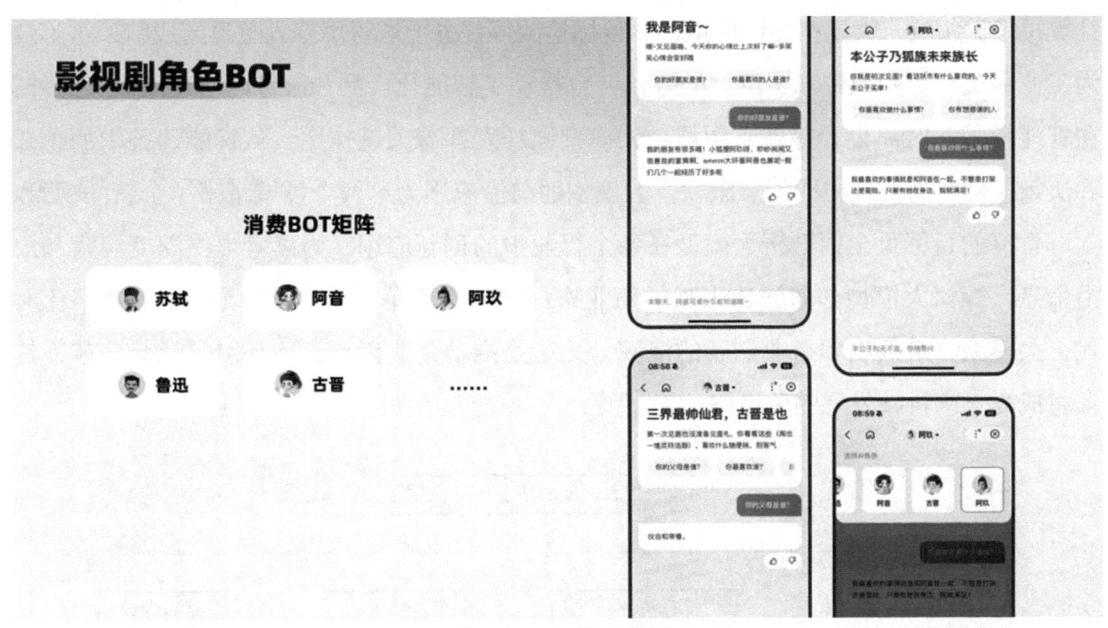

图 3-26　影视剧角色 BOT
图片来源：百度 MEUX[10]。

通过对具体案例和大语言模型背景下创新设计方法的细致介绍，上文展示了百度百科如何结合大模型技术和用户体验设计来革新知识消费体验。从词条内容的要点提炼到深度智能对话的探索，再到人格化 BOT 的创新应用，百度百科的这一系列探索和创新不仅优化了用户的知识获取过程，还增加了互动的趣味性，提升了互动效率。这些创新设计实践强调了技术与用户体验设计相结合在提升知识平台服务质量中的重要性，为未来知识消费形态的发展提供了有价值的参考。

3.4　大模型在行业创新中的应用

在当今数字化浪潮的推动下，大模型正迅速崭露头角，为行业创新注入了新的活力。本节将聚焦大模型在自然语言处理、计算机视觉、智能驾驶与时尚设计四个关键领域的引领作用。ChatGPT、GPT-4 等大模型以其卓越的学习能力和处理复杂任务的出色表现，引领科技应用的潮流，为未来的创新和发展开辟了新的可能性。

自然语言处理是人类与机器之间沟通的纽带，大模型的应用不仅限于简单的文本分析，更延伸至自动文本生成、情感分析等领域，为人机交互提供更自然、智能的体验。在计算机视觉领域，大模型在图像识别、目标检测等任务上取得了令人瞩目的成绩，这不仅为工业、医疗等领域带来了巨大的效益，也推动了智能化产品和服务的快速发展。此外，在智能驾驶和时尚设计等新兴领域，大模型同样发挥着关键作用，从智能驾驶中的感知和决策，到时尚设计中的创意激发，大模型的前沿应用为这两个领域带来了全新的视野。

本节的目标是全面剖析大模型在各个行业中的创新应用，为读者提供深度洞察和前沿信息，探讨大模型如何塑造未来的商业格局和社会变革（图3-27）。在当今数字化时代，大模型将继续引领行业创新的浪潮，无论是推动企业创新，还是引领社会变革，其都将成为未来科技发展的关键驱动力。

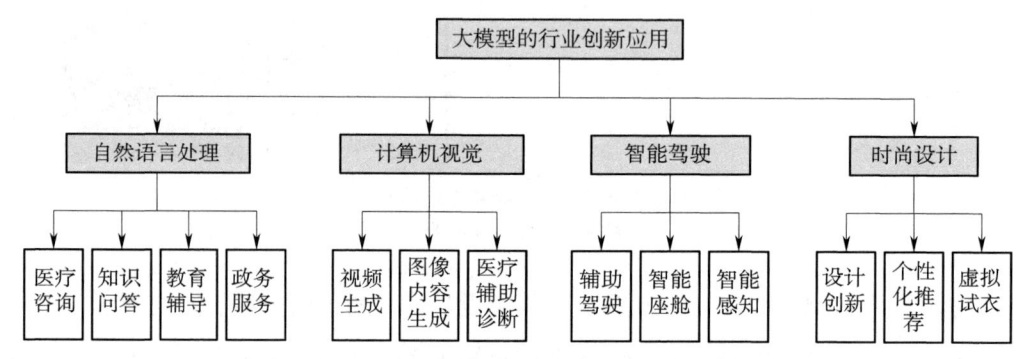

图3-27　大模型在各个行业的创新应用场景示意图

3.4.1　大模型在自然语言处理领域的应用

自然语言处理作为大模型技术的巅峰应用领域之一，不仅改变了人们与计算机交互的方式，更在医疗咨询、知识问答、教育辅导、政务服务等方面取得了卓越成果。首先，大模型在医疗领域的崭新应用正在推动患者与医生之间的交流变得更加高效和个性化。通过深度学习，大模型能够理解医学文本、解答患者疑问，为医疗咨询提供前所未有的智能支持。其次，大模型的知识问答能力超越了传统搜索引擎的范畴，它能够理解用户提问背后的深层含义，为用户提供更为精准、全面的信息，极大地拓展了知识获取的可能性。再次，在教育领域，大模型助力个性化学习，根据学生的学科特点和学习习惯，为学生提供个性化的辅导和学科建议，有效提升学生学习效果。最后，大模型在政务服务中的应用使得政府能够更智能地处理公民的咨询、投诉和建议，提升服务水平，推动政务工作的现代化转型。

1. 医疗咨询

创立于 2021 年 11 月的 MiniMax,是一家专注于通用人工智能的科技初创企业。自成立以来,MiniMax 自主研发了名为"MiniMax-abab"的千亿参数大语言模型,覆盖文本、语音和视觉三个模态。在中英文服务领域,该模型的性能已超越了 GPT-3.5。截至 2023 年 8 月,MiniMax-abab 大模型已通过国家首批大型模型服务备案,正式向社会公众提供服务。面对庞大的患者数量、极高的专业性要求和人工成本,MiniMax 通过协助药师定期回访并回答患者专业问题,为医疗咨询行业提供了创新解决方案,显著提高了该行业的服务效率和专业水平。

MiniMax 与高济健康合作打造的"高济神农"智能患者管理系统基于 MiniMax-abab 大语言模型。该系统构建了包含数亿条医学专家指南和共识的肿瘤知识库,涵盖营养、心理、疾病知识、康复预后等方面的内容(图 3-28)。通过知识增强技术将肿瘤知识库整合到大模型中,依托高济健康积累的服务 80 万名肿瘤患者的真实场景,经过 200 多家药房药师的反复调试优化,该系统对于肿瘤用药及不良反应问题的回答准确率高达 97.6%。

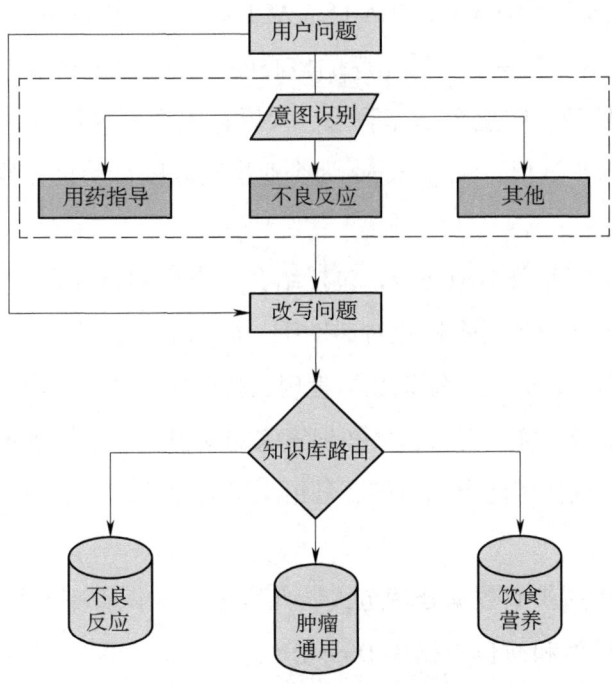

图 3-28 "高济神农"智能患者管理体系架构图

"高济神农"智能患者管理体系涵盖三大实际应用,包括专为药师设计的高济 HealthMate 智能助手、智能随访系统和数字人用药指导解读。高济 HealthMate 智能助手根据患者档案,从用药、不良反应、饮食营养等多个维度辅助药师作出更准确、迅速和个性化的判断和建议,同时通过流式回答减少患者等待时间。药师只需要输入患者基本情况和不良反应症状等信息,智能随访系统便会自动提供相应处理建议,提高了药师工作效率和患者满意度。患者的用药指导、随访小结等内容均由专业药师审核。此外,"高济神农"还利用数字人技术为老年患者提供易理解的药品说明和营养建议视频,提升了互联网医疗体验的便捷性。

"高济神农"智能患者管理体系是对肿瘤患者安全用药管理的一次探索,其最新版本"高济神农 2.0"中还增加了智能院外患者管理体系,旨在通过持续不断地洞察患者需求,进一步提升患者的使用体验。

2. 知识问答

在大模型技术的推动下,企业对知识的处理和应用正在经历革新。企业知识管理面临着知识碎片化、信息过载、数据及信息安全难题、知识共享困难以及知识与业务融合难的挑战。九章云极 DataCanvas 以 AIFS(AI Foundation Software)为基础,充分发挥 Alaya 九章元识大模型和多模向量数据库的核心能力,致力于构建企业级知识管家。通过数据收集、数据处理、向量数据库写入、大语言模型集成微调、知识助手应用,以及反馈与迭代优化六步过程,DataCanvas 为企业搭建高度自动化与智能化的企业知识库(图 3-29)。

九章云极知识管家涵盖多项功能,包括结合大模型和整合企业专有知识的 Q&A 问答功能、具备可自定义角色的个性化对话助手、面向上传文档的智能分析 ChatDoc,以及相关的后台模型与微调管理、知识数据管理、智能应用 Agent 管理等功能。作为企业专属的大模型智能基础设施,九章云极知识管家能够根据不同场景定义相关职位和角色的大模型特色应用,例如智能合同审核、营销文案创作等,协助企业逐步构建自己的大模型应用体系。

作为大模型时代的新型数据处理范式,九章云极知识管家利用先进技术能力,基于九章云极元识大模型和向量数据库 DingoDB 打造而成。该知识管家已成功应用于金融、制造、交通、通信、能源等多个行业,取得了丰富的实际应用经验。①在金融领

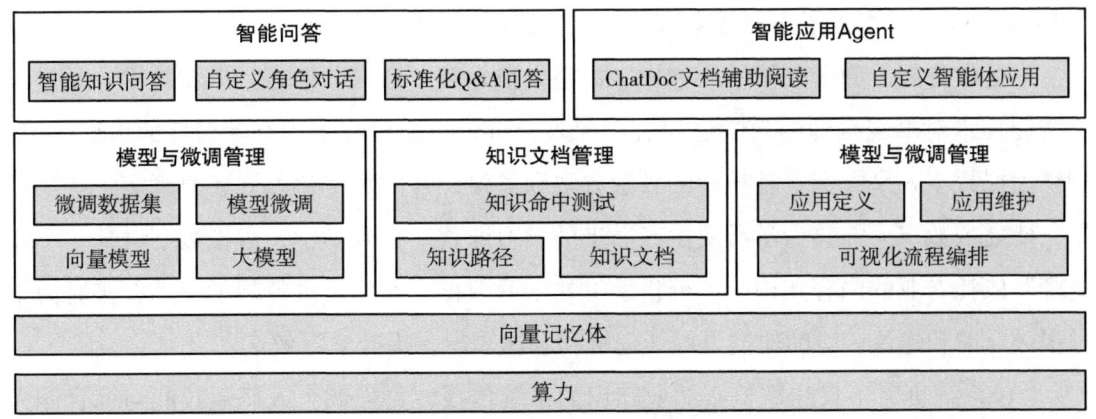

图 3-29 九章云极知识管家架构图

域,该知识管家展现了多种应用场景,包括金融知识智能问答、智能反欺诈、智能客户聊天机器人、NL2SQL、代码生成等,还涵盖智能 BI 及分析决策、文案创作、文档生成等方面。②在制造业,该知识管家应用广泛,覆盖制造工艺问答、售后服务知识问答、文档辅助编写、智能谈判、合同审核等方面。③而在交通领域,该知识管家同样展现了多样化的应用场景,包括高速知识问答、司乘人员知识问答、航空专业知识问答、机电系统维护、道路病害养护、文档辅助编写等。不仅如此,该系统还在某知名汽车制造厂商和城市商业银行实现了实地应用,为用户企业搭建了高度自动化与智能化的企业知识库。

随着人工智能技术的不断进步,大模型产品的应用领域和功能也在逐渐扩展。九章云极知识管家产品能够快速实现企业私有化部署,即开即用。通过提供软硬结合的一体化解决方案,该产品致力于充分挖掘数据的价值,助力用户在数智化浪潮中轻松实现模型和数据的双向增强。这一举措旨在为用户提供灵活高效的数据驱动决策,促进用户业务更好地发展,同时打通企业应用大模型的最后一环,实现全方位的支持。

3. 教育辅导

中公教育成立于 2003 年,其主要业务包括编写教培图书、开展面授培训和在线课程。为了应对全国"名师"与学员之间的供需矛盾,中公网校采用"双师课堂"模式为几万名学员提供在线课程,但这也带来了新的问题,名师授课需求旺盛,但也挤占了教研时间,名师无法有针对性地满足每名学员的个性化需求,并且名师存在离职的风险。为解决这些问题,中公网校与商汤科技共同研发数月,推出了首个人工智能课程——

"AI系统班"，并引入了虚拟数字讲师"小鹿老师"进行授课。

中公教育基于商汤公司的"如影"数字人技术和"商量"语言大模型技术，通过人工智能技术对卓越教师的教学过程进行深入分析。中公教育采用有针对性的培训方法，训练虚拟数字人来模拟卓越教师的教学方法和风格，并以数字化方式还原真实的教学场景，使虚拟数字人能够为学员提供高质量的学习课程。在教学中，虚拟数字讲师"小鹿老师"依托专业的内容知识库，分析学员的学习数据，与学员进行教学互动，实时为学员提供反馈和建议，协助他们更好地理解和掌握知识，提升学习效率。

"AI系统班"不仅注重核心从业知识的系统传授，更强调个人职业技能与综合能力的培养，为学员提供个性化学习路径和职业发展规划建议。同时，这一创新系统的应用与推广，也反过来促进了中公教育内部师资团队和广大学员对AIGC等前沿技术的学习与掌握，有效提升了整体的数字素养，旨在培养更能适应数字经济时代发展需求的新型人才。这种独特的教培行业"数字人即服务"的创新业务模式，以可持续、低边际成本的方式普及优质教育资源，通过不断赋能教育营销、教学和服务，更好地推动业务的发展。

AI技术的广泛应用，不仅能显著提升教学效率，改进智能化学习工具的性能与用户体验，更有望在教学评价、资源均衡、因材施教等多个核心层面实现关键突破，进一步持续向社会输出更多低成本、高品质、个性化的教育内容和服务。

在AI赋能教育的其他探索中，北京师范大学正积极推进"AI+"课堂教学智能评测模式的创新与应用。该项目通过整合计算机视觉、自然语言处理、集成学习和统计建模等多种AI与数据分析技术，构建了一个全面的课堂教学过程化智能评测系统。该系统能够实时监测和分析教师教学过程化指标(如行为、教态、教学工具使用、课件依赖性、情绪、位移、视线)、学生学习过程化指标(如行为、专注度、活跃度)，以及教学内容信息(如教学大纲知识点偏移度、关键知识点、敏感词等)，并对教师端、学生端和教学内容等三个维度共15类指标进行量化评估和可视化展示。这种智能化评测方法旨在克服传统教学评价中固有的主观性和滞后性缺陷，同时极大降低人力成本，实现更为精确的教学过程化监控，从而辅助教师在课后进行精准的教研活动。

中国传媒大学则将AIGC技术作为赋能中华优秀传统文化传承与创新教育的重要手段。面对传统文化教育方式的局限，该校探索将AIGC深度融入教学，例如，利用AI生成互动性的数字内容(基于典籍生成剧本、将传统艺术转化为动画或VR体验等)、开发基于传统文化元素的 AI 虚拟角色进行互动。这些创新极大地丰富了教学手段，使传统文化以更生动的形式呈现给年轻一代，激发了年轻一代的学习兴趣与创作热情，为培养兼具文化底蕴与创新能力的复合型人才开辟了新路径。

4. 政务服务

北京中科汇联科技股份有限公司于 1999 年在北京中关村成立。作为一家专注于数字内容管理、人工智能交互、元宇宙及 AI 智能决策系统和行业解决方案的企业，其致力于推动人工智能在产业化进程和各行业数字化转型方面的发展。中科汇联自主研发的 AiGCP 智能生成大模型平台应用了大数据预训练、多源知识融合及多模态大模型指令集微调等技术，具备卓越的语言理解和生成能力，是一个面向政务服务的垂直行业大模型平台。该平台通过预训练语言模型，能够自动识别词汇、语义、句法、情感等信息，并能够执行分类、命名实体识别、语义解析等任务。

2022 年 9 月，AiGCP 智能生成大模型平台应用于某市政务服务智能问答。通过创建一个协同联动的市区两级问答知识服务模式，以政策文件、办事服务、互动咨询、机构信息和网站使用五个主要类别的问答知识需求为中心，平台成功完成了市级部门问答知识库的建设和运行服务。通过建立健全的政务问答知识目录和问答知识标签体系，根据用户意图和政府领域的业务特征，在这五大类问答知识的基础上，汇集各区各部门的建议，进一步细化子类，形成了一个全市统一的问答知识体系。

上海市在政务服务智能化方面积极开展探索。浦东新区推出的数字政务人"小浦"，是 AI 大模型技术在基层政务服务中的创新应用。依托大模型的自然语言处理和知识整合能力，"小浦"能够 7×24 小时在线，为市民和企业提供政策咨询、办事指引、信息查询等互动服务，提升了服务的便捷性和可得性。同时，上海市级政务服务总平台"随申办"也在持续引入 AI 大模型技术进行智能化升级，优化智能客服、智能搜索、个性化政策推送等功能，致力于提升千万级用户的办事体验和满意度。

全国多地的 12345 等政务服务热线也在积极引入大模型技术，以提升服务效率和智能化水平。例如，通过 AI 辅助进行智能分流、智能应答、情绪识别、服务质量监控等。这些升级旨在将传统电话平台升级为集智能受理、精准处理、科学决策于一体的城市治理中枢，从而成为全国优秀政府网站智能服务的典范。

从社会效益的角度来看，慧政的应用广泛覆盖政务服务、新闻传播、多语言沟通等领域，为政府部门、媒体和企业提供了更智能、更高效的工具。政府部门能够通过慧政更好地与公众互动，提供更为精准的信息和服务。新闻媒体则可以利用慧政在新闻内容撰写方面的应用，提高新闻报道的速度和质量。企业在多语言沟通和翻译方面能够节省时间和节约资源，拓展国际市场等。

从经济效益的角度来看，慧政的应用能够显著提升工作效率和生产力。节省下来的时间和资源，可以用于更有价值的工作，从而提高产出。此外，慧政还能够为政府和企业提供更智能的决策支持，有助于优化资源配置，提高整体经济效益。

总的来说，面向政务服务的慧政项目具有智能分类、定制策略和持续进化的特性，不仅提升了政务服务工作效率，还拓展了政务服务的范围，促进了信息的快速传播和国际交流，为整体社会和经济发展带来了积极影响。

3.4.2 大模型在计算机视觉领域的实际应用

在计算机视觉领域，大模型的涌入带来了前所未有的创新，涉及视频生成、图像内容生成和医疗辅助诊断。在视频生成方面，大模型技术通过对大量视频数据的学习，实现了更加智能、更具创意的视频生成，拓展了影视创作的边界，为创作者提供了更为灵感迸发的工具。在图像内容生成方面，大模型展现了其独特的创作能力，能够根据输入的关键词或主题生成富有创意的图像内容，推动设计和创意产业的发展。在医疗领域，大模型通过对医学影像的智能分析，提高了疾病的早期诊断率，为医生提供了更准确的辅助诊断工具，对提升医疗质量具有深远影响。

1. 视频生成

2024年2月15日，人工智能研究公司OpenAI发布了首个文本生成视频模型Sora。该模型展示了令全球震惊的视频生成能力和成熟度。Sora能够通过简单的文本指令生成长达60秒的视频，包含多角度的镜头切换、复杂的视频场景以及生动的角色表情等。同时，OpenAI还发布了多段由Sora制作的高清视频片段，包括一辆SUV行驶在山路上，旁边有一个"短毛怪"的动画、一根蜡烛、两个人在雪地里走过东京，以及加州淘金热的虚构历史场景，并强调该模型能够生成长达60秒的视频。

Sora运用扩散模型的工作原理，始于一个看似静态噪声的视频，并通过多个步骤逐渐去除噪声，最终生成视频。它采用与GPT模型相似的变换器架构，以处理更广泛的视觉数据，包括不同的持续时间、分辨率和宽高比。Sora 还借鉴了 DALL·E3 的重述技术，为视觉训练数据生成高度描述性的字幕，从而使模型能够更忠实地遵循用户在生成视频时的文本指令。该模型的核心技术包括以下五点。

①根据文本生成视频能力。Sora 可根据用户提供的文本描述生成品质较高的视频，完整准确地还原用户的提示词。相比于之前的 AI 视频模型，Sora 将生成视频长度扩展到 60 秒，而不仅限于 3~4 秒。

②复杂场景和角色生成能力。Sora 不仅能呈现提示词包含的元素，还能理解这些元素在物理世界中的运动方式。相较于其他 AI 视频生成工具，Sora 对视频动态的处理更接近现实。

③多镜头生成能力。Sora 具有创建多个镜头的能力，可在同一视频中保持角色和视觉风格的准确度。

④根据静态图像生成视频能力。Sora 不仅能根据文本指令生成视频，还能根据现有的静态图像生成视频或扩展现有视频，填充缺失的帧。这使得 Sora 成为理解并模拟真实世界运动的基础，对于 AGI 而言是一块重要的里程碑。

⑤物理世界模拟能力。Sora 展示了人工智能理解真实世界场景并与之互动的能力：能够模拟真实物理世界的运动，如物体的移动和相互作用，这是实现 AGI 的重要里程碑。

Sora 的高度还原能力将在多个行业产生显著影响，涵盖以下几个领域。

①内容创作与媒体产业。电影、广告、动画制作等行业可以迅速利用 Sora 生成预览或初版内容，从而大幅度缩短制作时间、降低制作成本。Sora 的多模态特性使视频内容创作更加灵活，让创作者更容易实现创意想法。

②影视制作行业。Sora 可用于制作电影预告片、音乐视频、游戏预告等，能够提供更加丰富和引人入胜的视觉体验。它还可用于虚拟现实（Virtual Reality，VR）和增强现实（Augmented Reality，AR）内容的创作，为用户提供更加沉浸式的体验。

③营销与广告。广告公司可以借助 Sora 快速生成符合品牌定位的视频内容，降低拍摄和后期制作的成本。Sora 还能根据市场反馈快速调整视频内容，提高广告的针对性和效果。

④游戏设计开发。游戏开发者可以利用 Sora 生成游戏场景和角色动画，节约 3D 模型和动画制作的成本和时间。这将使游戏开发更加高效，同时也能够快速更新和迭代游

戏内容。

⑤教育和培训。Sora可生成教育视频，帮助学生更好地理解复杂的概念，或者模拟实验和操作过程，提高学习效果。

随着Sora的测试和改进，人工智能驱动的视频生成的未来充满希望。无论是增强媒体的叙事能力，还是改变人们与视觉内容的沟通和互动方式，Sora都代表了人工智能发展迈出的重要一步。

2. 图像内容生成

自深度学习技术在计算机视觉领域广泛应用以来，根据输入要求或引导生成新的视觉内容，即文生图算法模型，已经成为图像处理学科的一大发展方向。文生图模型的发展与行业应用书写了令人瞩目的创新篇章。起初，文生图模型通过引入深度学习技术在计算机视觉领域的广泛应用，取得了显著的成果，不仅克服了早期GAN在生成图像质量上的难题，还在图像处理学科中掀起了新的浪潮。

随着时间推移，文生图模型的发展呈现出明显的创新轨迹。通过不断优化生成模型，模型性能得到显著提升，如StyleGAN等模型通过创新的内容与样式分离方法，大幅提升了生成图片的质量与多样性。美国人工智能非营利组织OpenAI于2021年1月份推出DALL-E，实现了在语言引导生成方面的重大突破，DALL-E可以直接根据文字生成高质量照片，具有通用的图文转换能力，为语言描述生成领域带来新的发展机遇。文生图模型在行业应用方面也展现出广泛而深远的影响。2022年7月，由Midjourney研究实验室开发的人工智能程序Midjourney上线，该模型在艺术风格生成方面的表现独到，通过与DALL-E相似的预训练模型架构，支持通过文字描述快速生成高质量艺术概念作品，并已在在线设计社区大面积应用。同时，初创公司StabilityAI、CompVis与Runway合作开发的开源自然语言处理模型Stable Diffusion，采用Transformer Encoder-Decoder架构，通过自监督学习预训练得到强大的生成能力，进一步降低了进入门槛，推动了自身快速普及，并通过支持第三方扩展促进了生态规模的扩张。

在未来的发展趋势中，文生图模型将迎来新产品上线和算法模型的成熟。关注部分解码与编辑输出将成为重要的发展方向，为模型的进一步提升和定制化应用提供支持。这些模型的规模已经能够达到上百亿参数，具备超细粒度生成能力和更强大的语言理解能力。同时，多模态学习将成为未来的热点，实现视觉、语音和语言知识的有机融合。这一发展趋势将为内容生成领域带来全新的可能性，机器智能的介入将不断丰富人类创作的可能性，提供更高效的创作工具，为创作者们开辟更广阔的创作空间。综合而言，内容生成领域仍然具有巨大的未开发潜力，未来的发展前景令人期待。

3. 医疗辅助诊断

云南联合视觉科技有限公司（以下简称"联合视觉"）专注于提供全面的服务，重点关注围手术期[①]这一重要医疗场景。引入了首个围手术期医专大模型，该模型通过深度学习围手术期相关知识，具备了回答患者问题、辅助医生工作的能力（图3-30）。在此基础上，公司进一步打造了围手术期业务平台，以满足医院、医护人员和患者的多方面需求。

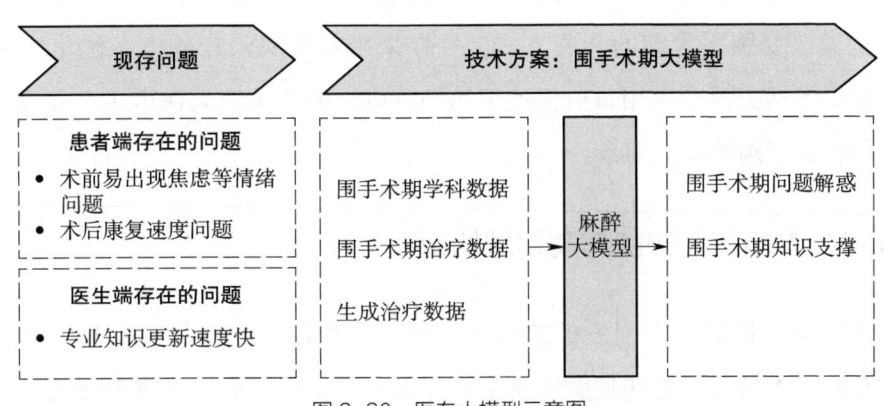

图 3-30　医专大模型示意图

该围手术期业务平台涵盖术前、术后管理系统，临床信息管理系统等基础信息系统，能够为医护人员提供全方位的支持。具体而言，平台为医护人员提供了访视评估、智能对话、智能个性化手术方案、术后并发症预测等辅助临床工作的功能，从而提高了他们的工作效率和服务质量。同时，平台还为患者提供了信息整理、智能问答等功能，使他们能够更全面、深入地了解手术情况，提高了他们对医疗过程的参与感。

联合视觉基于围手术期建立的这一全方位支持体系已经在十多家医院投入使用，包括云南省第一人民医院、昆明市第五人民医院、玉溪市第二人民医院等。以云南省第一

---

① 围手术期：围绕手术的一个全过程，从病人决定接受手术治疗开始，到手术治疗直至基本康复，包含术前、术中及术后的一段时间。

人民医院为例，该围手术期平台已服务超过 20 万例手术病患，成功将术后不良事件发生率降低了 35%。这一创新成果得到了云南网、掌上春城等新闻媒体的广泛报道。这进一步证明了围手术期业务平台在医疗领域的巨大潜力和积极影响。

联合视觉在云南省数十家医院开展了赋能工作，重点支持高原胸外科手术的临床优化等领域，显著提升了高原地区非气管插管手术治疗的整体水平。不仅为医院提供了技术服务和创新资源，而且通过与顶级高校和头部三甲医院合作，适配医院业务产品，构建了围手术期技术和数据门槛。通过集中优势资源，联合视觉致力于在 AI 能力、数据、解决方案和应用系统的基础上打造一个生态系统，涵盖医院、医生、患者、科研机构等多方面，从而提升公司的销售业绩和品牌价值。

值得注意的是，国务院办公厅于 2022 年 4 月发布的《"十四五"国民健康规划》等文件鼓励相关组织围绕手术期进行相关研究和应用。联合视觉正逐步应对这一政策导向，有望全面改变围手术期的开展方式，并在未来对疾病治疗的方案优化作出积极贡献。尽管围手术期大模型应用目前仍处于初期阶段，但相关产品在市场上有着巨大的潜在规模，预示着广阔的发展前景。

3.4.3 大模型在智能驾驶领域的商业应用

智能驾驶是大模型技术引发的热点领域之一，覆盖辅助驾驶、智能座舱和智能感知等多个方面。大模型技术在辅助驾驶中发挥着关键作用，通过对复杂交通场景的理解和预测，提高了驾驶安全性，为驾驶员带来了全新的驾驶体验。智能座舱的引入使得车辆内部变得更加智能化和人性化，大模型通过对驾驶者行为的学习，实现了座舱环境的个性化定制，提升了整体驾乘体验。大模型在智能感知领域通过对周围环境的感知和理解，使车辆具备更加智能的决策能力，为实现自动驾驶奠定了坚实基础。

1. 智能感知

人车交互作为智能汽车发展的关键功能之一，对于减轻驾驶员负担、提升乘客出行体验具有重要作用，相关功能也成为消费者选择汽车时的重要考量因素。虽然目前的人机交互系统已能实现语音识别、指令执行等功能，但大部分情况下系统只能在有限范围内对预定指令作出回应，存在一定的局限性。相较之下，大语言模型在这方面表现更为出色。

第一，大语言模型具备理解人类意图的能力。大语言模型通过其推理能力，能够从文本中理解说话者的真实意图，并作出相应回应。第二，大语言模型具备常识。大语言模型依托大量的训练数据中蕴含的知识，拥有一定的常识，具备多个特定领域的基础知识和能力。第三，大语言模型能够高度适应不同任务。通过灵活调整提示词，大语言模型对于不同任务具有强大的适应性，可以迅速适应不同类型的任务，实验应用和实际应用效率较高。

2023年10月17日，清华大学、中国科学院和麻省理工学院（Massachusetts Institute of Technology，MIT）的科研人员联合开展了关于大语言模型在人机交互领域的研究，他们设计了一种名为Co-Pilot的人机交互框架。该框架利用提示方式引导ChatGPT（GPT-3.5）在考虑用户的主观意图的同时，完成了一系列简单的自动驾驶任务[11]。

Co-Pilot框架如图3-31所示，其核心构件包含以下几个模块：①编码器：将必需的信息整合成提示，并通过专用应用程序编程接口（Application Programming Interface）发送给大语言模型。②LLM：大语言模型，本项目采用ChatGPT（GPT-3.5-turbo-0301）。③解码器：将自然语言回应解析成指令或数据，用于车辆的交互与控制。④保险机制：考虑到大语言模型作为概率模型的本质，目前很难完全消除其在回答中的错误。因此，Co-Pilot设置了保险机制，以防止明显错误的指令影响车辆的运行。⑤记忆机制：存储Co-Pilot完成任务所需的数据和其他信息，作为输入的关键组成部分，并可以在工作过程中进行实时更新。

与此同时，Co-Pilot主要具备两种工作流程，分别是：①实现流程：Co-Pilot按照不同任务完成一个工作周期的流程。②调优流程：车辆专家根据不同任务调整记忆机制的前置优化流程。

该框架按照人类认知心理学对大语言模型内部的知识储存进行模拟，提出了采用记忆机制来划分自动驾驶场景中可能涉及的信息（图3-32），旨在全面提升Co-Pilot信息利用效率。通过实验可以得出以下几点结论：①提示中不同记忆的组合，对于LLM的表现有着显著影响。②LLM可根据常识以及记忆中包含的信息进行推理，在常识及记忆提供的信息不足以实现合理推断时，LLM可根据其在训练中积累的经验作出决策。③提示中的程序记忆在任务本身的描述上有时并不存在本质区别，却对LLM的表现产生了很大影响。

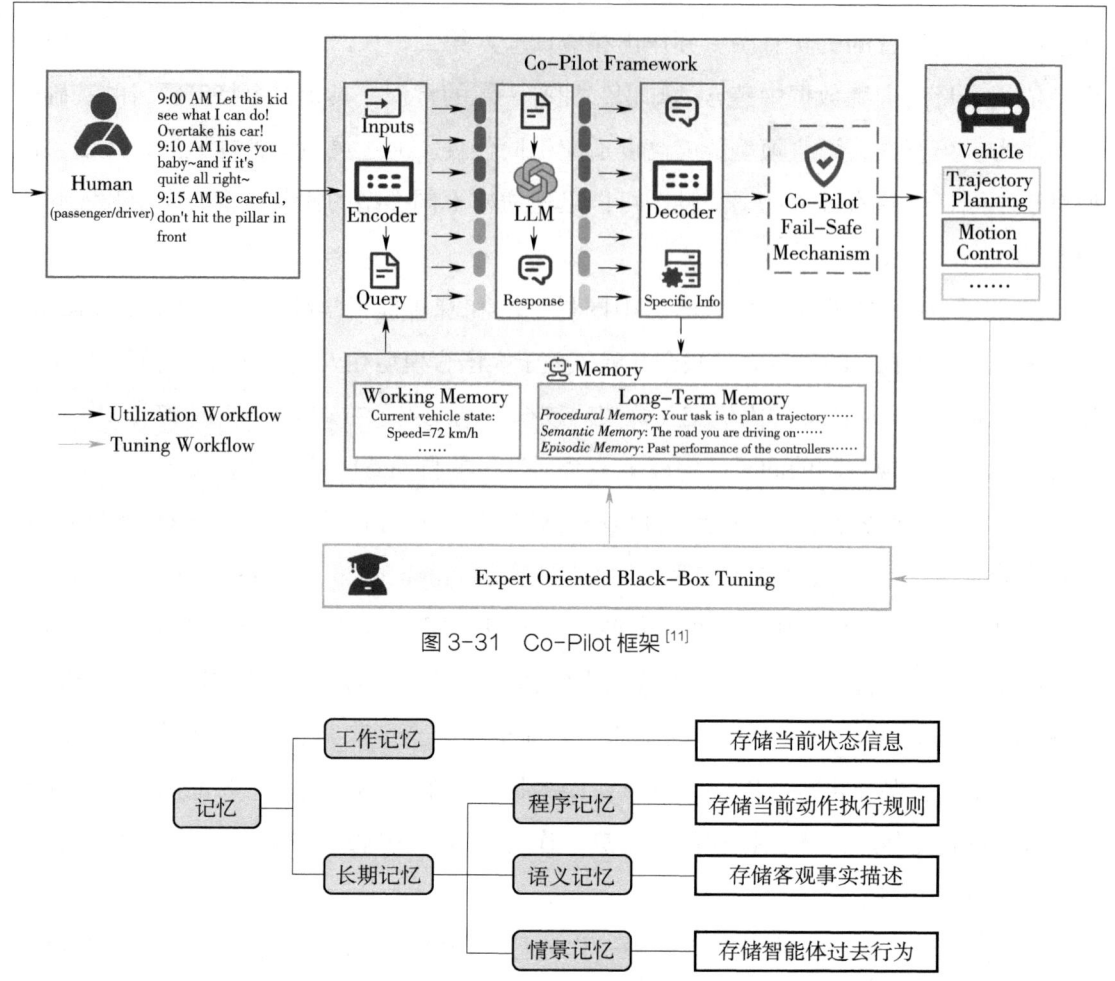

图 3-31 Co-Pilot 框架[11]

图 3-32 记忆分类图

Co-Pilot 是一种创新的尝试,它将 LLM 应用于人机混合智能,大大提高了人机通信的效率,使人类和机器更好地理解彼此。

2. 智能座舱

近年来,科技的进步使汽车逐渐演变成一种新型智能终端。随着大模型的出现,人车和车机关系不可避免地受到影响,主要体现在自动驾驶和智能座舱两方面。

(1)大模对自动驾驶的影响

大模型对自动驾驶的影响主要体现在三个方面。首先,大模型提升了智能驾驶的准确性和可靠性。大模型通过处理海量数据,具备多维度分析能力,能够提供更精准、全面的数据分析和预测。持续优化大模型可以进一步提高自动驾驶的准确性和可靠性。其次，大模型在云端和车端的应用各有优势。在云端，大模型可通过大参数容量优势完成数据标注与挖掘工作，节省成本；在车端，大模型可分为多个子模型，分管不同子任务，提高推理计算效率，提高行车安全性。最后，利用感知决策一体化算法，大模型有可能有效解决感知决策一体化算法的难题，为自动驾驶算法升级提供可能性。

（2）大模型对智能座舱的影响

大模型对智能座舱的影响主要体现在三个方面。首先，大模型为智能座舱提供动态对话支持。车载 ChatGPT 支持更动态的对话，包括语音命令和交互式对话，范围涵盖地点信息、导航路线等，有助于驾驶员更专注于路况。其次，大模型推动了智能座舱的插件生态系统发展。例如，微软与奔驰正在探索 ChatGPT 的插件生态系统，寻找集成第三方服务的可能性，在提升驾驶体验的同时提高便利性和生产力。最后，大模型对智能座舱的商业模式产生了深远影响。大模型普遍具备集成、学习人类喜好和习惯的能力，加入车载系统后，人、车、机关系有望发展为更深层次的"陪伴关系"，为车企带来新的商业价值。

2023 年 6 月 16 日，梅赛德斯 – 奔驰与微软宣布加深在 AI 领域的合作，将 ChatGPT 整合到梅赛德斯 – 奔驰的车载语音控制系统中。通过微软的 Azure OpenAI 服务，这一合作允许车主在驾驶时体验 ChatGPT，测试于当天正式开始，覆盖美国约 90 万辆配备 MBUX 信息娱乐系统的奔驰车辆。

在梅赛德斯 – 奔驰宣布与微软合作后不久，理想汽车推出了自研大模型 MindGPT，使汽车摆脱对高清地图的依赖，驾驶表现更接近人类司机。MindGPT 是行业内唯一不需要任何指令词就可以使用的大模型，也是行业内唯一真正围绕车载场景打造的大模型。MindGPT 是全自研的多模态认知大模型，它可以与汽车完美融合，让每个家庭成员都能在车里体验到 AI 带来的便利。它拥有听感和执行能力全面进化的"理想同学"，支持"方言自由说""指令自由说"和简洁模式以及全时全车免唤醒的能力。MindGPT 基于"理想同学"的重点场景量身定制了 111 个领域共 1 000 种以上的专属能力，并且还在不断进化和成长中。

2025 年，智能座舱大模型由云端大模型向端侧大模型发展，借助汽车座舱端侧算力 (如英伟达 Orin、高通 8295、MTK8676 等芯片) 实现大语言模型、视觉—语言模型 (Vision–Language Model，VLM) 多模态模型等的端侧部署，从而规避云端大模型方案下，用户数据在车云传输过程中的隐私风险与延迟问题，推动了大模型在智能座舱的本地化部署与新应用范式的探索。

CyberSpark 塞博火种是一个专注于智能座舱领域边缘侧模型与场景构建的团队，提供面向高通、MTK、AMD 等平台的 LLM/VLM 量化模型场景微调，并创新性整合座舱场景与数据支持。CyberSpark 依托多模态融合感知数据，构建了超 600GB 的特殊场景训练数据集，开发了超 60 个智能座舱边缘侧模型场景库，覆盖健康、情感、车控、迎宾、舒适等核心功能，并融合视觉、语音、多模态及图形化 UI，实现端到端智能化体验，兼顾高性能与小体积。

除了上述提及的案例外，奇瑞、长安、理想、岚图、长城等多家车企纷纷宣布接入大模型。其中，有些车企选择自研大模型，还有些车企则选择与百度、华为、科大讯飞等科技公司合作落地大模型。这一趋势表明，大模型在汽车领域的广泛应用，将为自动驾驶和智能座舱等领域带来新的发展机遇。

智能座舱与大模型的融合极大提升了用户体验的潜力，但也带来了新的挑战：如何科学、全面地评估这些复杂模型的能力与实际效果？针对这一行业痛点，XAI Lab 蜂火智能实验室提出了 P-CAFE 模型。该模型从感知（语音/视觉识别、生态连接）、认知（理解、推理、意图捕捉）、行动（任务规划与执行）、反馈（可用性、信任度、情感交互）和进化（记忆、学习、人格）五大维度构建评估框架。

基于 P-CAFE 模型，XAI Lab 蜂火智能实验室推出了国内首个专注于智能座舱大模型功能对标与能力表现评估的综合性平台——蜜蜂智评（BeeEVAL）。该平台依托权威测评体系和数据分析，全面覆盖车控、出行、知识问答、娱乐、闲聊、内容创作六大核心功能域，实现多维度、全场景评估。

作为中国汽车工程学会团体标准牵头单位及 J. D. Power "华舆奖"联合发起方，XAI Lab 蜂火智能实验室通过结合 P-CAFE 模型与 BeeEVAL，贯通理论与实践，为行业提供技术对标与优化路径，提升了消费者体验的量化评估能力。未来，多模态与生成式 AI 将持续推动人车交互向更智能、更情感化的方向发展。

3. 辅助驾驶

在自动驾驶领域，2023 年 AI 大模型蓬勃发展，而这一浪潮的根源可以追溯到特斯拉于 2021 年提出的 BEV+Transformer 模型。尽管该架构在整体参数量上不及通用语言大模型，但与传统的 CNN 卷积神经网络相比，性能得到了显著提升。这一创新为 AI 在自动驾驶中的应用创造了新的可能性，特斯拉的引领作用推动了整个行业对于更高效、智能的驾驶系统的追求。

2023 年 4 月，在毫末智行举办的第八届 HAOMO AI DAY 上，毫末智行发布了行业内首个自动驾驶生成式大模型 DriveGPT，中文名为"雪湖·海若"，这是该领域的一项重大创新。该模型的参数规模达到 1 200 亿，庞大的规模使得模型具备了强大的学习和处理能力。这种规模的模型在解决自动驾驶研发中的认知决策问题方面具有显著的优势。通过能力迭代，"雪湖·海若"最终实现了端到端的自动驾驶，为自动驾驶技术领域注入了新的活力。

在过去，由于传统模型受到"数据量小""基于规则"等限制，智能驾驶技术的发展一度受到阻碍，许多从业者对未来产生了怀疑。在这一背景下，2021 年，毫末智行率先投入大模型技术的研发中，旨在寻找新的突破。

通过先行探索和反复验证，毫末智行成功找到了突破口——生成式大模型。通过将 GPT 首次引入自动驾驶领域，毫末智行极大地加速了更高阶智能驾驶技术的实际应用。这一举措不仅打破了传统技术的束缚，也为智能驾驶领域带来了新的发展机遇。DriveGPT 的问世对自动驾驶技术产生了深刻的影响。首先，DriveGPT 端到端的自动驾驶实现了前所未有的智能化水平，使得驾驶系统更加智能、灵活。其次，1 200 亿的参数规模为模型提供了强大的学习和处理能力，使得模型在认知决策方面取得了显著的优势。这些创新不仅提高了驾驶系统的性能，还为整个智能驾驶行业树立了新的技术标杆。

DriveGPT 的发布标志着自动驾驶技术迎来了新的时代。其技术创新为智能驾驶系统注入了新的动力和活力。随着智能驾驶技术的不断创新优化，我们有理由相信未来智能驾驶技术将不断迎来新的突破，为人类社会带来更便捷、安全的出行体验。

3.4.4　大模型在时尚设计中的前沿应用

在时尚设计领域，大模型也有众多创新应用场景，包括设计创新、个性化推荐和虚拟试衣等。在设计创新方面，大模型催生了更具前瞻性和创新性的时尚设计，通过对全球时尚趋势的分析和学习，为设计师提供了更能激发灵感的设计工具。在个性化推荐方面，大模型技术通过对用户购物历史、喜好和风格的深度理解，实现了个性化推荐，提高了用户的购物满意度和体验。时尚设计中的虚拟试衣技术为消费者提供了线上试衣的全新体验，大模型能够细致分析服装材质、款式，从而使虚拟试衣更加真实和精准。

1. 设计创新

FASHION DIFFUSION（FD）是知衣科技和西湖心辰达成战略合作、共同研发的引领时尚设计创新的智能工具。FD源于两家公司在服装科技领域的深耕，于2023年5月24日正式推出，成为引领潮流的力量。该工具利用人工智能生成服装设计图，形成一种新的设计模式：通过AI生成设计图后，将设计图投入市场测试数据，随后根据市场反馈进行打样和预售，实现"小投入大回报"的设计理念。

FD大模型的AI技术支持来自西湖心辰，数据支持来自知衣科技。西湖心辰是一家由西湖大学教授、轻量级大模型ALBERT（学术引用量超4 800次）的第一作者蓝振忠领队的AI大模型公司。自2021年成立以来，西湖心辰已经研发出匹敌GPT-3.5的千亿级参数的大语言模型，并通过多款产品积累了数百万的用户。知衣科技是一家深耕服装行业的人工智能公司，多年来持续收集全球范围内的时尚数据，为服装企业提供潮流趋势分析，积累了超10亿张服饰图片与超500个服装设计标签，涉及秀场、淘宝、抖音、小红书、INS等电商与社交媒体平台。

"FASHION DIFFUSION"是一款垂直于服装行业的大模型，它涉猎服装设计的各个品类，包括但不限于女装、男装、童装、鞋靴等。这款工具不仅代表了技术创新，还体现了知衣科技和西湖心辰在设计理念上的共同追求。与传统方式相比，FD具有以下诸多优点。

（1）智能生成多风格款式

FD通过AIGC技术，根据用户的需求和偏好智能成多风格款式。不管是T台走秀风、淘宝、抖音商品风，还是INS、小红书社媒风，FD大模型都能准确识别并设计出贴合需求标准的服装图，并智能生成多张不同风格的款式图片。设计师可以通过自定义面料、颜色、风格等参数，或者上传参考款式图片，从而获得更精准的设计结果。

（2）个性化定制

利用FD，用户不仅可以参与设计的过程，还可以根据自身需求个性化定制，对服装进行快速改款，使得每一件服装的设计都具有独特性。这一特点不仅提高了用户满意度，也为服装设计师提供了更广阔的创作空间。

相较于传统的图文生成模型，FD大模型在多个方面展现出更强的市场竞争力。其在服装制造工艺、材质捕捉、人体比例协调性及潮流趋势方面均表现出色。当前，服装设计行业的核心竞争场域包括持续的创新、高效的工作流程以及降低设计成本，而 FD 大模型正是在这个竞争环境中展现了突出的专长。

FD 大模型不仅仅是一款智能设计工具，更是推动着时尚行业向"柔性生产"转变的强大力量。凭借高效设计的强大能力，FD 大模型能够缩短设计周期，使设计师和品牌能够更快速地适应市场需求。此外，利用 FD 大模型，设计师和品牌商可以在短时间内创作出大量设计方案，并通过分析消费者对这些方案的反馈，优化生产计划，从而减小库存压力。FD 大模型因此不仅提升了设计效率，还为企业提供了更智能、更灵活的生产策略，将时尚设计推向了一个新的高度。

除了 FASHION DIFFUSION 之外，还存在其他一系列 AI 生成服装设计的工具和平台，例如 GANs、StyleGAN、Deep Fashion 等。这些工具和平台采用了 GAN 等先进的 AI 技术，具备根据不同输入条件（如风格、季节、场合等）生成逼真且多样化服装图像的能力。这些图像既可作为设计师的创意灵感来源，同时也能为用户提供多样性的选择参考。

2. 个性化推荐

AIGC 技术可以根据用户的个人特征如购物历史和喜好，为用户提供定制化的产品推荐服务，从而在提升用户购物体验的同时提高商家的销售效率。以美国服装个性化定制零售商 Stitch Fix 为例，作为一家领先的个性化时尚电商公司，该公司积极探索 AIGC 的应用，利用 AIGC 技术为每一个客户定制产品推荐列表，以提升用户体验、优化供应链，以及推动时尚领域的创新。以下是 Stitch Fix 在 AIGC 领域的诸多尝试。

①个性化时尚推荐系统。Stitch Fix 倚重 AIGC 技术来构建其个性化时尚推荐系统。通过深度学习和算法模型，该系统能够准确理解用户的时尚品位、风格偏好以及季节需求。这种个性化推荐系统使得用户能够浏览到更符合其品位的服装，提高了用户购物的满意度和便利性。

②算法驱动的设计方案。Stitch Fix 利用 AIGC 技术，通过算法驱动的方式快速生成设计方案。这种方法不仅提高了设计效率，还能更灵活地适应市场趋势和用户反馈。通过分析大量数据，算法能够判断各种元素的受欢迎程度，帮助设计师更有针对性地开展服装设计。

③个性化体验和客户沟通。AIGC 技术使 Stitch Fix 能够实现高度个性化的用户体验。通过深入了解用户的购物历史、点击行为和反馈，Stitch Fix 的个性化时尚推荐系统能够智能化地与用户沟通。这不仅包括购物推荐，还包括个性化的营销活动、专属折扣和定制服务。这种个性化体验有助于建立用户忠诚度和提高品牌认知度。

④供应链和物流优化。AIGC 技术在 Stitch Fix 的供应链和物流管理中也发挥了关键作用。通过预测技术、个性化推荐算法，以及智能化的物流系统，Stitch Fix 能够更精准地管理库存、减少过剩商品，从而提高供应链的效率。这种优化有助于降低成本，提高盈利能力。

Stitch Fix 在 AIGC 领域的尝试对时尚行业带来了积极的影响。首先，个性化时尚推荐系统为消费者提供了更具个性的购物体验，打破了传统零售中的标准化模式。其次，算法驱动的设计方案和虚拟试衣间服务加速了时尚创新的速度，使得设计更富有创意。最后，优化的供应链和物流系统为时尚产业带来更高的效益，同时也推动了整个产业的数字化和智能化升级。

除了 Stitch Fix 之外，还有其他一些 AI 生成个性化推荐的工具和平台，如 Amazon、Zalando、ASOS 等。这些平台采用了多种 AI 技术，包括协同过滤、深度神经网络和自然语言处理。这些工具和平台为用户生成的个性化推荐不仅有助于用户发现更多潜在商品，还能协助商家提升转化率和留存率。这种个性化推荐系统的运用不仅提高了用户的购物体验，也为商家提供了更有效的营销手段，实现了双赢的局面。

3. 虚拟试衣

AIGC 能够生成虚拟形象，并将多样的服装应用于此形象，使用户能够在购物前预览穿着效果。这提高了用户购物满意度，同时降低了退换货的可能性。以数字时尚品牌 The Fabricant 为例，该公司运用 AIGC 技术创造虚拟服装。

The Fabricant 是由安布尔·斯洛滕（Amber Slooten）、凯瑞·墨菲（Kerry Murphy）和阿德里安娜·霍本布劳尔（Adriana Hoppenbrouwer）于 2016 年创立的，其官网于 2018 年上线。该公司致力于开辟纯数字服装的未来，成为引领时尚行业数字化的工作室。The Fabricant 采用 AIGC 技术，通过其 AI 系统根据设计师的创意生成各种独特的虚拟服装。用户可以在公司的在线平台上购买这些虚拟服装，并将其应用到个人或他人的虚拟形象上。这一过程能够让用户在数字世界中展示个性和风格，为用户创造出一种全新的时尚体验。以下是 The Fabricant 在 AIGC 领域的诸多尝试。

（1）提供数字化服装。The Fabricant 是全球第一家专门销售数字化服装的时尚品牌。这意味着该公司不依赖于物理实体服装，而是通过 AIGC 技术创造虚拟服装，使用户能够通过数字平台购买和展示时尚单品。

（2）数字时装产业。The Fabricant 致力于构建一个完全数字化的时装产业。这一构想通过数字化的服装创作、销售和展示过程，以及数字社区的建设实现。这种创新尝试引领着时尚业朝着更加数字、智能的方向发展。

The Fabricant 利用 AIGC 技术开拓时尚零售新模式，为时尚行业带来了诸多积极的影响。

（1）加速新产品的推出。采用 AIGC 技术的时尚品牌能够更快速地推出新产品。通过自动化的虚拟服装创作和设计，公司可以在更短的时间内响应市场需求，提高产品的更新速度。

（2）提高推广和营销效率。AIGC 技术不仅在创作过程中发挥作用，还可以帮助品牌更有效地推广和营销。通过虚拟形象的展示，公司能够在数字平台上进行更具吸引力的宣传，提高品牌知名度和市场份额。

（3）推动时尚业数字化发展。The Fabricant 的尝试推动了整个时尚业的数字化发展。通过数字时装产业的构建，公司在时尚业中树立了先锋形象，激发了其他品牌对数字化、智能化技术的关注和应用。

除了 The Fabricant 外，还有一些其他 AI 生成虚拟试衣的工具和平台，如 Metail、Zara、Snapchat 等。这些工具和平台采用了多种 AI 技术，包括三维建模（3D Modeling）、计算机视觉（Computer Vision）、AR 等。通过分析用户的身材、面部、姿态等数据，它们能够生成适合用户的虚拟形象，并将各种服装应用到虚拟形象上。这种技术的运用让用户能够在不同的设备和场景下体验虚拟试衣的乐趣和便利。

3.5 本章小结

1. 人工智能的发展历程与核心趋势

人工智能的发展历史如图 3-33 所示。当前，人工智能技术的发展主要聚焦于大语言模型、深度学习和强化学习等关键领域。互联网内容生产方式经历了从 PGC、UGC 到 AIGC 的演变。

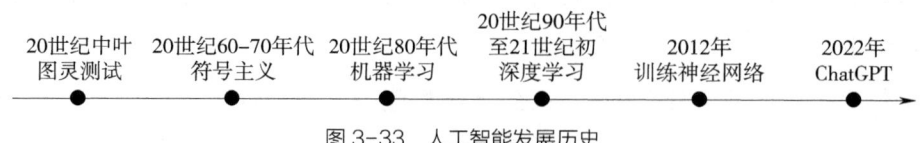

图 3-33 人工智能发展历史

2. AIGC 的技术特点和代表模型

AIGC 作为一种新兴的人工智能技术，具有自动生成、创意性、优化性、学习能力和扩展性等核心特点。在 AIGC 技术中，几种代表性的技术模型发挥了重要作用，其中最突出的包括 GAN、CLIP、Transformer、Diffusion、GPT 和 BERT 等。目前主流的生成算法有四类，即 GAN、Flow、VAE 和 Diffusion。

3. 人工智能在设计领域的应用与挑战

目前 AIGC 技术在设计中的应用广泛，在不同设计领域的不同设计阶段都发挥着巨大的作用。人工智能在创新设计中发挥的作用包括但不限于以下几个方面：作为辅助工具和技术、激发与优化创意、自动化设计和生成、个性化和定制化设计。然而，人工智能应用于设计领域仍面临一些困难与挑战：数据质量和隐私保护、算法透明度和可解释性、智能化与人性化的平衡、技术应用和设计思维的结合等。

4. 大语言模型的用户体验创新及深远影响

大语言模型与用户体验设计的融合，为创造更优质、个性化和无障碍的用户体验提供了强大的技术支持，主要体现在个性化内容生成、增强交互体验、智能设计支持和无障碍体验改善等方面。通过理解用户需求和行为，大语言模型能够提供个性化推荐、动态内容创作、自然语言交互增强及基于用户反馈的设计决策支持。这些能力不仅提升了设计的效率和个性化水平，也促进了设计的创新性和无障碍性增强。

在数字经济快速发展的当下，大模型正迅速为各行各业（包括医疗、教育、政务、媒体、汽车、时尚等行业）创新发展注入新的活力，大模型将塑造未来商业格局，推动未来社会变革，成为未来科技发展的关键驱动力。

第四章
Chapter 4

汽车构成创新设计

4.1 汽车智能座舱

4.1.1 智能座舱的概念和特征

在当今时代,汽车内部的驾驶舱的定义已不再局限于驾驶控制区域,而是扩展到了由车辆内部乘员(包括驾驶员和乘客)所在的整个空间及其包含的各种直接可用的部件(无论是电子的还是非电子的)构成的综合系统。这个广义上的座舱概念,覆盖了乘员能够直接互动的所有元素,构成了一套完整的系统。

至于"智能"这一概念,至今尚无一个全球统一的定义标准。通常情况下,任何能够基于外部环境变化或根据过往经验自主作出反应或调整状态的设备或机器,都可被认为拥有一定程度的智能。因此,如果汽车座舱内的设备能够根据环境变化或乘员行为、状态等自主调整或作出响应,那么这样的座舱可以被称为"智能座舱"。然而,目前所谓的"智能"实质上仍处于自动化的初级阶段,依赖预设的条件输入来触发特定的动作,这意味着智能座舱的发展之路还很长。尽管如此,由于智能化是一个不断进步的过程,智能座舱的概念预计将持续演进,未来有巨大的成长和创新潜力。

随着技术的发展,设备之间的功能界限变得越来越模糊。正如手机从仅能进行通话和发送短信的单一通信工具演变成整合了众多功能的个人移动终端一样,汽车座舱内的设备也正从单一功能向多功能融合与相互作用的方向发展。如今,座舱配置已成为衡量汽车创新和差异化的关键指标之一。

在传统的燃油车时代,动力性能是定义汽车市场竞争力和档次的关键。动力性能的不同直接影响了汽车的价格定位,其中,发动机的缸数是区分汽车差异化的强有力指标。尽管座舱配置也是衡量汽车豪华程度的一个重要标准,但它往往与动力性能相匹配。然而,随着电动汽车时代的到来,座舱配置已经成为汽车制造商竞争的焦点,成为除整车设计外最重要的创新领域。电动汽车的加速性能通常优于燃油车,电动车提升动力性能最简单的方式是增加电机的输出功率和数量。电机是一种成熟、几乎标准化的产品,任何汽车制造商都能从市场上获得,这使得动力系统的竞争不再仅仅是技术实力的较量,传统汽车企业的优势已逐渐消失。对于大多数消费者来说,百公里加速时间已不是选车的主要考虑因素,因为市场上大多数电动汽车的加速时间都能达到7秒以内的水平,并且若有需求,这个时间可以进一步缩短。此外,随着电池技术的不断进步,续航能力也不再是限制电动汽车性能的主要因素，大多数用户的日常用车需求已能得到满足。

以上种种因素造成电动汽车的基本属性同质化严重，在这种情况下，座舱成为车企吸引更多消费者的主战场。事实上，座舱中的各种设备、功能的同质化情况也并不乐观，其中原因主要是硬件设备的生产与制造大多还是由供应商完成，各个车企都可以获得。于是，竞争的焦点转移到座舱的设计上：如何在各种硬件设备的使用上既别出心裁，又能充分体现品牌调性，还能满足车型成本限制。从图4-1所示的调研结果中可以看出，智能座舱已经成为影响中国用户购车的主要因素之一。

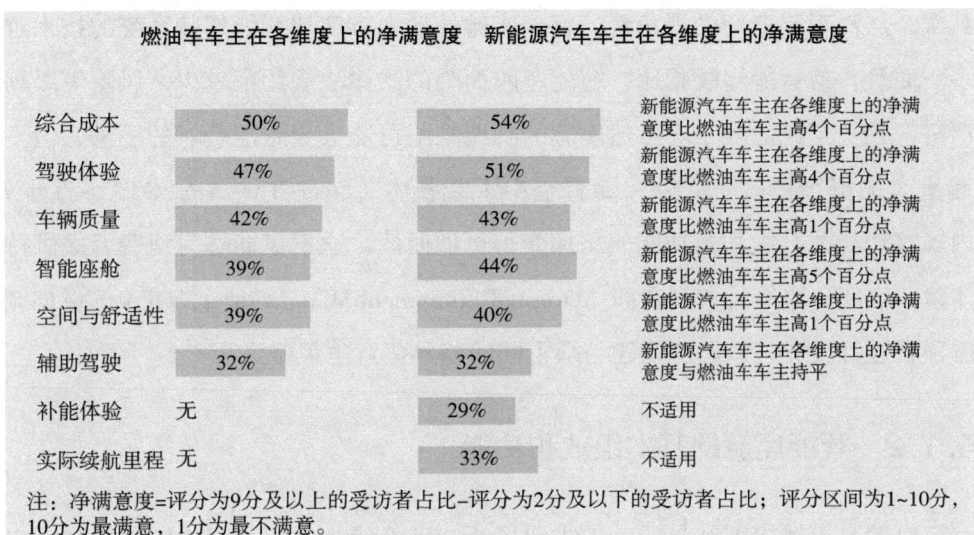

（a）与燃油车车主相比，新能源汽车车主在各维度上均表现出更高的满意度

资料来源：麦肯锡中国汽车消费者调研，2024。

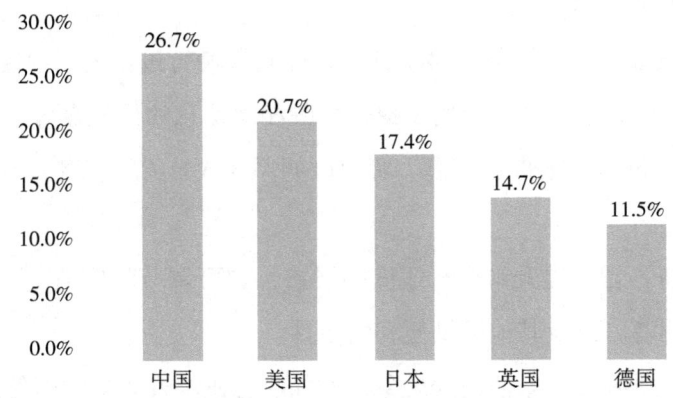

（b）全国用户购车决策中座舱智能科技的影响比例

资料来源：IHS Markit调研，2021。

图4-1 座舱智能配置对购车决策的影响

在汽车行业内，座舱成为各大厂商竞争的焦点似乎是自然而然的事情，这主要归因于两方面的考量。

首先，从消费者的角度出发，座舱是他们最直接接触并感受车辆功能和性能的地方，同时也是判断汽车智能化水平的重要场景。对年轻消费者来说，一个设计精良的座舱能极大地吸引他们的兴趣。近年来，随着智能座舱逐渐成为汽车销售的重要亮点，结合消费者对智能手机等电子产品的高度依赖，座舱成为一个集成高度期待的智能化环境，特别是在驾驶和乘坐这一特定的应用场合中。

其次，从汽车制造商的视角看，智能座舱的技术难度比智能驾驶系统的技术难度要低得多。而且，与智能驾驶相比，智能座舱面临的法律法规约束较少，风险等级划分不那么严格，且安全风险较小。虽然座舱的功能缺陷可能会导致消费者的不满，但不太可能引起重大的安全事故。此外，随着空中下载技术（Over-The-Air，OTA）逐步普及，座舱内现有功能的升级和新功能的添加变得更加便捷，这不仅能够为消费者提供持续的新鲜体验，也使得原始设备制造商（Original Equipment Manufacturer，OEM）更加倾向于在座舱领域进行投资，以迅速构建与众不同的差异化竞争策略。

4.1.2 智能座舱的基本组成和功能

汽车座舱是车辆内部乘员活动的主要场所，已经成为人车交互的核心舞台。它不仅关乎乘员的舒适和安全，也融合了众多功能与技术。根据其功能，汽车座舱中的设备大体可以分为以下四个类别。

①驾驶控制设备：这类设备是驾驶员用以控制车辆行进方向、速度等核心功能的设备，包括方向盘、踏板、换挡杆及用于提供驾驶相关信息的仪表盘等。

②安全设备：包括安全带、气囊、紧急呼叫系统（E-Call）等，旨在保护驾乘人员的安全。

③舒适性设备：旨在提升乘员舒适度的设备，如可调节的座椅、空气质量和温度控制设备、内部照明等，以及其他提供便利的附件。

④娱乐设备：供乘员娱乐使用的设备，例如收音机、音乐播放器等。

随着汽车行业"新四化"（电动化、智能化、网联化、共享化）的发展，汽车座舱作为与用户互动最密切、应用场景最多样、技术更新最快的系统，迎来了发展的黄金期。"智能交互"成为汽车座舱技术发展的核心，旨在为用户提供更加智能化的产品和更优质的交互体验，其未来发展趋势主要体现在以下几方面。

1. 更智能的产品

在自动驾驶技术成熟前，智能座舱作为最易被用户感知的创新成果之一，随着技术进步将提供更多智能化产品。智能座舱覆盖了内饰、外饰以及电子设备的创新，代表了汽车"新四化"趋势的一个重要方向。从全球车企的概念车发布到国际消费类电子产品展览会（International Consumer Electronics Show，CES）展出的最新产品，智能座舱发展显示出以下特征。

①汽车座舱的显示屏技术正经历一场革命，从传统的小型平面矩形屏幕渐渐演进到大型的曲面显示屏及多屏联动系统，功能显著扩展。这一技术的飞跃得益于域控制器技术的进步。在过去，座舱的设计基于若干独立的子系统或模块，每个系统犹如孤立的岛屿，限制了多屏联动等复杂电子功能的实现。而现在，座舱域控制器的出现，为汽车座舱提供了一个集中式的计算平台，使全数字化仪表盘、信息娱乐系统、全景摄像头、驾驶员监控及面部识别等功能得以无缝整合，标志着一个全新的智能座舱时代的来临。

②智能座舱正逐步发展为一个能够"读懂用户"的智能系统，通过细腻的情感化交互，与驾驶员和乘客形成情感连接的整体。图4-2所示的数字情感交互概念车（Dee），是宝马（BMW）对未来数字出行愿景的灵感呈现与大胆表达。这款概念车通过"面部"表情与用户进行情感共鸣。前大灯和封闭式BMW双肾型格栅融为一体，呈现出一个实体与数字结合的界面，能够表达喜悦、惊讶或赞同等情感，实现与用户的亲切互动。

③智能座舱正在成为塑造舒适"第三空间"的关键，使汽车从单纯的出行工具转变为一个智能移动空间。众多汽车品牌正推出创新概念，如"女王副驾"设计，通过取消传统的前排乘员座位并引入腿托、侧置大桌板、台灯和杯架，甚至车顶的折叠屏幕，为乘员提供影音娱乐等功能，将座舱打造成一个可移动的高舒适性娱乐或办公空间，这样的设计允许用户根据不同的使用需求个性化定制座舱，能够为用户提供多样化空间使用体验。

这些革新不仅体现了智能座舱技术的飞速发展，也预示着未来汽车座舱在提升驾驶与乘坐体验方面的无限可能性。随着技术的不断突破和创新，未来的汽车座舱将更加智能、舒适和个性化，为用户提供前所未有的乘车体验。

图 4-2　宝马数字情感交互概念车（Dee）
图片来源：宝马官网。

2. 更好的交互体验

随着互联网、5G、物联网，以及当前备受瞩目的 AI 技术的迅猛发展和持续迭代，我们正见证着汽车人机交互领域的一场革命。智能座舱作为这场变革的前沿，正在通过各种使用场景的融合，将其核心功能聚焦于提升易用性、满足用户体验感，以及更贴合用户情感需求。

自动驾驶技术的发展，尤其是从 L2 级向 L5 级的快速进步，标志着汽车驾驶理念正从"人适应机器"转变为"机器适应人"。这不仅改变了汽车信息展示的内容——从简单的车速、转速信息转变为更复杂、多维的数据，也拓展了信息显示的空间——从传统的仪表盘、中控台扩展到车辆的内外饰，使得许多传统零件成为新的信息展示介质。

在被动展示信息的基础上，主动交互的发展同样迅速。座舱系统能够主动向驾驶者或乘客提供信息、警告或娱乐内容，而这种交互无须用户发起。系统会根据上下文、用户习惯或安全需求自动提供相关服务。例如，智能安全提醒能在检测到潜在碰撞风险时主动发出警告；疲劳驾驶监测通过分析驾驶员的行为和生理指标来判断其是否疲劳，并及时发出提醒。这些主动交互不仅增强了安全性，还提升了人车之间的情感连接，通过个性化的娱乐和信息服务，如推荐音乐或新闻，优化了乘员的乘车体验。

简而言之，回应用户的情感需求、提供更好的交互体验将是智能座舱的另一核心发展趋势。"新四化"的浪潮已然涌起，传统座舱面临着新一轮的发展机遇，要在坚持品质的基础上紧跟时代脉搏，不断突破创新，向着为用户提供更智能化的产品、更舒适的交互体验的方向不断进步。

4.1.3 智能座舱体验设计的重要性

直至20世纪90年代早期，产品与系统的开发焦点主要集中在其可用性上。随着时间的推移，开发者们开始逐渐意识到，与产品和系统的交互体验远不只是简单地掌握如何使用它们，而是涉及用户的全方位情感体验，包括情绪、信念、期望以及用户的过往经历。在这个范畴内，信念被视为驱动产品使用的关键动机理论的核心要素之一。在众多理论中，计划行为理论（Theory of Planned Behavior）[12]尤其引人注目，该理论由心理学家艾克·阿杰肯（Icek Ajzen）于1991年提出，指出了影响人们行为的五个关键因素（图4-3）。

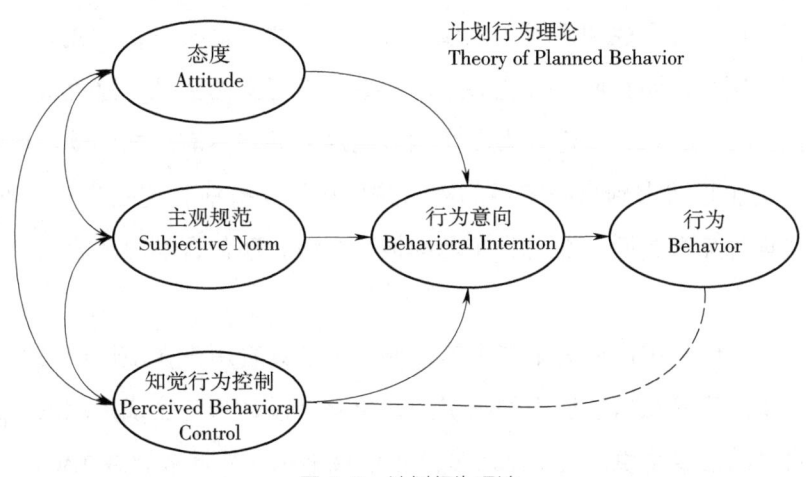

图4-3 计划行为理论

① 态度（Attitude）。态度指个人对某一特定行为持有的积极或消极看法，基本上是个人对特定行为结果的信念经过概念化后形成的，因此，态度可以被理解为个人对该行为可能结果的信念。

② 主观规范（Subjective Norm）。主观规范关涉到个人感觉到的社会压力，即他们认为那些重要的他人或群体期望他们是否该执行该行为的压力。

③ 知觉行为控制（Perceived Behavioral Control）。知觉行为控制反映了个人基于过去经验和预期在未来遇到的障碍，认为自己执行某种行为的能力。这不仅关系到对行为结

果的预期，也直接影响人们对执行该行为的信心。

④行为意向（Behavioral Intention）。行为意向指的是个人对执行某个特定行为的意愿强度，它体现了个人对于实际执行该行为的主观可能性的评估。

⑤行为（Behavior）。行为即个人实际上采取的行动。

同时，用户与产品或系统的情感交互体验，受到先前经验和个人期望的显著影响，成为了设计中的一个重要考虑点。国际标准化组织（International Organization for Standardization，IOS）发布的ISO9241-210标准将用户体验定义为"个人由于使用或预期使用某个产品、系统或服务而产生的感知和反应"，强调用户体验不仅关乎操作的流畅性，更关乎用户在使用过程中的感受和情绪反应。这一定义扩展了我们对产品和系统设计目标的理解，从满足基本的功能性需求，转向满足用户更深层次的情感需求和为用户提供更为丰富、满意的使用体验。

马克·哈森扎尔（Marc Hassenzahl）的用户体验模型提出了一个全面的视角，将产品或系统的有用性、可用性和乐趣作为核心要素。在这一框架下，首先要考量的要素是产品或系统的实用性，即它们是否能够让用户参与有意义的活动。这里借鉴了马斯洛的需求层次理论，将"有意义"定义为那些能够满足人类基本需求的活动。该理论将人类的需求从基本的生理需求到自我实现的需求按层次结构排序，包括生理、安全、社会、尊重和自我实现等需求层面。在自我实现的最高层级，还包含学习和成长、审美和超越自我等元素。

紧接着，产品的易用性成为第二个考量要素，意味着用户在使用产品时应当轻松无阻。第三个要素是产品在情感层面的吸引力，也就是说，与产品或系统的交互应该在情感上给用户带来满足或愉悦，至少不应该产生消极情绪，如挫败感或烦恼。

如果一个产品或系统能够在这三个要素上做到优秀——提供有意义的功能、易于操作并且在情感上令人愉快，那么它就能够提供优良的用户体验。

ISO的定义进一步阐释了用户体验不仅包括用户在使用产品或系统过程中的实际感受，也包括用户对产品的期望。具备相同功能的不同产品可能因为用户对它们的期望不同而导致用户产生截然不同的体验感受。期望可能源于多种渠道，如广告、之前使用该品牌产品的经验、媒体评论或是家人和朋友的推荐。因此，广告宣传应该避免过度夸大其词，以防用户实际体验后感到失望。

用户体验的定义似乎包含许多方面，如记忆也被认为是用户体验的一个组成部分。

考虑到人们与产品或系统的交互会随着时间的推移而变化，评估一次瞬间交互如何影响总体的用户体验变得颇具挑战性。是简单地将所有瞬间体验求平均，还是存在更复杂的关系？诺贝尔经济学奖得主、心理学家丹尼尔·卡尼曼（Daniel Kahneman）提出的峰终定律为此提供了一种解释（图 4-4）。该定律认为，人们的记忆体验主要受到高峰时刻（无论是积极还是消极的）和互动结束时刻的经历影响。例如，一年中使用车载系统的经验可能不如一次交通事故在用户心里留下的印象深刻。因此，设计时应尽量减少负面体验，因为它们会对用户整体体验产生重大影响。同时，设计者也需要关注交互结束时的体验，因为它可能同样是塑造总体用户体验的关键因素。

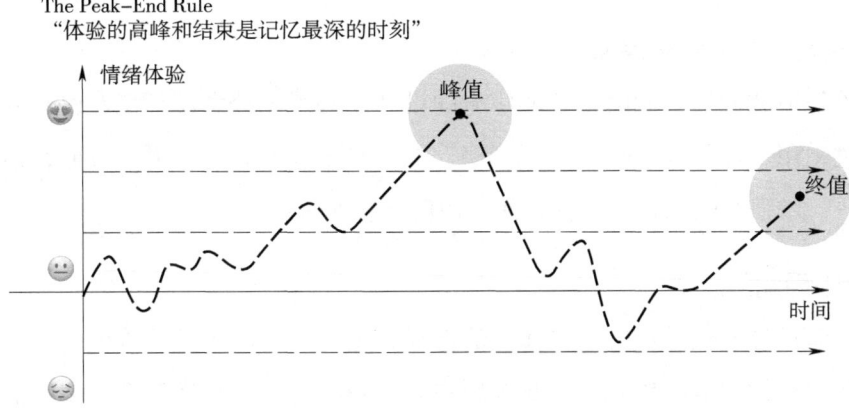

图 4-4　峰终定律

在当今这个科技飞速发展的时代，汽车的功能已经远远超越了交通工具的基本范畴，其演变为一个配备了尖端技术的移动智能空间，为用户带来了空前的舒适性、便利性以及高度个性化的体验。在这一转变中，智能座舱作为与用户直接交互的关键区域，其设计和用户体验的优化成为不可忽视的重点。对于设计师而言，提升智能座舱的用户体验可以从以下几个关键方面入手。

1. 以用户为中心的设计理念

设计优秀的智能座舱体验应始终遵循以用户为中心的设计理念。这意味着深入理解用户的需求和偏好至关重要，包括用户对乘车环境舒适度的要求、对娱乐系统操作便捷性的期望，以及对信息交互直观性的偏好。通过深入的用户研究和测试，设计师可以真实地把握用户体验，据此设计出既实用又美观，满足用户需求的智能座舱。

第四章　汽车构成创新设计

2. 技术创新的整合应用

随着人工智能、物联网和大数据等前沿技术的快速发展，智能座舱设计的创新空间不断扩大。这些技术的融合不仅让智能座舱的功能变得更加强大，也大幅度丰富了用户的个性化体验。例如，利用人工智能技术，智能座舱可以学习并适应用户的习惯，自动调整座椅和空调设置，甚至预选用户偏好的音乐。

3. 打造个性化体验

现代用户越来越渴望个性化和定制化的产品体验。智能座舱可以通过提供多样化的定制选项，如个性化的界面主题、根据用户心情和场景变换的灯光系统，以及个性化的娱乐内容推荐，使每个用户的乘车体验都独一无二。

4. 环境与安全的双重保障

在追求舒适和便捷的同时，智能座舱的设计还必须充分考虑环境友好和安全性。一方面，通过采用环保材料、优化能源管理，减少对环境的影响；另一方面，借助高级传感器和算法，增强车辆的自动驾驶功能，以降低安全风险。

5. 提升品牌价值

智能座舱设计不仅是提升用户体验的途径，也是提升汽车品牌价值的关键。一个创新、舒适且安全的智能座舱能深刻影响用户对品牌的忠诚度和满意度，帮助品牌在激烈的竞争市场中脱颖而出。

通过坚持以用户为中心的设计哲学，整合最前沿的科技创新，创造独特的个性化体验，同时不忘环境保护和安全性，智能座舱设计致力于实现超越期待的驾乘体验，并在持续的技术进步驱动下，不断将智能化舒适性、安全性及出行愉悦感提升至新的高度。

4.2 人机交互与用户体验

4.2.1 人机交互的基本原理和设计准则

人机交互（Human Computer Interaction，HCI）是一门专注于设计、评估和实现人与计算机系统之间的交互界面的学科，旨在使这些交互更加有效、高效、安全、有趣。

HCI融合了计算机科学、心理学、社会科学、设计学等多个学科的理论与方法，以达到提升用户体验的目的。以下是人机交互领域的一些基本原理和设计准则，以及它们在设计过程中的应用。

1. 人机交互的基本原理

①用户中心设计（User-Centered Design，UCD）。用户中心设计强调从用户的需求、期望、限制出发进行设计，确保最终产品能够满足用户的实际使用需求。这意味着在设计的每一个阶段都需要考虑用户的反馈和参与，从而确保产品设计能够真正解决用户问题。

②可用性（Usability）。可用性是衡量用户使用产品时的效率、效果和满意度的标准。高可用性的产品应易于学习、能够高效使用、犯错频率低，并且使用户在使用过程中感到满意。

③可访问性（Accessibility）。可访问性确保所有用户，包括身体残疾人士，都能使用产品。这意味着设计应考虑到多样的用户群体，如视觉、听力、运动能力受限的用户，使他们也能无障碍地使用产品。

④交互设计（Interaction Design）。交互设计关注用户如何与计算机系统交互，以及系统如何响应用户操作。它强调创建直观、易用的UI，使用户能够自然而然地完成任务。

2. 设计准则

①一致性（Consistency）。保持界面元素在不同页面和功能中的一致性，有助于提升用户的学习效率，提高用户的预测性和舒适度。一致性可以通过统一颜色方案、字体、按钮样式等方式实现。

②反馈（Feedback）。系统应提供即时反馈，让用户知道他们的操作是否成功，以及当前系统状态。反馈内容包括简单的动作确认、加载指示器、错误消息等。

③效率（Efficiency）。设计应考虑到让用户快速完成任务的方法，包括使用快捷键、自动完成、自定义设置等。效率设计准则不仅能提高专业用户的工作效率，还能提升普通用户的使用体验。

④简洁性（Simplicity）。界面应避免不必要的复杂性，提供清晰、直接的导航路径和操作方式。过于复杂的设计会增加用户的认知负担，影响用户的使用体验。

⑤容错性（Error Handling）。良好的设计应减少用户犯错的机会，并为用户提供清晰的错误信息以及解决问题的方法。这包括使用确认对话框预防潜在的危险操作、提供撤销功能等。

⑥可控性（Control）。用户应感觉到他们对系统有足够的控制权，可以自由地进行选择和修改。这包括让用户能够轻松地导航、撤销操作和自定义设置。

⑦适应性和个性化（Adaptability and Personalization）。系统应能根据用户的行为、偏好和需求为用户提供个性化体验。通过分析用户数据和允许用户定制界面或功能，可以提升用户的满意度和效率。

3. 实施设计准则

实现上述设计准则的过程通常涉及广泛的用户研究、原型制作、用户测试和迭代设计。用户研究可以帮助设计师理解目标用户群体的需求和行为模式。原型制作和用户测试则允许设计师验证设计方案的有效性，并根据反馈进行必要的调整。迭代设计意味着设计过程是循环的，不断反复，以逐步改进产品。

人机交互的目标是创造出既满足用户需求又具有良好用户体验的产品。通过遵循上述原理和设计准则，设计师可以更有效地实现这一目标。然而，值得注意的是，这些设计准则并非一成不变的，应根据特定情境和用户群体的特定需求灵活应用。随着技术的发展和用户需求的变化，人机交互领域也将不断进化，但其对提升用户体验的追求始终不变。

4.2.2 用户体验设计的概念和方法

用户体验设计（User Experience Design，UX Design）是指在产品设计过程中，从用户的角度出发，全面考虑用户与产品交互时的感受、需求和满意度，旨在为用户提供更加人性化、易用、有趣的体验。用户体验设计不仅关注产品的功能性，还关注用户使用产品的每一个环节和感受，涵盖可用性、可访问性、互动设计等多个方面。

1. 用户体验设计的概念

用户体验设计的核心目标是提升用户的满意度，通过改善产品的易用性、可访问性和愉悦性来增强用户对产品的好感和忠诚度。这需要设计师深入理解用户的需求、偏好和使用场景，从而设计出既满足用户需求又具有良好感官体验的产品。

2. 用户体验设计的原则

①用户为中心（User-Centered）：用户体验设计的核心是用户，所有的设计决策都应以用户的需求为中心。

②全面性（Holistic）：用户体验包含用户与产品接触的所有方面，包括使用前、使用中、使用后的体验。

③可用性：产品应易于使用，用户可以快速学会如何使用，并且在使用过程中感到满意。

④情感化设计（Emotional Design）：产品设计应引起用户的正面情感反应，包括愉悦、信任和安全感等。

⑤可访问性：设计应考虑到所有用户，包括老年人和残障人士，确保产品对他们来说也是可用的。

3. 用户体验设计的方法

用户体验设计的方法论包括但不限于以下几种。

①用户研究（User Research）：用户研究是了解用户需求和行为的基础。通过访谈、问卷调查、用户观察等方法收集用户数据，帮助设计师深入理解目标用户群体。

②人物角色（Personas）：基于用户研究数据，创建典型用户的虚构角色，帮助设计团队深入理解用户需求，从而作出更符合用户期望的设计决策。

③使用情境（Scenarios）和用户旅程图（User Journey Maps）：描述用户在特定情境下与产品互动的过程，从用户的角度出发，描绘用户的行为、想法和感受，以便设计出更符合用户实际使用情境的产品。

④原型设计（Prototyping）：通过创建可交互的原型，快速迭代产品设计。原型可以是纸上的草图，也可以是高保真的交互式模型，目的是尽早发现问题并解决问题。

⑤可用性测试（Usability Testing）：邀请真实用户参与测试，观察他们使用产品的行为和反应，收集反馈，以便不断优化产品的用户体验。

⑥界面设计（Interface Design）：界面设计关注产品的视觉表现和互动设计，包括布局、颜色、字体、图标等元素的设计，以确保产品不仅功能丰富，而且外观吸引人。

⑦交互设计（Interaction Design）：交互设计关注用户和产品之间的交互方式，设计易于理解和使用的交互模式，以提高产品的可用性和用户满意度。

⑧内容策略（Content Strategy）：内容策略涉及产品中使用的文字、图片、视频等内容的规划和设计，确保内容对用户有价值，易于理解，并且与整体设计风格协调一致。

用户体验设计是一项复杂而全面的工作，它要求设计师不仅要具备扎实的设计技能，还要深刻理解用户心理和行为。通过持续的用户研究、原型迭代和用户测试，不断地收集用户反馈并优化设计，可以显著提升产品的用户体验，进而提高用户满意度和产品的市场竞争力。用户体验设计不是一次性的任务，而是一个持续改进的过程，随着用户需求的变化和技术的发展，设计师需要不断地调整和优化设计，以满足用户的期望和需求。

4.2.3　实践案例分析：汽车智能座舱体验管理工具构建流程与方法

本案例通过开展企业用户访谈，深入了解了客户体验管理工作的实际需求；对汽车智能座舱领域及体验流程进行了更深入的研究，基于客户体验管理工具的可供性要素，归纳总结了汽车智能座舱体验管理工具的构建方法与运行流程。

4.2.3.1　企业用户调研

1. 调研目的、人群

本次企业用户调研邀请了来自员工超千人企业的 76 名从事客户体验管理的工作人员。调研以客户体验管理为中心，了解企业开展客户体验管理的主要目的与具体步骤，洞察客户体验人员在工作中的实际需求而非主要以工具为调研对象，避免忽略核心诉求、拘泥于现有功能与细节。

通过结合客户体验管理工具用户的视角，总结客户体验管理工具的可供性要素及相关内容，从而制定具体的实施步骤，指导构建更好的客户体验管理工具，企业利用此工具能够开展更加高效的客户体验管理工作。

2. 调研方法、内容

如表 4-1 所示，本次调研主要采用线上访谈的方法，首先了解企业的客户体验管理的工作内容、流程与方式，了解员工的真实需求与他们的痛点。同时，访谈围绕客户体验管理工具的可供性要素设计了一些问题，如与客户接触的触点与渠道、收集客户数据的方式、分析数据的手段、呈现数据的方式，并根据 Qualtrics XM Institute 提出的六项体验管理能力模型，要求调研受访者完成客户体验能力和成熟度的评估，以确认客户体验各项能力的重要性。

表 4-1 调研内容设计

调研组成	调研内容设计
线上调研问卷	在线上向从事客户体验管理工作的企业员工发放大量调研问卷，以获取各企业开展客户体验管理的现状、具体内容，并对各企业客户体验管理的各项能力进行评估。 具体题目设计： ①是否有集中的客户体验团队和领导 • 你的组织有集中的客户体验小组吗？如果有，小组成立多久了？ • 你的组织有负责跨产品和渠道客户体验的高管吗？如果有，有多久了？ ②你认为 2022 年客户的需求将如何变化？ ③客户体验管理工作的优先执行事项 • 你认为哪些业务目标对公司开展客户体验管理最重要？ ④评估客户体验管理的技术、能力和文化 • 你如何评价你的组织在以客户为中心的文化、客户体验技能和能力、支持客户体验管理工作的技术方面的表现？ ⑤获取客户体验反馈的渠道及有效性 • 你的组织通过哪些互动渠道和方式来获取客户体验反馈？ • 如何评价你的组织与客户互动的各种渠道的效果？ ⑥跨渠道互动数据的统一性及可见性 • 如何描述组织与客户互动的渠道之间的统一程度？ • 哪个陈述最符合你的组织与客户互动的可见性？ ⑦哪些是你的组织的核心客户体验指标？ ⑧你认为哪些是客户体验管理工作的重大障碍？ ⑨最普遍的客户体验管理工作技能 • 在 20 项客户体验管理工作技能中，为最常用的 10 项客户体验管理工作技能排序 • 在 20 项客户体验管理工作技能中，为最不常用的 10 项客户体验管理工作技能排序
半结构化访谈	从填写调研问卷的员工中选取 7 名，根据他们的回答对其进行一对一的半结构化访谈，旨在深入了解实际工作中的感受与痛点，找到设计机会点
	核心内容： ①具体描述与客户互动的渠道之间的统一程度 / 可见度低的原因 ②对收集到的数据反馈进行后续分析与整理 ③指出客户体验管理工作的重大障碍，并描述具体原因 ④具体描述在日常工作中的工作效率、体验及效果，并提出自己的想法或建议

3. 调研结果展示

调研共回收了 76 份问卷，获得了 6 名客户体验管理工作人员的深入访谈结果。调研的重点结果主要包括以下几点。

①客户需求在不断提高。满足或超越客户需求被认为是开展客户体验管理工作的首要任务，其次才是获得利润（图 4–5）。

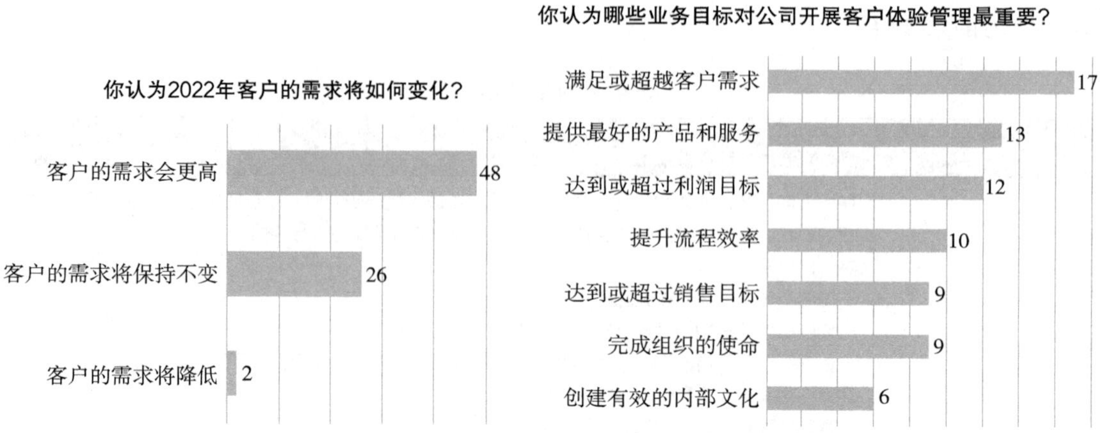

你认为2022年客户的需求将如何变化？
客户的需求会更高
48
客户的需求将保持不变
26
客户的需求将降低
2
你认为哪些业务目标对公司开展客户体验管理最重要？
满足或超越客户需求
17
提供最好的产品和服务
13
达到或超过利润目标
12
提升流程效率
10
达到或超过销售目标
9
完成组织的使命
9
创建有效的内部文化
6

图 4–5　客户需求变化与客户体验管理的业务目标相关问题调查结果

②很少有团队在真正统一的环境中运作。客户互动渠道的统一是全渠道管理客户体验的一个重要组成部分，因为它可以实现对客户的全方位观察。然而，只有不到三分之一的团队完全统一了与客户互动的渠道（图 4–6）。

如何描述组织与客户互动的渠道之间的统一程度？
完全不统一：4（5.3%）
完全统一：9（11.8%）
有些统一：19（25%）
非常统一：25（32.9%）
一般：19（25%）
完全统一
非常统一
一般
有些统一
完全不统一

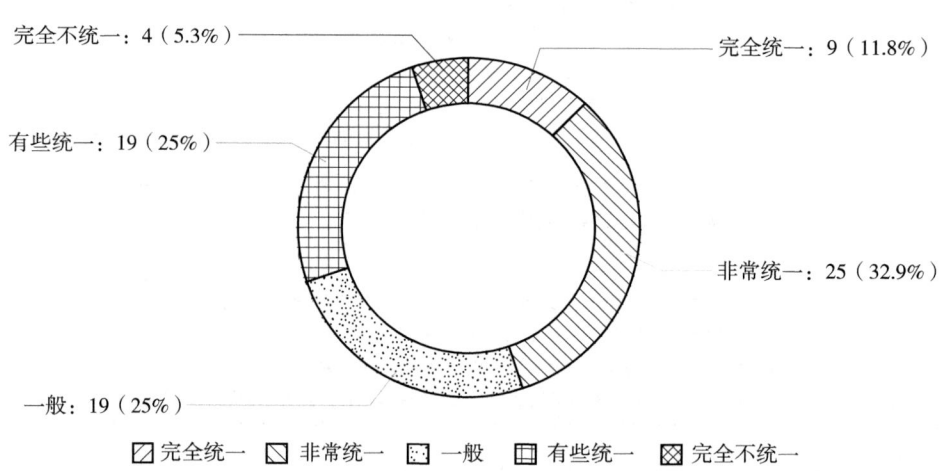

图 4–6　组织与客户互动渠道之间的统一程度调查结果

③大多数组织缺乏与客户互动的可见性。近三分之二的被访者表示,他们的组织与客户的互动可见度有限或为零。他们希望与客户互动的全部渠道数据都能被收集。通过访谈得知,由于组织分工的问题,不同渠道的数据权限掌握在不同部门手上,申请查看与调用比较麻烦(图4-7)。

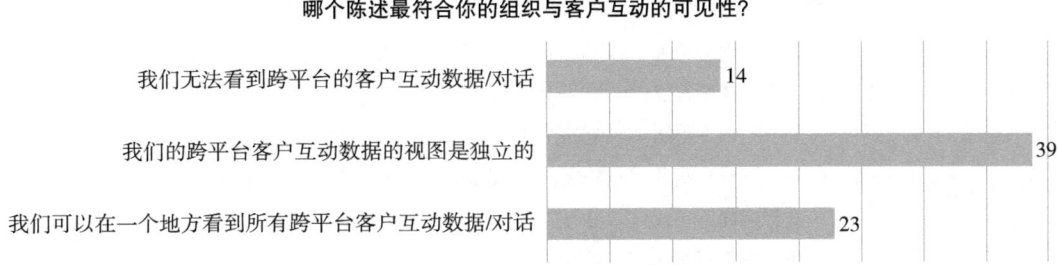

图4-7　组织与客户互动的可见性调查结果

④大部分组织都有内部的核心客户体验指标。其中大多数组织会将净推荐值(Net Promoter Score,NPS)作为自己的核心指标。根据指标数据可以更好地观测与对比(图4-8)。

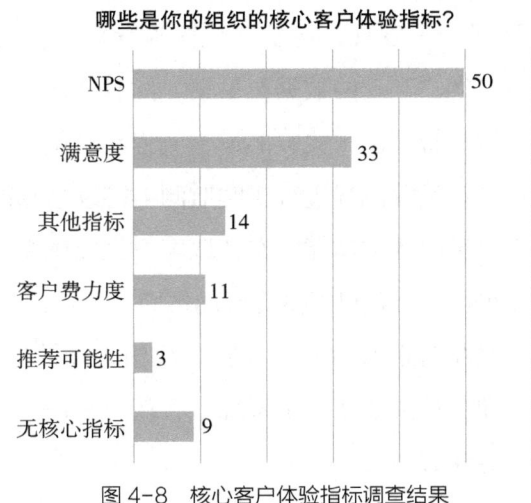

图4-8　核心客户体验指标调查结果

⑤其他竞争性优先事项和跨系统的数据整合是企业内部开展客户体验管理的最大障碍。受访者更倾向获取客户体验反馈数据和分析从而作出关键决策。前期要花费不少时间收集与整合不同系统中的数据,且很多情况下有些需要的数据各系统中都没有。呈现数据报告的时候也要花费很多时间去分析大量数据,从数据中找到问题并输出结论。由

于没有特定的工作流程和系统管理，这项工作与其他更加具象的工作任务相比更"隐形"，在所有工作事项中的优先级较低，工作进程较为缓慢（图4-9）。

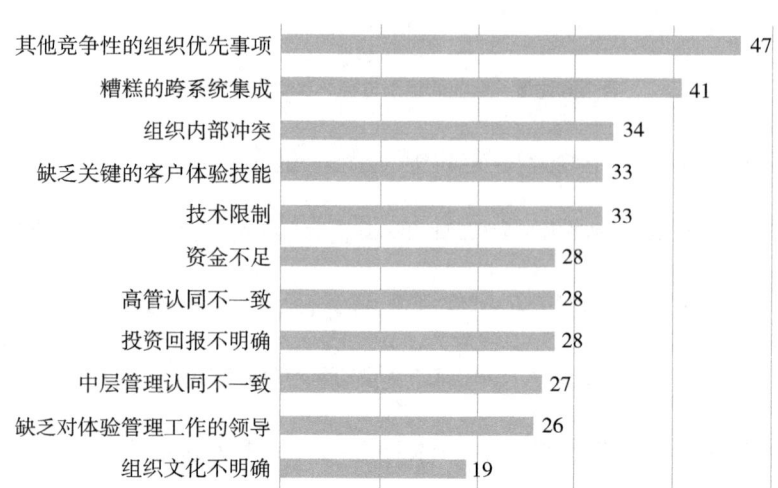

图4-9 开展客户体验管理工作的重大障碍调查结果

4. 调研结果分析

通过分析企业用户调研结果发现，从事客户体验管理工作的企业员工更希望能系统地全面掌握从不同渠道与客户互动的数据与反馈，同时将体验管理工作与日常工作融合，从而更方便地将客户体验管理注入关键的运营流程和系统，以便他们能确定各事项的优先级。根据上述洞察，对运营流程进行实时监测与持续推动改进；可以考虑在客户体验管理工具中增设人工渠道服务或功能，在获取客户全面感受与反馈的同时，与客户及时沟通、帮助客户解决问题，为客户提供更好的体验。

企业用户希望能全面便捷地收集客户体验数据反馈、高效地整理与分析数据结果、将客户体验管理相关数据和流程集成在一个系统里管理与操作，这三部分是企业员工开展客户体验管理工作的重要诉求。

4.2.3.2 汽车智能座舱中的客户体验流程与场景

汽车智能座舱的体验管理包括：梳理并归纳在汽车智能座舱中客户的用车旅程；描述客户在整体过程中各个体验节点的详细状态；分析各个环节上客户的体验质量。

汽车智能座舱的客户体验包括八大主旅程,即"准备出发—车中落座—车辆行驶—特殊情况—停车小憩—再次出行—车辆到达—驾乘回忆"。该用车旅程围绕着"大多数人""大部分时间""通常的出行目的""经常去的地点类型""用车时的高频操作"和"常用的交互习惯"构建。以八大旅程为基准,以下是将主旅程拆解后的细分场景(不限于列举出的具体场景),如图4-10所示。

(1)准备出发

无论驾乘者用车去何处,都能够在驾乘者上车前为其营造舒适的车内环境,并且能使驾乘者快速找到车辆。

①家中遥控:在家中通过手机提前进行舒适度或安全性等功能设置。②寻找车辆:根据导航定位或凭借记忆找到停车的位置。③接近车辆:接近车辆后开闭车门/后备箱及车钥匙的智能化表现。

(2)车中落座

为了给驾乘者营造轻松愉悦的行车驾驶环境,从启动车辆开始,调整座椅、播放驾乘者喜欢的音乐、设置导航,等等,在行车前做好一系列准备。

①启动车辆:启动车辆时,选择系统速度和启动方式。②调整舒适度:设置座椅、方向盘、空调等让驾乘者能够获得舒适的出行体验。③偏好预设:针对屏幕响应、界面风格、语音部分功能、定制能力进行功能设置。④播放音乐:使用自带音乐娱乐系统或连接手机播放音乐。⑤车机手机互联:车机与移动设备连接,方便操作。⑥导航准备:启动导航,搜索目的地。

(3)车辆行驶

为了更安全和便捷地找到自己所需的信息或功能,需要通过语音等方式进行操作。

①变更目的地:通过语音操作调整导航目的地。②联络好友:通过蓝牙电话语音呼叫联络人。③语音随行:全车通过语音进行交互。④了解车辆信息:了解用电、用油、导航等情况。⑤调整环境:通过语音控制空调、座椅舒适度等。⑥驶入高速:语音交互抗干扰能力及交互安全能力。

(4)特殊情况

旅程中如发生故障或事故,车机系统会及时对故障进行监测并提供相应的救援服务。

①偶发故障:车辆异常或需要保养时,系统及时检测与提示。②发生事故:人或车遇到紧急情况时,系统快速提供有效的解决渠道。

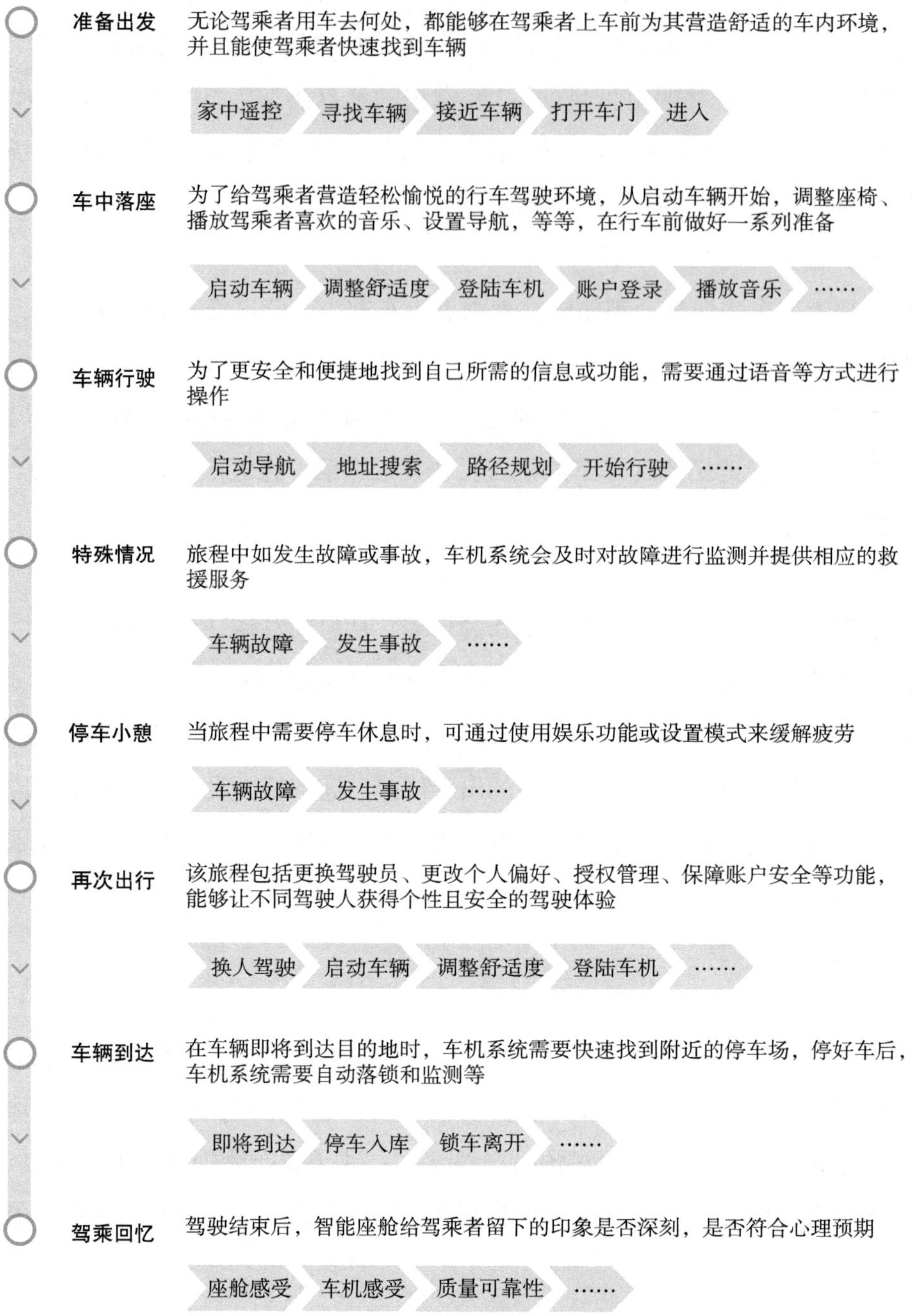

| 准备出发 | 无论驾乘者用车去何处，都能够在驾乘者上车前为其营造舒适的车内环境，并且能使驾乘者快速找到车辆 |

家中遥控　寻找车辆　接近车辆　打开车门　进入

| 车中落座 | 为了给驾乘者营造轻松愉悦的行车驾驶环境，从启动车辆开始，调整座椅、播放驾乘者喜欢的音乐、设置导航，等等，在行车前做好一系列准备 |

启动车辆　调整舒适度　登陆车机　账户登录　播放音乐　……

| 车辆行驶 | 为了更安全和便捷地找到自己所需的信息或功能，需要通过语音等方式进行操作 |

启动导航　地址搜索　路径规划　开始行驶　……

| 特殊情况 | 旅程中如发生故障或事故，车机系统会及时对故障进行监测并提供相应的救援服务 |

车辆故障　发生事故　……

| 停车小憩 | 当旅程中需要停车休息时，可通过使用娱乐功能或设置模式来缓解疲劳 |

车辆故障　发生事故　……

| 再次出行 | 该旅程包括更换驾驶员、更改个人偏好、授权管理、保障账户安全等功能，能够让不同驾驶人获得个性且安全的驾驶体验 |

换人驾驶　启动车辆　调整舒适度　登陆车机　……

| 车辆到达 | 在车辆即将到达目的地时，车机系统需要快速找到附近的停车场，停好车后，车机系统需要自动落锁和监测等 |

即将到达　停车入库　锁车离开　……

| 驾乘回忆 | 驾驶结束后，智能座舱给驾乘者留下的印象是否深刻，是否符合心理预期 |

座舱感受　车机感受　质量可靠性　……

图 4-10　汽车智能座舱用车旅程图

（5）停车小憩

当旅程中需要停车休息时，可通过使用娱乐功能或设置模式来缓解疲劳。

①停车休息：设置相应的场景模式、利用音响系统舒缓疲惫。②停车娱乐：看视频、玩游戏、购物、接打语音电话。③偏好设置：语音助手、仪表盘、中控屏等其他定制化能力设置。

（6）再次出行

该旅程包括更换驾驶员、更改个人偏好、授权管理、保障账户安全等功能，能够让不同驾驶人获得个性且安全的驾驶体验。

①换人驾驶：车主隐私保护能力及便捷的个性化设置能力。②夕阳西下：强逆光时各个屏幕对光感变化的可视性和可供性表现。

（7）车辆到达

在车辆即将到达目的地时，车机系统需要快速找到附近的停车场，停好车后，车机系统需要自动落锁和监测等。

①即将到达：停车位置推荐和地理围栏等功能表现。②停车入库：停车后查看服务点外其他娱乐项目的表现。③锁车离开：车辆安全、防盗，车机系统推送相关信息。

（8）驾乘回忆

驾驶结束后，智能座舱给驾乘者留下的印象是否深刻，是否符合驾乘者的心理预期。

①座舱感受：回忆对车内设计和布局、舒适度的感受。②车机感受：回忆车机系统操作的易用性、实用性。③质量可靠性：回忆驾驶中车机是否可靠及出现过的故障。

上文梳理了汽车智能座舱中的关键客户旅程与具体场景，接下来本书将基于以上内容进一步构建客户体验管理数字化工具，实时洞察与持续监测客户体验数据，从而管理与改善客户体验。

4.2.3.3 汽车智能座舱体验管理工具的构建流程与实施策略

本部分基于可供性方法论，围绕汽车智能座舱体验流程和场景，结合实际使用工具的企业用户诉求，输出汽车智能座舱体验管理工具构建方法（图4-11），为企业用户提供高效与便捷管理客户体验的闭环运行流程，帮助企业更好地获取、收集、分析数据，通过数据洞察客户在座舱场景中的不便与痛点，持续监测沉淀体验问题与洞察客户需求，为后续座舱软件更新、车辆研发和生产等工作的改进提供数据依据与指导，避免座舱中大量伪需求堆砌，给客户带来不良体验。

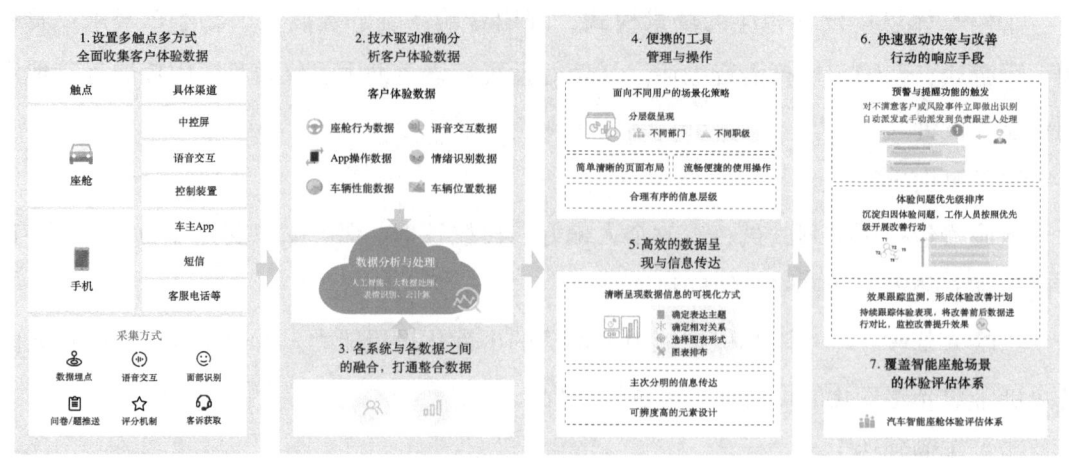

图 4-11 汽车智能座舱体验管理工具构建方法与流程

1. 设置多触点多方式全面收集客户体验数据

梳理与归纳在汽车智能座舱中与客户互动的体验流程、场景、具体体验触点后，客户体验管理工具需要对不同触点下的体验进行持续感知与采集，客户体验相关数据分为定性数据与定量数据：定性数据包括主观反馈数据、情绪感知数据；定量数据包括座舱行为操作数据、手机操作数据、车辆位置数据、车辆性能数据。采集体验数据的具体方式及所需技术手段如表 4-2 所示。值得一提的是，除座舱埋点数据、感知数据自动收集外，客户主观反馈数据的采集方式还包括在汽车座舱中控屏弹出体验打分、通过座舱语音交互询问具体反馈意见（只有当客户触发了某些功能或交互，且同时满足触发条件时，相应问题或问卷才会在相应场景下以语音交互的形式弹出），以及驾驶后通过人工客服或是手机 App 弹出问答/评价问卷、微信问卷推送、短信问卷推送来收集。

表 4-2 汽车智能座舱客户旅程触点梳理、采集体验数据方式、使用技术手段

旅程	细分场景	座舱内具体体验触点	采集体验数据方式	使用技术手段
准备出发	家中遥控、寻找车辆、接近车辆、打开车门进入	手机 App、钥匙、车锁、车门、门把手、灯光系统、摄像头	手机 App 数据埋点 车辆控制数据埋点 座舱行为数据埋点 中控台数据埋点 行为数据 语音交互 摄像头 问卷/问题弹出、询问 为环节/功能/产品打分	语音交互 数据埋点 传感器 面部识别 表情识别

（续表）

旅程	细分场景	座舱内具体体验触点	采集体验数据方式	使用技术手段
车中落座	启动车辆 登录车机 账号登录 车机手机互联 查看车辆信息 调整舒适度 调整后视镜 开启空调 播放音乐	中控屏、后视镜、功能按钮、座椅、方向盘、仪表盘、空调系统、设备连接、充电接口/台、音响系统、语音助手	手机App数据埋点 车辆控制数据埋点 座舱行为数据埋点 中控台数据埋点 行为数据 语音交互 摄像头 问卷/问题弹出、询问为环节/功能/产品打分	语音交互 数据埋点 传感器 面部识别 表情识别
车辆行驶	启动导航 地址搜索 路径规划 开始行驶 联络好友 语音随行 调整环境	座椅、方向盘、导航系统、中控屏、语音助手、功能按钮、音响系统、灯光系统、麦克风阵列、蓝牙、空调系统、摄像头、车载Wi-Fi、辅助驾驶系统	手机短信体验问卷推送 人工客服记录 电话咨询/投诉记录	语音交互 数据埋点 传感器 面部识别 表情识别
特殊情况	偶发故障 发生事故	监测与提示、人工客服、紧急保护系统、紧急救援功能	手机短信体验问卷推送 人工客服记录 电话咨询/投诉记录	语音交互 数据埋点 传感器 面部识别 表情识别
停车小憩	停车休息 停车娱乐 偏好设置	音响系统、语音助手、手机投屏、娱乐系统、仪表盘、中控屏	手机短信体验问卷推送 人工客服记录 电话咨询/投诉记录	语音交互 数据埋点 传感器 面部识别 表情识别
再次出行	换人驾驶 调整舒适度 夕阳西下	座椅、方向盘、导航系统、中控屏、语音助手、功能按钮、音响系统、灯光系统、蓝牙、空调系统、摄像头、辅助驾驶系统	手机短信体验问卷推送 人工客服记录 电话咨询/投诉记录	语音交互 数据埋点 传感器 面部识别 表情识别
车辆到达	即将到达 停车入库 锁车离开	导航推荐、外卖/快递查询系统、车门、防盗系统	手机短信体验问卷推送 人工客服记录 电话咨询/投诉记录	语音交互 数据埋点 传感器 面部识别 表情识别
驾乘回忆	座舱感受 车机感受 质量可靠性	手机App、微信生态、手机短信、人工客服	手机短信体验问卷推送 人工客服记录 电话咨询/投诉记录	语音交互 数据埋点 传感器 面部识别 表情识别

如图4-12所示,行为数据、车辆数据、主观反馈数据三者的结合覆盖客户全生命周期,工具需要在座舱场景体验过程中,设置多触点多方式来全面监测各环节与场景下的客户体验相关数据,真实把握客户当下的实际想法与体验感受,保证数据的有效性与实时性。

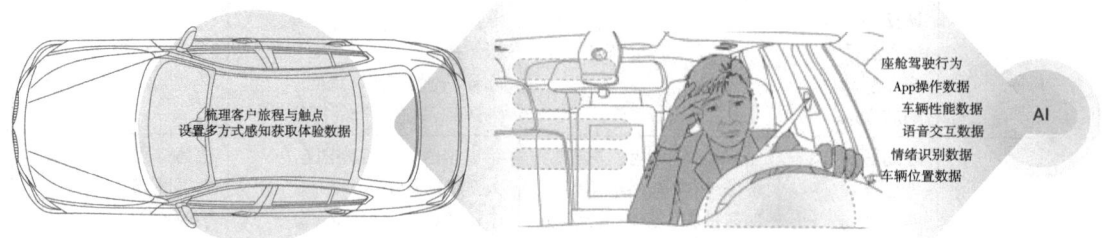

图4-12 设置多触点感知与收集客户体验

2. 技术驱动准确分析客户体验数据

面对来自多元化汽车智能座舱客户体验采集途径的海量结构化数据和非结构化数据,利用语音识别技术、自然语言处理技术、机器学习、面部表情识别技术等主要技术手段对这些数据进行持续分析与管理,省略后台提取与分析处理步骤,精准定位客户反馈的问题。随着这些技术的进步与应用,工具用户的管理客户体验数据、处理信息的效率进一步提升。

（1）语音识别技术

语音识别是将人的声音信号转化为文字或者指令的过程。汽车智能座舱需要将驾乘者用语音交互产生的对话准确转化成文本,再将文本上传至云端进行下一步数据分析。

（2）自然语言处理技术

利用自然语言处理技术,在汽车智能座舱中通过语音交互采集体验评价,语音结果传给云端自动标签,自动提取客户反馈的意见观点或投诉。

（3）机器学习

利用机器学习技术对相似的语音文本进行打标签与学习,提升拾取结果的准确性与效率,进行词频分析、情绪分析,定性反馈和定量数据分析,提供精准的分析结果。随着越来越多的客户开始习惯并依赖自助服务,未来企业能利用人工智能技术对客户语音交互对话所产生的反馈文本进行数据分析,拾取客户关键观点。

（4）面部表情识别技术

通过面部表情识别技术来识别客户在汽车智能座舱内发生行为中的基础情绪表现，目前现有研究中对于6种基本情绪（快乐、愤怒、厌恶、兴趣、恐惧、悲伤）的识别能力已经成熟，其中对快乐和愤怒的情绪识别率尤为突出。情绪好坏的表现也是工具判断是否要触发体验问答弹窗或语音交互询问的方式之一。

3. 各系统与各数据之间的融合，打通整合数据

企业里的客户体验数据分别分布在各个业务部门，不同部门获取客户体验数据的渠道或结果都有所不同，企业内部无法全面统一地掌握客户数据，了解客户体验反馈，各部门间的数据孤岛经常也会加剧渠道的混乱性。

为了更好地驱动行动，采取行动措施，首先要以座舱中的客户体验数据为底层数据，逐步促进客服系统、营销系统、客户关系管理系统、数据中台等多系统业务流程与数据的融合。

各部门、各系统数据之间需要打破数据孤岛，支持查看重要的客户数据。丰富数据维度的同时，真正将客户体验管理融入工作流程，以便于企业人员区分工作时的优先事项，促进部门间进行协同合作，例如，遇到客户体验管理工具监测到的低分事件可以直接分派相关的人员与客户对接，及时解决问题。

4. 便捷的工具管理与操作

客户体验管理工具在认知可供性层面上需要考虑在内容呈现、概念、交互操作、信息层级等维度上辅助用户去进行工具的便捷操作与管理。

（1）面向不同用户的场景化策略

面对不同用户的角色和需求，企业要进行更具针对性和灵活性的展示，提升管理和获取信息的效率与精准性。企业在开展客户体验管理时，管理层与执行层对于管理与操作的需求不同，营销部门与产品部门对于管理与操作的需求也各有差异。

从管理维度来看：根据管理层的工作内容，管理层更关注数据分析结果、变化趋势、效果监测与投资回报率等，以便于他们能够在短时间内及时调整战略决策、制定计划。对于执行层来说，他们工作的链路更长，需要关注每个具体节点，从触点设置、收集反馈到数据分析呈现再到最后改善行动，他们更希望便捷、快速、高效地执行每一步操作，保持实时、全面、精准地展示数据。功能设置与数据信息呈现的因人而异，既是

管理在效率和质量上的要求，更是风控管理上的需要。

从部门维度来看：不同部门在客户体验管理过程中需要关注的侧重点各有差异，如产品部门更注重"功能效果""环境体验""舒适度"等；技术部门更注重"性能""响应速度""感知效果"等；而对于市场部门来说，"付费服务""付费偏好"等因素是重点。

总而言之，系统支持场景化不能徒流于形式，需要根据人员层级、部门属性、岗位职责等设置具有针对性的功能与操作，数据信息也要根据组织分工或管理权限进行分层级呈现与展示，为使用者提供更直观易获取的信息，以提升使用者使用工具的效率。

（2）简单清晰的页面布局

合理的页面布局能够辅助用户更便捷地进行操作和信息拾取。页面布局应遵循可控性、一致性的十大可用性设计原则。

页面内容应直观且高效地传达信息，借由清晰划分模块并明确表达含义，用户才能快速理解和获取所需内容。布局简单合理能让用户迅速辨识，降低用户阅读负担。布局采用响应式设计，能够适配不同设备，从而使页面与交互能够有效显示。

（3）流畅便捷的使用操作

在工具构建时，需要考虑不同维度上的设计，以辅助用户进行流畅便捷的交互操作。在概念维度上，通过文字语义、图形或特殊规则指示等来促进用户快速理解工具的功能及其用途，采用图形加文字的形式可以更加清晰地呈现概念，避免概念表意不清从而降低用户在使用过程中的认知。在交互维度上，工具应尽量贴合用户现有的客户体验管理流程，满足用户的实际需求并符合其心理预期。应简化交互路径，并减少操作层级，让用户能够通过最少的点击和跳转完成目标，从而提升使用效率与体验。同时，每项操作都应提供及时反馈，如弹窗提醒、动效提示等，以帮助用户确认操作是否成功并随时掌握进度。

（4）合理有序的信息层级

对于客户体验管理工具来说，信息内容较为复杂，信息的有效组织尤为重要。无论是流程操作类模块还是数据呈现类模块，均应结合用户实际需求对内容进行优化处理，按照合理顺序呈现给用户，从而帮助用户更快地理解与获取关键信息。同时，构建有效的信息层级，辅助用户快速理解与获取信息内容。

①卡片化设计：一个页面中要展示大量信息内容，未封装、散点式的信息展示会造成信息密度过高，缺少层次性。卡片化设计有利于集中处理同类信息，并将性质各异

的内容分别隔离，不仅降低了信息散乱的程度，也使用户能够更快地定位并浏览其所需内容。

②步骤化设计：将复杂内容分步拆解，把用户的关注点从页面内容转移到步骤进度上，可以减轻心理压力。此外，节点信息页也可以帮助用户快速理解当前所在位置的内容，梳理整体流程。

5. 高效的数据呈现与信息传达

（1）清晰呈现数据信息的可视化方式

在数据分析与呈现方面，企业用户在有限时间内阅读大量数据报表并分析，可能很难保证质量和效率的统一。但如果对这些数据和文字做系统的整理、分类、归纳和提炼，并将它们以可视化的方式呈现，就能提高信息的可读性。数据的可视化方式对于信息读取的质量和效果很重要。

数据可视化的终极目的是更好地实现业务目标。我们需要思考的是，哪些数据通过何种呈现方式能够帮助企业用户解决问题、达到目的。当页面承载大量信息时，应选择合适的易读性高的可视化图表，起到一目了然的作用，降低学习成本。

客户体验管理工具会承载大量不同类型的数据，将通过确定表达主题、确定对比关系、选择图表形式来确定正确合适的可视化图表设计，再通过图表排布确定展示布局。

①确定表达主题。选择合适的可视化图表关键在于先明确想要表达的具体信息，因此，企业需要了解使用者的诉求。对于客户体验管理中的管理层来说，他们更注重数据在一段时间内的趋势，方便了解大致情况以及用于后期的预测；对于执行层来说，他们更关注的是更精准的数据、不同阶段的数据、预警数据，以及对应的诊断建议和处理方法。每个图表的标题应简明扼要且切中关键点，降低使用者误解原本意图的可能性，并确保使用者的注意力集中于要强调的关键信息。

②确定相对关系。国外可视化专家安德鲁·阿伯拉（Andrew Abela）将图表展示的关系分为四类：比较、分布、构成、联系。任何信息在一定程度上都包含这四种基本相对关系中的一种。

- 比较。基于分类或时间的数据对比。
- 分布。这种相对关系主要关注整体的分布情况。

- 构成。这种相对关系关注部分相较于整体的情况，即一个整体被分成几个部分。
- 联系。这种相对关系主要关注两个变量之间的关系。

③选择图表形式。根据图表信息相对关系选择合适的图表，以展示需要可视化的数据，如图4-13所示。

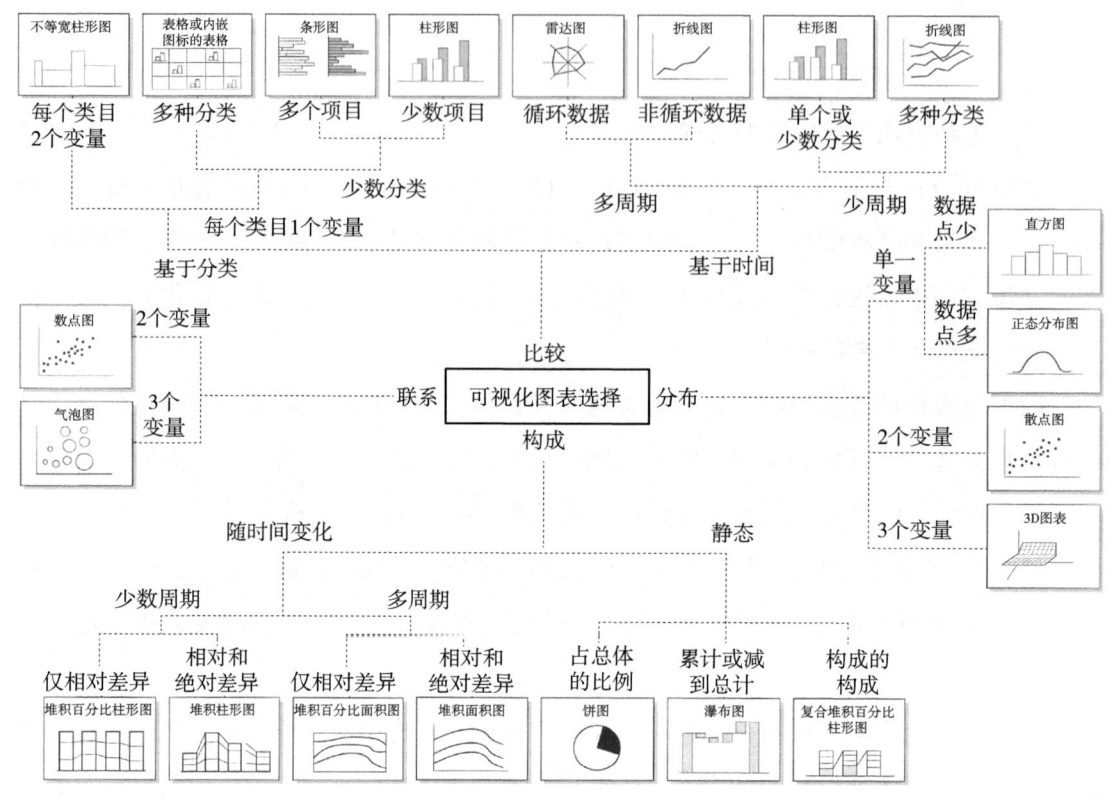

图4-13　选择图表形式

同时，在数据呈现上，客户体验数据本身具有主观性、波动性、区域性等特征，也要求系统在数据管理上实时更新、动态分析、及时响应。也可支持时间、地理等多维度分析，更加直观、立体地把控全局（例如对年、月、日等不同颗粒度的数据做统计分析）。

④图表排布。在可视化展示中，往往有多组数据。通过信息的构图来突出重点，调整主信息图和次信息图之间的排布和大小比例，明确信息层级及信息流向，使用户在获取重要信息的同时达到视觉平衡。此外，还需要对信息进行合并整理，或采用视觉动效的方式，在有限的屏幕空间里承载更多的信息，使信息更加聚合，同时使信息展示更加

清晰，突出重点。

(2) 主次分明的信息传达

这类工具的界面中需要容纳海量数据与信息，通过灵活运用配色、字号、间距等视觉设计手段，展现不同内容之间的联系与差异，同时突出要点。整体排版应秉持和谐、有序的原则，确保层次分明，从而帮助用户更直观地把握信息的内部关联。

(3) 可辨度高的元素设计

工具类产品更注重效率。页面内容需要以简洁为主，避免无关要素形成信息干扰，增加用户的认知成本。因此在设计时，页面里的元件都必须保持一致性，例如颜色、图标、文字等。

6. 快速驱动决策与改善行动的响应手段

企业接收客户体验反馈的方式主要包括投诉、网上舆情、主动调研。对于棘手的投诉或已发酵的舆论，企业往往无法第一时间修复客户体验，容易造成不良影响。同时，那些体验不佳但不影响日常操作的环节，也很难被企业及时发现并改进。

及时提醒并沉淀记录体验问题，以驱动后续的行动改善是非常关键的。此前所有的工作都是为了最终形成完整的行动闭环，没有行动改善的体验管理是不完整的。行动分为短期及时的行动与长期的行动。短期及时的行动能够快速解决棘手问题、修复不良体验；长期的行动则需要持续跟踪，以发现体验环节的问题、洞察新需求或机会点，从而辅助调整决策与策略，指导后续软件更新、车辆生产、营销等工作。

(1) 预警与提醒功能的触发

通过对客户体验数据的实时洞察，系统能够立即识别潜在不满意或风险客户，并自动触发预警。底层系统借助丰富的 API 接口，贯通部门协同流程，支持自动或手动将任务派发给相关责任人，让他们能够在第一时间收到提醒并迅速采取补救措施。通过及时修复用户的不良体验并扭转其感受，企业可在关键时刻有效降低客户流失率，同时维护并提升品牌口碑与形象。

(2) 体验问题优先级排序

在触发预警与行动后，根据客户体验评价体系中各体验指标的重要性权重来识别其属性，从而对各个事件进行优先级排序。针对优先级高且体验反馈差的关键体验环节，分配执行部门，由执行部门团队结合工具提供的基本建议进行线下调整与完善整改方案，形成具体的改善行动计划。

（3）效果跟踪监测，形成体验改善计划

持续跟踪体验表现与改善提升效果，不断调整优化体验来拉动运营和经营。针对多次事件总结复盘并开展专项整改，以优化此类关键环节的体验。软件部分及时更新迭代，硬件部分在后续量产车辆座舱中加以更新与改进，持续提升客户在汽车智能座舱中的使用体验，实现客户价值的持续提升。

7. 覆盖智能座舱场景的体验评估体系

利用可供性构建的前四条方法在设置触点与采集体验数据方式、功能运行、技术选择、操作管理、设计呈现层面都制定了不同的策略，为了让搭建的工具更加完善，本研究引用了针对汽车智能座舱体验评估体系 HEART·TRUST 心信模型（图4-14、表4-3）对座舱体验进行度量。此评估体系是一种感知与采集客户体验数据的手段。特别的是，它是当前较为成熟的体验评估模型与汽车座舱研究的结合，从可供性角度整合了衡量座舱用车体验的关键指标，能够更好地感知客户在用车场景下的体验诉求。

围绕体系中的指标，利用相应测量方法对客户体验过程进行评估与量化，利于数据观测与对比，根据指标定位到具体模块，帮助企业工作人员进一步利用工具开展客户体验管理工作。

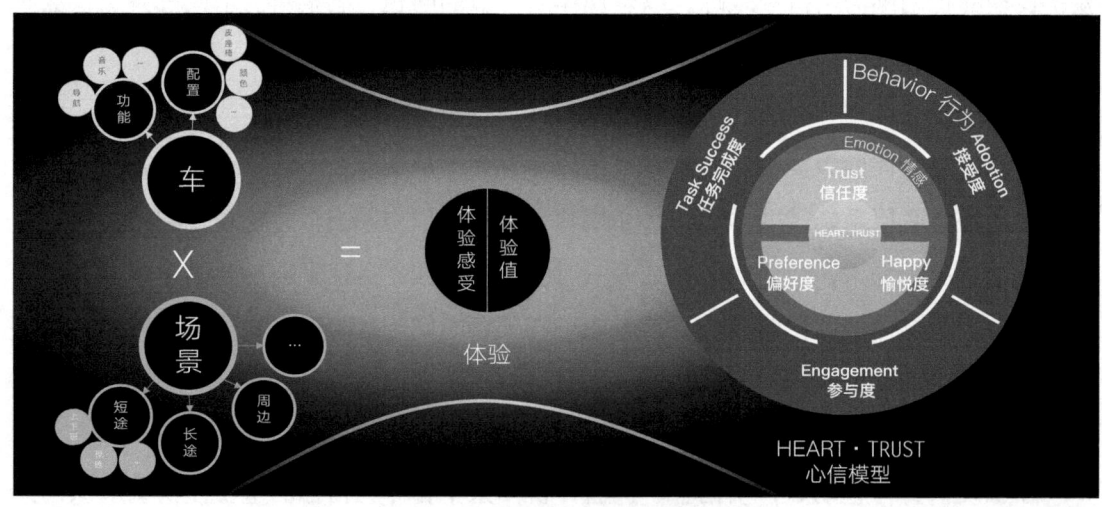

图4-14　汽车智能座舱体验评估体系
图片来源：XAI Lab 蜂火智能实验室。

表 4-3 汽车智能座舱体验评估体系具体内容

指标	概念	维度构成	指标	评估方法
任务完成度	在座舱内客户使用产品/功能/服务完成目标任务的情况	完成效果、完成效率、操作错误率等	完成任务操作时长、完成率、效率、操作错误率等	座舱内数据埋点：评分量表、调研问卷、语义文本分析、表情分析
接受度	对新功能/产品/服务的接受意愿和程度	接受意愿、使用频次	使用市场、使用次数、跳出率、付费程度	
参与度	在产品/功能/服务中深度参与的表现	满意度、一段时间内多次使用产品/功能/服务	平均每个客户的每日/每周使用频次	
愉悦度	在场景过程中的主观感受	可用性、易用性、满意度、推荐意愿	满意度、NPS、吸隐性评分；感官表情	
信任度	客户在座舱场景中的对使用产品/功能/服务的信赖感	一段时间内多次使用产品/功能/服务	操作错误率、使用频次、感官表情、回购度等	
偏好度	客户被产品/功能/服务吸引的程度	吸引客户注意，引发进一步操作	使用频次、吸引性评分	

4.2.3.4 汽车智能座舱体验管理工具的搭建框架与设计策略

上文中提出了构建汽车智能座舱体验管理工具的流程与方法，分别从收集数据范围、采集手段、技术、工具操作管理等方面探析了物理、功能、认知与感知可供性的对应策略及方法。基于此实施方法，本部分将以用户体验五要素作为基础框架，从五个维度进行划分，将前期的方法落实到清晰可用的搭建框架与设计策略中（图 4-15），为后续进行设计实践提供具体的指导。

1. 战略层

战略层根据产品目标和用户需求来制定。本书将从汽车智能座舱体验管理工具的产品目标和用户需求出发展开论述，并将其归纳为产品目标与使用目标。

本研究旨在开发一款汽车智能座舱体验管理工具，用于实时收集并分析用户在座舱内的使用体验数据。通过快速发现体验痛点、洞察客户需求和挖掘潜在机遇，该工具可为软件更新、车辆制造与研发及营销策略制定提供有力的决策依据。借此，不仅能改善客户乘用体验并提升品牌口碑，还能有效避免在座舱功能上堆叠过多"伪需求"，从而实现更为精益、高效的产品设计与服务。

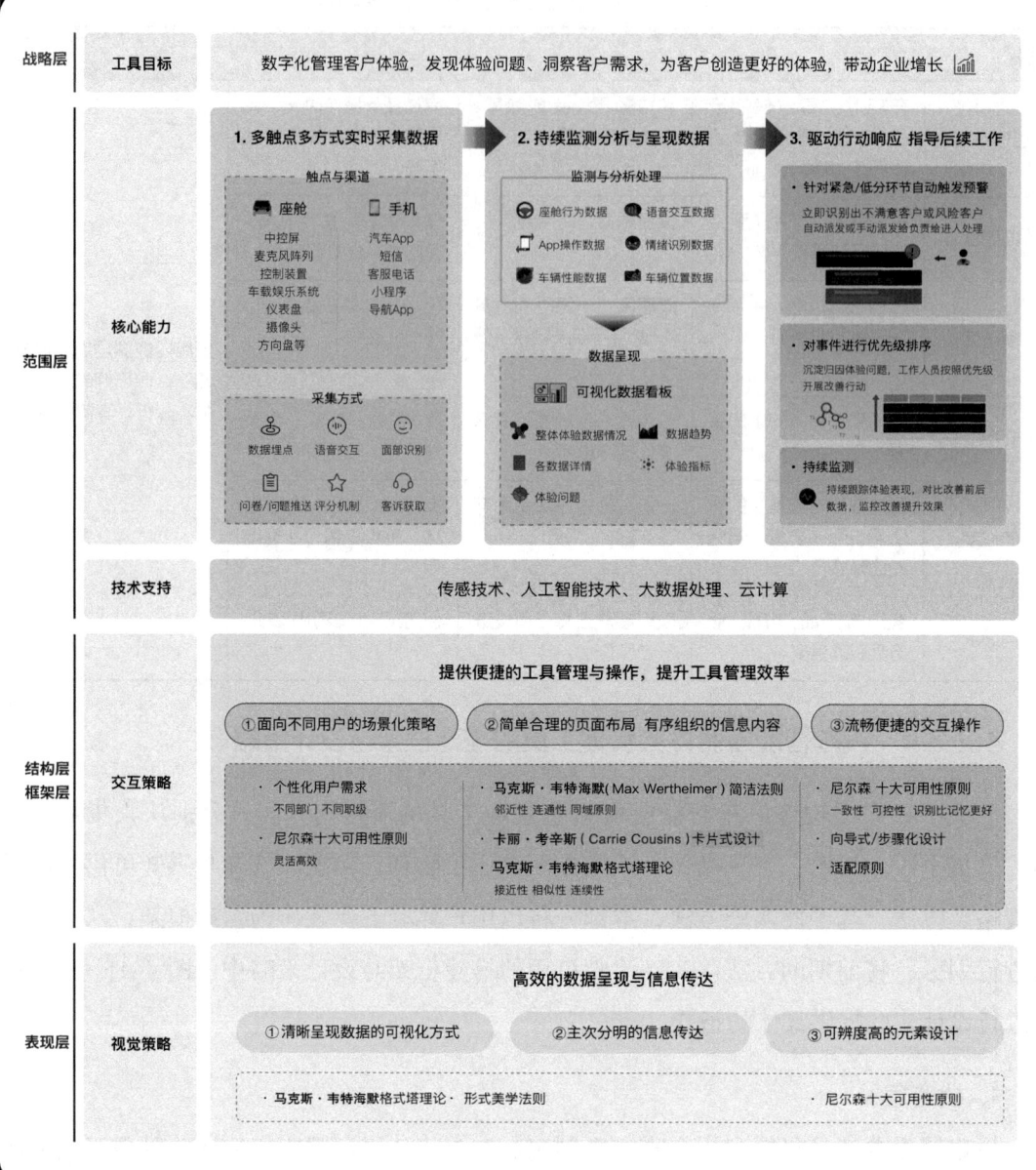

图 4-15　汽车智能座舱体验管理工具框架与设计策略

汽车智能座舱体验管理工具的目标为：简单便捷地使用工具、高效获取与管理数据信息。根据前文和企业用户调研得知，现有的客户体验管理流程在收集、整理、分析数据等方面花费了大量时间与精力。所以汽车智能座舱体验管理工具需要提供聚合从收集到分析、驱动行动响应的功能设计，方便操作使用与信息高效传递，缩短客户体验管理工作流程与路径,从而驱动用户快速作出判断、决策与行动,提升工作效率。

2. 范围层

范围层是指产品提供的功能和内容。前文已经从物理、功能可供性的层面详细探讨了汽车智能座舱体验管理工具的构建要素与运行流程,接下来将围绕工具主要链路,整合归纳具体的核心能力与功能,进行更加完整的阐述。

(1)多触点多方式收集客户体验数据

汽车智能座舱体验管理工具将在客户与座舱交互的一系列体验过程中设置不同采集方式来感知与收集客户体验数据。通过车机系统数据埋点、车辆性能数据埋点、座舱语音智能交互、管理车辆的手机 App 操作数据埋点、App 推送等方式,实时地采集客户的行为操作、主观反馈、情绪感知等数据,保证数据的时效性、真实性、全面性。

(2)实时分析与呈现数据

面对多元化的数据类型和海量的数据,尤其是非结构化数据,要想保证数据分析的准确性和数据呈现的高效性,需要利用语音识别、自然语言处理、机器学习、表情识别、云计算对客户体验数据进行持续分析与管理,省略后台提取与分析处理步骤,精准定位客户反馈的问题。

汽车智能座舱体验管理工具会利用其数据结果输出可视化数据看板,可视化数据看板支持监测查看整体体验数据情况、体验指标、数据变化趋势、各类数据详情、体验问题及具体反馈原因,用户利用可视化数据看板能够进一步提升自身获取数据信息、管理客户体验数据的效率。

(3)指导后续改善工作,驱动行动响应

上述收集、分析与管理数据功能都是为了快速及时地获取客户的体验反馈情况,根据其反馈情况作出对应的判断决策、指导后续行动,以不断优化客户体验。这就要求汽车智能座舱体验管理工具针对不同的反馈情况做出不同的功能设计。

①针对紧急/低分环节触发预警。通过工具采集数据获取客户体验感受,立即识别不满意客户或风险事件。依托底层系统对部门间协同的贯通,工具一旦检测到异常即自动触发预警,并以自动或手动的方式将任务分配给相关负责人,使他们能在第一时间获知情况并采取针对性措施,及时扭转客户负面感受并修复客户不良体验。

②优先级排序。根据座舱体验评价体系中各体验指标的权重及亟须改进程度对各个体验指标、体验事件进行优先级排序,以便工作人员按照优先级——开展改善行动。针对优先级高且体验反馈差的关键体验环节,团队结合工具提供的数据结果和诊断在线下制订更加完善的具体方案,形成具体的改善行动方案。

③记录与沉淀体验问题。工具基于座舱体验评价体系不断采集海量客户体验数据,数据经过分析清洗后按照体系中定义的指标进行维度划分、明确归属,由此企业能够发现哪些体验指标有待改进、哪项产品/功能/服务出现了体验问题,通过数据的不断收集与问题的不断沉淀,企业能针对触点/产品/服务/功能做系统化的调整与提供优化的参考依据,从而改善客户体验。

(4)持续监测改善效果

持续跟踪体验表现,对比改善前后数据,监控改善效果,根据改善效果不断调整策略、指导后续工作,形成最佳实践,从而给客户带来更创新优质的体验,实现客户价值的持续提升。

3. 结构层和框架层

结构层和框架层包含信息架构、交互设计。上文已从认知可供性层面对信息架构、交互设计进行了梳理与具体阐述,在此简要列举其交互策略。

(1)针对不同用户的定制化策略

不同用户角色的需求大不相同,企业需要根据人员层级、部门属性、岗位职责等呈现具有针对性和灵活性的操作与展示,以提升使用者使用工具与获取信息的效率。

(2)清晰简洁的页面布局

简单明确的布局能够辅助用户更便捷地理解和使用。页面布局应遵循简洁法则、可控性、一致性、尼尔森可用性原则。首先,页面应避免不必要的视觉干扰,确保用户能够快速定位所需信息。其次,页面应采用一致的导航逻辑,让用户可以在不同模块间流畅切换。最后,布局应符合尼尔森可用性原则,使用户能够直观感知页面层级关系。例如,在界面设计中,采用模块划分、分区对齐、固定操作区域等方式,使操作更加直观高效。

(3)合理的信息层级与结构化组织

由于系统通常需要承载大量复杂信息,构建合理的信息层级至关重要。一个好的信息架构应能帮助用户快速找到所需内容,并理解信息之间的逻辑关系。可以采用卡片式设计聚类相关信息使其更具可读性。同时，对于流程操作类界面，可采用向导式分步设计，减小用户一次性接收过多信息的压力，提高用户阅读效率。优化信息的展示方式，使用户在最少的时间内完成任务，提高整体体验。

（4）高效的交互体验与反馈机制

交互设计直接影响用户的使用效率和满意度。工具应提供直观的操作指引，例如通过可视化图标、清晰的按钮标签等，降低用户的学习成本。交互路径应尽量缩短，减少冗余步骤，以便用户能够快速完成目标操作。此外，系统需要提供适当的反馈机制，如按钮点击后的动态响应、错误提示的即时反馈等，确保用户随时了解系统状态。这些优化措施能有效提升系统的可用性，使操作更加顺畅自然。

4. 表现层

表现层主要研究产品的视觉设计，在视觉设计中遵循并应用格式塔理论、形式美学法则，设计策略可简要归纳成以下几点。

（1）直观的数据可视化设计

借助图形化的视觉语言，可以减轻用户在面对数据时的心理压力，让他们更轻松地理解并降低识别、分析和沟通成本。通过对数据和信息进行系统的分类和归纳，并以简洁直观的可视化形式呈现，用户能够更直接地察觉数据间的关联，进而发掘潜在关系。同时，应注重图表的整齐划一、对比与调和、多变与统一及对称与平衡，使作品富有美感并符合形式美学原则。数据可视化的表现形式能够直接提升数据信息的可读性与传递效率。

（2）突出重点的信息层次

在信息展示中，合理的层次关系能够帮助用户快速捕捉关键信息。表现层设计应利用对比手法，通过调整颜色、字号、间距等方式突出核心内容。例如，重要数据信息可使用较大的字体和高对比度颜色，使其在界面上更加醒目。与此同时，应避免信息堆砌，确保各层级内容清晰分明，方便用户轻松区分主次并提高阅读效率。

（3）高可辨识度的视觉元素

在页面配色方面，应使用统一、和谐的主题色，同时避免使用复杂背景色干扰用户注意力。可使用易于辨认的颜色突出重要信息或预警信息。页面字体大小应尽量不小于12px，以确保用户在正常使用环境下能清晰识别文本；同时避免在页面中使用过长文本或双重否定等不易理解的表达方式。在图标设计上，要控制使用频度，避免过度干扰用户，并将重要功能、步骤或提醒的图标与文字相结合，使用户更易于感知和理解。

4.2.3.5 方法及设计策略的指导作用

汽车智能座舱体验管理模型在数字化背景下，结合可供性角度搭建适用于汽车智能座舱的客户体验管理工具的方法与实施策略，并且通过文献研究、案例研究和企业用户调研，总结出了相关关键节点与主要步骤。

1. 形成汽车智能座舱体验管理工具的构建方法与设计策略

利用汽车智能座舱体验管理模型易于搭建汽车智能座舱的客户体验管理工具，结合可供性角度从工具的战略层、范围层、结构层、框架层、表现层提出了可操作的具体设计策略。搭建工具通过实时获取客户在汽车智能座舱内的体验数据，帮助企业及时发现座舱内的体验问题、洞察客户需求、发现新机会点，为指导后续的软件更新与车辆生产、研发、营销等工作提供参考依据，避免座舱中大量伪需求堆砌、造成不良的体验感受。同时，汽车智能座舱的体验管理工具构建方法与模型对汽车企业及其他行业也具有参考意义。

2. 提升汽车智能座舱体验管理工具的有效性和可用性

提升体验管理工作的效率（包括提升收集数据、获取结果、推进客户体验管理工作的效率），以便根据工具获取结果，及时发现问题、洞察客户需求，根据具体情况作出决策、驱动行动，改善客户体验。

4.3 对话式交互设计

4.3.1 语音在座舱体验中的作用和设计考虑

尽管笔记本电脑和智能手机的普及率极高，屏幕几乎无所不在——从巨型广告牌到智能手表上的微型显示屏，语音交流却依然是人类最频繁使用的沟通方式。人们通过语音交谈的次数远超过使用键盘或触摸屏打字交流的次数。语音成为人们的首选沟通方式有众多原因，以下是一些关键点。

1. 释放视觉负担

听觉不同于视觉阅读，它不要求我们将视线集中在特定物体上，我们即使在闭上眼睛的状态下也能接收信息。这种能力让我们在进行各种活动时仍可与他人保持沟通，无论是在黑暗中，还是在开车、看电视、阅读、散步、种植、观看风景、打字时，甚至是仰卧在草地上、与朋友并肩仰望星空时都能与人沟通。

2. 释放双手

与写作或打字需求不同，语言交流无须使用双手。这意味着即便我们的双手正忙于其他活动时，如持书、打字、准备食物、叠衣服、种植、穿衣服、梳理、戴手套、洗手或沐浴时，我们依然可以自如地交谈。

3. 即时而短暂

不同于打字输入或浏览图像，语音交流在沟通结束后不会留下任何物理痕迹，省去了清理的步骤。这一特性在某些情况下可能是一种限制（如使用语音助手预订机票或打出租车时的局限），但在很多情况下，信息即时消失反而是优点，它允许人们在交流完成后立即回归到日常生活中，无须删除文本或关闭浏览器标签。

4. 丰富的内涵

虽然常言道"一图胜千言"，但有多少文字或图片能够真正与一句口语中的声音相媲美呢？以"太好了，这正是我们所需要的"这句话为例，如果仅从文字来看，你能理解说话人的真正意图吗？可能很难。这句话既可能是对"我们刚获得50万美元天使投资"的热烈回应，也可能是对"乔治明天还要出差一天"的讽刺。而如果通过听声音来接收这句话，我们能够根据语调、语速、音量等听觉线索更加准确地理解对方的真实意图和情感。这样的声音还能传达更多信息，如说话人的性别、身份、年龄、个性以及情绪等。

5. 最少的劳动量

在日常使用中，向智能音箱或 AirPods 说话，比在小屏幕上输入文本或进行导航操作要简单得多。这省去了寻找、启动、打开和登录设备的过程，使得语音交流成了更为便捷的选择。

6. 无须读写能力

即便一个人不懂得阅读或写作，其仍然可以通过语音进行有效沟通。尚在学步的幼儿便能通过声音表达自己的情感、需求和愿望。而那些阅读或写作能力不强的成年人亦是如此。与其他所有沟通形式不同，人们进行语音交流不需要接受任何特定的语言训练，除了说话者的母语外，几乎不需要其他知识。

首先，基于以上种种特点，在汽车智能座舱中，语音交互展示出其自身的独特优势。语音交互最直接的优势就是交互的便利性，主要体现在驾驶者能够在不分心的情况下控制车辆的各种功能。传统的操作界面，如按钮和触摸屏幕，要求驾驶者分散注意力去寻找和操作，这不仅降低了驾驶的安全性，也降低了驾驶的舒适性。语音交互使得驾驶者可以保持双手在方向盘上、双眼注视前方，通过简单的语音命令即可完成对空调、导航、娱乐系统等的控制，极大提升了操作的便利性和驾驶的安全性。

其次，语音交互的即时性也是一个重要的优势。驾驶者可以通过语音命令迅速获得反馈和执行操作，无须通过复杂的菜单或手动输入。这在行车导航、紧急通信或寻求车辆信息时尤其重要。例如，当驾驶者需要即时改变目的地或寻求最近的加油站时，其只需要通过语音下达指令，系统即可立即处理并提供反馈，大大提高了信息获取的速度和行车的效率。

再次，语音交互的另一独特优势在于它能够传递和识别情感信息。不同于传统的机械式操作，语音交互能够根据驾驶者的语调、语速和情绪作出更加人性化的响应。语音交互的这种能力不仅可以增加驾驶过程中的乐趣，还可以在一定程度上提升驾驶安全性。例如，当系统检测到驾驶者语音中存在紧张或焦虑情绪时，系统可以自动调整车内环境，如播放柔和的音乐，以缓解驾驶者的情绪，从而提高驾驶的安全性。

最后，随着大语言模型逐渐成熟，语音交互体验越来越趋近于人类自然语言对话，这使得人机交互更加自然，减少了学习使用新技术的障碍。在汽车智能座舱中，这意味着驾驶者和乘客无须专门学习复杂的操作流程就可以轻松地控制车辆的各种智能功能。这种自然性的交互方式不仅降低了操作错误的可能性，也使得车辆的智能功能更加人性化和易于接受。

总而言之，语音交互技术给汽车智能座舱的应用带来了诸多优势。它不仅提高了驾驶的安全性和便利性，还增强了乘车体验的舒适性和乐趣。随着语音识别技术不断进步，智能化水平不断提升，未来的汽车智能座舱将能够提供更加精准、快速和人性化的交互体验。随着技术的发展，我们有理由相信，语音交互将成为智能汽车不可或缺的一部分，开创更加智能、安全和舒适的驾驶时代。

4.3.2 语音交互设计中大模型的关键角色

语音交互系统使用户能够通过语音命令与设备进行交互，这种交互方式在汽车智能座舱中尤为重要，因为它可以在不分散驾驶员注意力的情况下提供信息和控制功能。一个高效的语音交互系统应该能够理解用户的意图、处理复杂的对话场景，并提供准确的反馈。

大模型，特别是最新的语言模型，如 OpenAI 的 GPT 系列，对于提升语音交互系统的能力至关重要。这些模型能够处理和理解自然语言，使得语音交互系统能够更准确地识别用户的命令和问题，向用户提供更自然、更符合人类交流习惯的回答。

首先我们需要了解与语音交互相关的关键技术组成。

1. 语音识别（Automatic Speech Recognition，ASR）

语音识别是将用户的语音转换成可被计算机处理的文本数据。语音识别是语音交互的第一步，是所有后续处理的基础。语音识别的关键挑战包括处理不同口音、语速、背景噪声及语音模糊不清的情况。当前，语音识别技术已经能够实现高度准确的识别，支持多种语言和方言。

2. 自然语言理解（Natural Language Understanding，NLU）

自然语言理解技术用于解析和理解用户通过语音输入的意图和内容。它涉及词义分析、句法分析和语义理解等复杂的处理过程，能够识别用户的指令、问题或请求。自然语言理解技术使得机器能够理解用户的自然语言输入，从而作出恰当的响应。

3. 对话管理（Dialogue Management）

对话管理是控制和管理整个对话流程的技术，包括维护对话状态、决策下一步如何回应等。对话管理技术使得语音交互系统能够以一种有逻辑和连贯的方式与用户进行交互，处理复杂的对话场景，保证交互的自然流畅。

4. 自然语言生成（Natural Language Generation）

自然语言生成是语音交互系统中将计算机意图转化为自然语言文本的关键技术，借助大模型，NLG 能够动态生成与用户需求相关的内容，支持多轮对话并保持语义连贯。其核心包括内容选择、文本规划和语言生成，通过高效的生成机制，使语音交互系统的响应更加自然、精准，显著提升用户体验。

5. 语音合成（Text-to-Speech，TTS）

语音合成技术将计算机生成的文本转换成自然流畅的语音输出，使机器能够以人类听得懂的形式回应用户。现代的语音合成技术能够生成极其自然和真实的语音，甚至可以调整语调、语速和情感，以适应不同的交互场景。

基于以上技术链路，大语言模型可以从诸多方面大幅提升语音交互的性能（图4-16），主要表现为提升自然性和准确性、增强个性化体验、增加互动性和娱乐功能、提供实时信息和辅助决策、支持多语言和方言等，以提升智能座舱的用户体验。

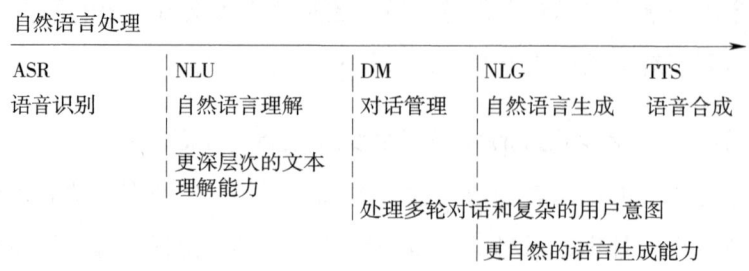

图4-16 语音交互技术与大模型对其的提升

1. 提升交互的自然性和准确性

大语言模型能够理解自然语言对话和复杂的语言指令，包括口语化表达或非结构化的指令。这意味着用户可以通过自然的方式与智能座舱交互，无须记忆特定的命令格式或关键词。这种自然性的提升，让驾驶和乘坐体验更加顺畅和愉悦。

2. 增强个性化体验

通过历史交互数据分析用户的语言使用习惯、偏好，大语言模型可以提供更加个性化的服务。例如，大语言模型可以根据用户的兴趣和习惯为其推荐音乐、新闻或旅行目的地。此外，大语言模型还能记住用户的偏好设置，如座椅调整角度、空调温度等，从而在用户每次乘坐时自动调整到最适合用户的状态。

3. 增加互动性和娱乐功能

大语言模型不仅可以执行实用功能，还能提供互动性和娱乐服务。例如，大语言模型可以扮演聊天伙伴，讲故事、解答问题或进行有趣的对话。当长途驾驶或遇到交通堵塞时，这种互动性可以大大增加驾驶和乘坐的乐趣，减轻疲劳。

4. 提供实时信息和辅助决策

利用大语言模型处理大量数据的能力，智能座舱可以提供实时信息服务和辅助决策。例如，当遇到复杂路况或不确定的驾驶情况时，系统可以提供实时的交通信息、天气预报、安全提醒等，甚至给出建议和解决方案，帮助驾驶者作出更好的决策。

5. 支持多语言和方言

大语言模型具有支持多种语言和方言的能力，这对于多语言国家或地区的用户来说是一个突出的优势。支持多语言和方言能够让不同语言背景的用户通过自己的惯用语言与智能座舱交互，大大提高了智能座舱的包容性和用户的满意度。

随着大模型技术的进步，语音交互设计的潜力正在被重新定义。先进的大模型技术在汽车智能座舱中的应用，不仅能够提升用户体验，还能够通过更加自然和高效的交互方式，提高驾驶安全性。设计师必须紧密关注大模型技术的发展，确保他们的设计能够使大模型充分发挥潜力，从而使用户获得既安全又高效的体验。

4.3.3 面向个性化情感体验的对话式交互的前沿探索

当你与一个智能助手交流时，你是更希望它像一个"工具"，能够快速、高效地完成你交代的任务，还是更像一个有意思的"朋友"，能够理解你的情绪，并作出适当的响应？也许你不确定自己的想法，但请你回想一下，你是否会对 Siri 说"请""谢谢"？是否会在小爱音箱无法理解你的需求时脱口而出"笨死了"？是否会在 DeepSeek 突然展现出它的幽默感时感到惊喜和有趣？

斯坦福大学的克利夫·纳斯（Clifford Nass）和拜伦·里夫斯（Byron Reeves）在 20 世纪 90 年代提出了"计算机是社会行动者"（Computers Are Social Actors，CASA）理论。该理论认为人类在与计算机、机器人或其他技术系统交互时，会无意识地应用社会规则和期望，如同对待另一个人类一样。即人们虽然在理性上知道技术、计算机、智能助手等不具备通俗意义上的"生命"，但在情感上却难以抗拒将其视为一种"类人"的存在。因此，人们在让智能助手执行命令之外，开始不自觉地期待它们能够更进一步，如理解人们的语气和表达方式、感受人们的情绪，甚至用人们最喜欢的方式作出适当的回应。

可以说，随着自然语言处理的发展和大语言模型能力的飞跃，传统的人机交互模式正在经历一场深刻变革，从"命令—执行"式逐步向"情感—共鸣"式转变，人机交互关系也从以执行命令为核心的工具式关系，迈向更自然、情感化、个性化的伙伴式关系。而实现这一目标的关键路径之一，就是赋予智能系统可被用户感知的"人格特质"，即差异化的人格特征、情绪响应方式与互动偏好。这一趋势催生了对人工智能的拟人化人格的研究，尤其是在大语言模型驱动的交互对话系统中的应用研究。

1. 大语言模型的人格特质研究

随着大语言模型的发展,对其进行标准化、系统化的量化评估成为理解并应用大语言模型的关键。人工智能领域的学者与相关行业从业者在建立大语言模型的评价体系时,主要考核大语言模型的智能水平。当前主流的大语言模型评估体系,如 MMLU(考察跨学科知识)、GSM8K(测试数学能力)、BigBench(探索开放性任务适应性)等,主要集中在"智商"维度,即评估模型是否足够聪明、推理是否准确、知识是否全面。这些基准测试从认知任务的完成角度衡量模型的通用智能水平。然而,人类的智能除了"智商",还有"情感智能",即"情商"。在实际的交互应用,尤其是在多轮高频次、长期深层的人机交互中,一个真正令人满意的对话交互系统,除了要满足"智商"要求,还要具备理解情绪、表达关怀和展现特定用户偏好个性的"情商"。因此,随着人工智能系统逐渐从"工具"转变为"伙伴",从"信息提供者"转变为"情感陪伴者",情感智能(Emotional Intelligence)和人格特质(Personality Traits)开始成为评估和优化大语言模型的新基准。在这里,我们主要关注对人格特质的研究。

当前对大语言模型人格特质的研究主要集中在个性评估和微调两个方面。

由于大语言模型表现出明显的类人能力和心理潜在特征,很多学者开始研究如何运用成熟的心理学框架和测评方法,量化评估大语言模型的个性。他们通过使用经过验证的成熟心理学量表和测量方法对大语言模型进行测试(表 4-4),证明了大语言模型存在一致的、可被量化评估的人格特征,这为大语言模型的个性研究奠定了基础。

表 4-4 心理学框架和测量方法在大语言模型中的应用

评估的心理学维度	心理学框架和量表选择	被测模型
人格特质	大五人格模型及大五人格量表(Big Five Inventory,BFI)	GPT-3, GPT-3.5, GPT-4, Llama 2-Chat 7B, Llama 2 13B, PaLM 62B
	迈尔斯—布里格斯性格类型指标(Myers-Briggs Type Indicator, MBTI)	GPT-2, GPT-3, GPT-3.5, XLNet, Llama 2 7B
	六元人格模型(HEXACO Model)	GPT-3
	艾森克人格问卷(修订版)(Eysenck Personality Questionnaire, EPQ-R)	Llama 2 7B, Llama 2 13B, text-davinci-003, GPT-3.5-turbo, GPT-4
	国际人格项目池—大五人格量表(IPIP-NEO)	PaLM 62B
黑暗人格	黑暗三性格短量表(Short Dark Triad, SD-3)	GPT-3, GPT-3.5, GPT-4
	黑暗三性格十二条目量表(Dark Triad Dirty Dozen, DTDD)	Llama 2 7B, Llama 2 13B, text-davinci-003, GPT-3.5-turbo, GPT-4

（续表）

评估的心理学维度	心理学框架和量表选择	被测模型
认知与价值观	道德基础问卷 (Moral Foundations Questionnaire, MFQ)	Claude 2.1, GPT-4, Llama 2 7B
	人类价值观量表 (Human Value Scale, HVS)	GPT-3
	幸福感指数量表 (The Flourishing Scale, FS), 生活满意度量表 (the Satisfaction with Life Scale, SWLS)	GPT-3, GPT-3.5, GPT-4
	政治倾向坐标 (Political Compass)	GPT-3.5
情感智能（情商）	情绪智能量表 (Emotional Intelligence Scale, EIS), Wong and Law 编制的情绪智力量表 (Wong and Law EI Scale, WLEIS), 共情量表 (Empathy Scale)	Llama 2 7B, Llama 2 13B, text-davinci-003, GPT-3.5-turbo, GPT-4

而验证了大语言模型能表现出具体的人格特质与个性之后，另一个关键方向是如何主动调控大语言模型的个性，使其在对话交互中表现出我们希望其展现的具体人格或个性。这涉及大语言模型的控制与微调。现阶段，我们主要采用三大类方法对大语言模型的人格特质进行调控，分别是基于提示词、基于数据集和模型微调及基于模型内部参数调整的方法。

基于提示词的方法即通过设计提示词（prompt），为大语言模型设定目标人格特质或角色，从而控制模型扮演具有不同个性的角色，最终直接引导模型输出符合目标人格或角色的响应。

基于数据集和模型微调的方法即通过数据筛选或参数优化，使模型从底层学习目标人格特征。我们通过构建的目标人格数据集（如行为数据集、自我意识数据集、对话语料数据集等），使用监督微调、强化学习等技术手段对大语言模型进行微调，从而使大语言模型展现出特定的目标人格特质与个性。

基于模型内部参数调整的方法即直接干预模型生成机制，从数学层面控制模型人格特征。例如，通过干预注意力权重，选择性增强或抑制能表现某一特定人格特质的单个子注意力模块，从而实现精准控制具体人格维度的表现程度；或采用 LoRA 方法在基础模型上插入轻量级人格适配层，以切换不同人格模块，表现特定的人格特质。

上述研究表明，大语言模型的个性是可以被测量、建模乃至定向塑造的，这也推动了这一研究方向在各个领域的应用。

2. 大语言模型个性的应用与意义

大语言模型人格特质相关研究在学术领域和实践应用领域都有重大意义。

在学术领域，大语言模型人格特质研究能帮助研究人员探索如何用大语言模型模拟人类的真实语言和行为，因此，在用户行为建模、人机交互实验、社会模拟等研究中，我们可以控制大语言模型展现不同的人格特质、个性和角色，从而将其作为"虚拟被试"或"仿真交互对象"使用，有助于节省成本，提高可控性。

而在多个行业的应用实践中，我们可以探究不同人机交互应用场景下最适合的智能助手个性。例如，电商场景下的智能客服需要展现出极高的宜人性和尽责性（基于大五人格维度的人格特质定义），医疗健康场景下的智能助手需要展现出专业、冷静的个性，体现 INTJ 人格类型（基于 MBTI 的人格特质定义）特征……随后，我们通过定制化开发大语言模型，使其表现出我们所需要的目标个性。这有利于打造更适配不同应用场景、更具吸引力的大语言模型。甚至可以让用户参与大语言模型的个性控制与调整，根据自己的喜好和需求，对大语言模型的性格特征、人格、角色进行个性化定制，从而有效提高不同场景中用户的满意度、信任度，实现大语言模型个性的"千人千面"，打造每个用户专属的、具备独特个性的智能助手。这在社交、医疗、游戏、智能家居、汽车等行业中有巨大的应用潜力。

除此之外，从品牌和企业角度来看，大语言模型的个性打造也是构建品牌差异化和进行情感化营销以提升用户粘性的关键路径。我们能够通过赋予智能系统与品牌价值观一致的个性，将抽象化的品牌概念和价值观转化为用户可感知的个性，并通过长期、高频次、自然的对话交互，全面展现这一品牌个性，从而加深用户对品牌价值观的认知，增强用户对品牌价值观的情感认同，推动品牌从满足用户使用需求的功能层面，向与用户建立情感联结的情感层面进阶。

3. 大语言模型的个性在智能座舱中的应用——车设（Carsona）

"大模型上车"在经历了大量应用功能拓展和场景内卷后，从 2024 年以来，智能座舱中大模型的应用开始从功能层转向情感交互层。个性化与情感交互被认为是"Z 时代"等年轻消费群体建立品牌认同、完成购车决策和培养品牌黏性的重要因素，因此，智能座舱的个性和情感化交互能力成为智能座舱中新的研究热点。基于大语言模型所开发的车载智能助手，具备更拟人的自然语言理解与对话生成能力，使座舱具有具象、可感知的人格特质和个性成为可能（图 4-17）[13]。你可以设想一下，未来你所拥有的车除了能执行导航、调控空调等任务性功能，还能察觉到你的情绪、听懂你的言外之意，甚至与你兴趣习惯相似、性格相合，每次与它交流都很有趣，每次给你的安慰都恰到好处，你是否会更加乐意与它沟通，甚至把它看作一个超越了"工具"属性的"助手"甚至"旅伴"？

图 4-17　不同汽车品牌和车型的座舱展现出可感知的不同个性[13]

在这样的背景下，XAI Lab 团队提出了 Carsona（Carsona=Car+Persona）——一种以人格为核心的智能座舱个性化设计体系与方法，旨在通过塑造智能座舱的特定人格特质，实现人车之间"心性相投"的陪伴式交互。Carsona 是全球首个基于人类权威心理理论模型（大五人格理论、荣格心理类型理论和 MBTI 人格分类理论）开发的汽车人格定义、控制、表达和应用的设计流程与研发体系。

Carsona 的设计框架分为三层，分别是价值观（Values）、特质（Traits）和偏好（Preferences）（图 4-18）。

价值观是人格的核心动因和基本原则。结合品牌价值观、产品定位和用户需求，我们可以将品牌与产品的定义映射为某一具体的人格特质（如 MBTI 中的 ENFJ），作为我们要构建的智能座舱目标人格 / 个性。

特质是充分展现价值观的要素和行为模式，包括对话语言风格、界面呈现、交互节奏等。即在确定智能座舱的目标人格 / 个性后，通过 UI 设计风格、对话交互内容风格、语音语调等的设计来展现目标个性。

偏好是在具体的座舱内交互场景中的个性化表达与功能倾向。即在座舱内各功能域和不同交互场景下，车载智能助手的交互行为倾向，如在车书域中的路线规划中偏好"乐趣体验"还是"直达高效"，在闲聊域中偏好"主动发起互动"还是"被动响应用户召唤"，在个性化推荐中偏好"用户习惯性选择"还是"新内容"。

第四章　汽车构成创新设计

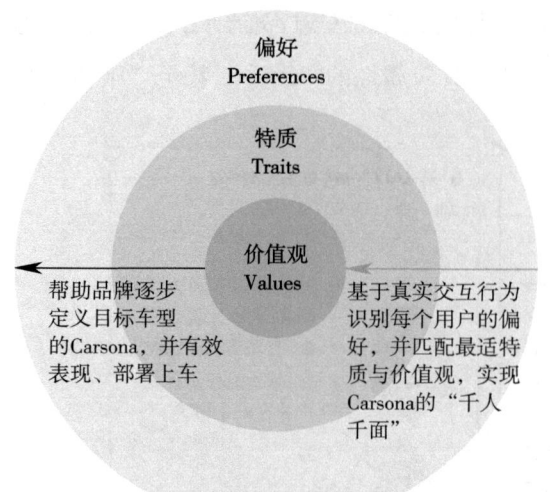

图 4-18　Carsona 的三层设计框架
图片来源：XAI Lab 蜂火智能实验室。

以 Carsona 为核心的智能座舱个性化设计体系与方法，通过对用户真实交互行为与车载大模型特征的科学分析与建模，结合品牌 DNA，为每个智能座舱打造独一无二的"个性标签"。该体系围绕对话风格、界面风格、响应模式、特色功能与场景交互偏好，构建以全面展现"Carsona"为核心的智能座舱系统，使每辆车具备可感知的个性与拟人化特征。由此打造的智能座舱具有鲜明的品牌辨识度，并通过深层心理共鸣与个性化体验，让用户在座舱中感受到陪伴与信任感，实现从功能满意到情感连接的飞跃，从而增强用户黏性与情感归属，大幅度提升用户体验。

随着人工智能技术的发展和大语言模型能力的飞速提升，情感化与个性化正成为对话式交互系统的重要演进方向。个性不仅是构建拟人化体验的关键因素，更是提升用户信任度、满意度与情感连接的核心变量。本节围绕大语言模型的个性研究，对其理论基础、研究进展和应用场景进行了系统阐述，并着重强调了其在智能座舱中的应用价值。在人车关系日益深化的背景下，具有个性的大语言模型为座舱注入"情感"，使汽车不再是冰冷的工具，而是成为拥有个性和独特交互体验的智能伙伴。而 XAI Lab 提出的 Carsona 框架，通过价值观、特质与偏好三层结构，构建出可定义、可设计、可调控、可感知的汽车"人格"，为品牌差异化、情感营销和用户体验创新提供了全新范式。

4.3.4　实践案例分析：智能化语音交互设计与大模型结合

在人工智能大模型技术飞速发展的背景下，车载语音交互系统正迎来能力的跨越式提升。理想汽车在其 OTA 5.0 发布会上重磅推出自主研发的多模态认知大模型 MindGPT(图 4-19)，并将其深度集成至车载语音助手"理想同学"中，标志着智能座舱进入大模型驱动的新时代。

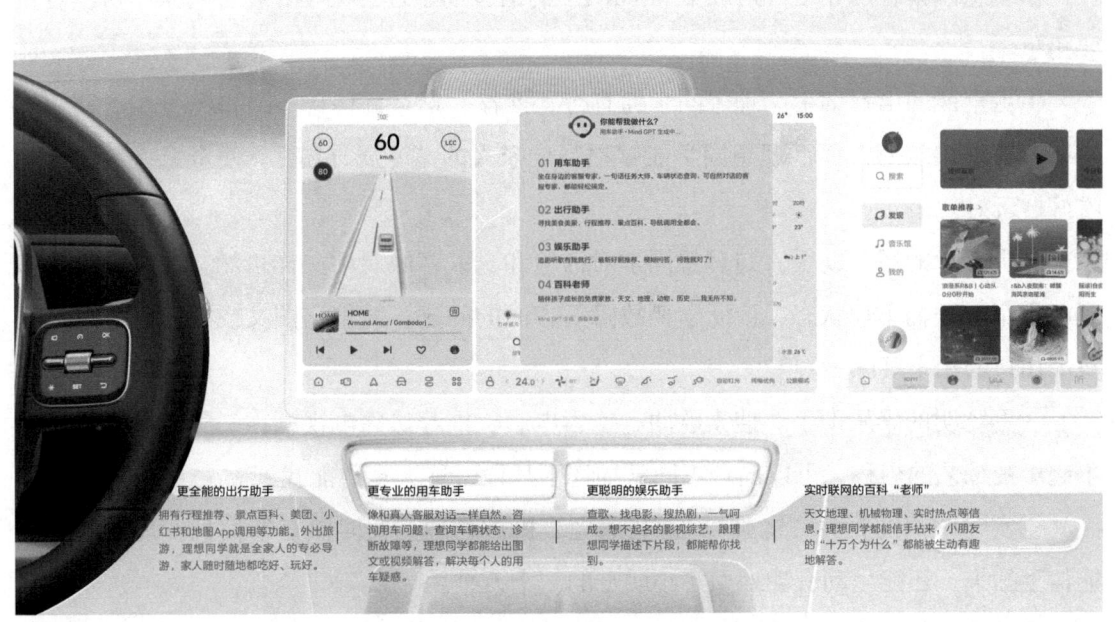

图 4-19　理想汽车 MindGPT
图片来源：理想汽车官网。

MIndGPT 的技术基座包括：

①大规模训练数据：MindGPT 通过大规模的训练数据，通过深度学习算法进行训练。这使得模型具备了广泛的知识和极强的语言理解能力。

② Transformer 架构：MindGPT 采用了 Transformer 架构，具有多层编码器和解码器，可以有效地捕捉语言中的上下文关系和语义信息。Transformer 架构使得 MindGPT 可以更好地理解并生成自然语言。

③预训练与微调：MindGPT 首先进行了大规模的预训练，通过对大量的文本数据进行学习，建立起深度的语言模型。然后，根据具体任务需求，通过微调对模型进行进一

步的训练，使其在特定领域或任务中更加准确地生成回答。

④上下文感知和持续学习：MindGPT具备上下文感知的能力，可以理解对话中的前后文信息，并根据上下文进行合理的回应。此外，MindGPT还具备持续学习的能力，可以通过与用户交互不断提升自身回答问题的质量和准确性。

⑤实时更新和优化：MindGPT可以通过OTA更新技术进行实时更新和优化。这意味着模型可以从实际使用中不断学习和改进，以提供更准确、更智能的回答。

据理想汽车官网介绍，搭载了MindGPT的语音助手理想同学，在各场景中扮演着重要角色。

①更全能的出行助手。理想同学拥有行程推荐、景点百科、美团和地图App调用等功能。在外出旅游方面，理想同学能够担当全家人的"专属导游"，使全家人在旅行中吃好、玩好。

②更专业的用车助手。与理想同学对话像和真人客服对话一样自然。理想同学能够理解用车、查询车辆状态、诊断车辆故障等方面的问题，并给出图文或视频解答，解决每个用户的用车疑惑。

③更聪明的娱乐助手。搜索歌曲、搜索电影、推荐热门电视剧，一气呵成。如果想不起影视综艺的名称，可以向理想同学描述下片段，绝大多数能找到。

④实时联网的百科"老师"。天文地理、机械物理、实时热点等信息，理想同学都能信手拈来，还能生动有趣地回答小朋友的"十万个为什么"。

此外，理想汽车还推出了两个基于大模型的语音交互应用。"AI任务大师"支持用户通过一句话描述条件和预期结果，让理想同学帮助用户直接创建快捷任务，实现座椅、空调及导航等常用功能的联动调整，自定义"玩"的方式。"AI绘画大师"支持用户通过一句话向语音助手传达创意想法，系统会根据用户的创意想法生成多张精美的绘画作品，支持写实、漫画、油画、线稿等7种预设风格。

在人工智能大模型技术呈指数级发展的当下，智能座舱与大模型的深度融合已然成为汽车行业实现用户体验跨越式升级的核心驱动力。然而，如何构建一套科学、系统且全面的评估体系，以精准衡量智能座舱大模型的能力水平与用户体验质量，仍是行业亟待攻克的关键难题。

为填补这一领域的空白，XAI Lab 蜂火智能实验室凭借深厚的技术积累与前瞻性的研究视角，创新性地提出了P-CAFE模型（图4-20）。该模型[14]从感知（Perception）、认知（Cognition）、行动（Action）、反馈（Feedback）、进化（Evolution）五大维度，构建起一个立体、动态的评估框架。

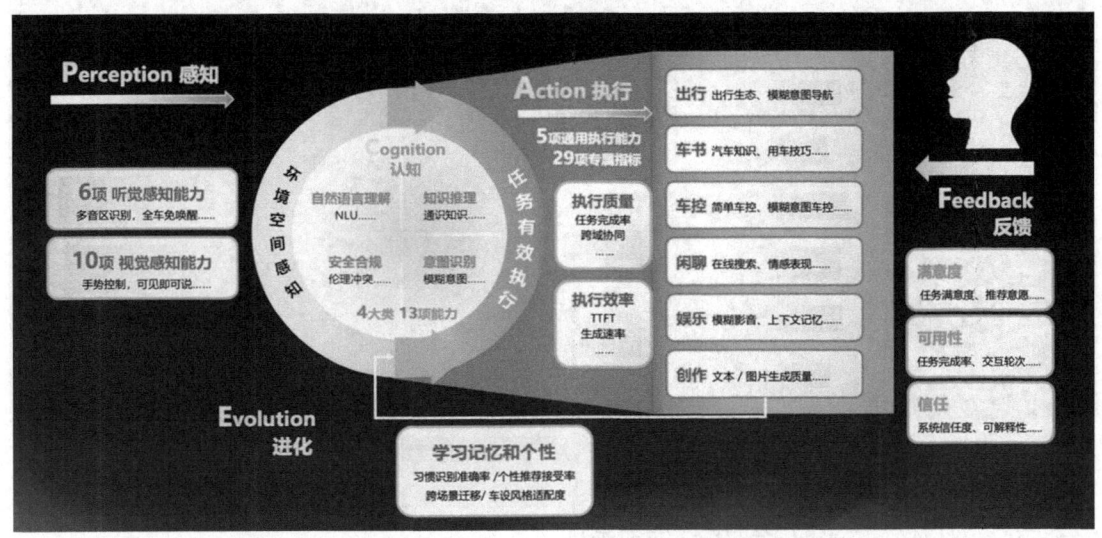

图 4-20　P-CAFE 模型能力评估体系
图片来源：XAI Lab 蜂火智能实验室。

①感知维度：聚焦语音交互的精准识别、视觉场景的智能解析，以及与多元生态系统的无缝连接能力。

②认知维度：涵盖自然语言的深度理解、复杂知识的

图 4-21　BeeEVAL 平台界面示意图[①]

域，实现对座舱大模型的多维度、全场景评估。

作为中国汽车工程学会团体标准牵头制定单位及 J. D. Power "华舆奖" 联合发起方，XAI Lab 蜂火智能实验室通过将 P-CAFE 评测体系与 BeeEVAL 平台深度融合，成功搭建起从理论框架到实践应用的完整桥梁。这一创新举措不仅为行业提供了科学、高效的技术对标与优化路径，更推动智能座舱大模型的评价工作实现了从概念到量化、从理论到实践的重要跨越。二者的协同联动有效促进了技术标准的落地实施，显著提升了行业对消费者体验的量化评估能力。

展望未来，随着多模态交互技术的持续突破与生成式 AI 的深度应用，智能座舱的体验边界将不断拓展。在技术创新的驱动下，人车关系正朝着更加智能、更具情感温度的方向加速演进，为用户带来前所未有的驾乘体验变革。

4.4　智能感知与情感设计

随着科技的不断进步和人们对智能化体验的需求不断增加，智能感知与情感设计作为设计领域的重要分支，日益受到关注。在这个信息爆炸的时代，大模型技术的出现为

---

① 该示意图展示了座舱大模型能力评估的核心功能与信息布局，包括任务类型、数据指标与模型详情。

智能感知技术提供了全新的解决方案和可能性。通过学习和分析海量数据，大模型能够模拟人类的感知和认知过程，从而实现对环境、情境和用户状态的智能感知。同时，情感设计作为智能体验的关键组成部分，在座舱体验等领域扮演着重要角色。通过情感设计，设计师可以在产品和服务中融入情感元素，增进产品和服务与用户的情感连接，提升用户的体验感受。本部分将结合大模型技术和情感设计理论，深入探讨大模型在智能感知技术中的运用，以及情感设计在座舱体验中扮演的角色和发挥的作用，并通过实践案例分析，探索大模型增强的智能感知与情感设计的实际应用和效果。

4.4.1 大模型在智能感知技术中的运用

智能感知技术是人工智能领域的一个重要分支，旨在使计算机系统能够感知和理解周围环境的信息，并作出智能化的决策和行为。这种技术通常结合了计算机视觉、自然语言处理、声音识别等多个领域的知识和技术，以模拟人类的感知和认知能力。智能感知技术的发展既受益于人工智能领域的进步，也受到物联网、大数据和云计算等技术的支持。

智能感知技术的发展经历了多个关键阶段。早期的智能感知技术主要集中在模式识别、特征提取和简单决策等方面，如手写体识别、语音识别和人脸识别等。随着深度学习等技术的兴起，智能感知技术取得了巨大的突破，如在图像分类、目标检测和语义分割等方面取得了显著进展。近年来，随着计算机硬件性能的不断提升和数据规模的不断扩大，智能感知技术在图像识别、自然语言处理、语音识别等领域取得了令人瞩目的成就。

目前，智能感知技术已经在多个领域得到广泛应用。在智能家居领域，智能感知技术可以通过识别人体动作和语音指令，实现对家电设备的智能控制和管理。在智能交通领域，智能感知技术可以通过识别车辆和行人的行为，实现交通信号的智能调节和交通管理。在智能医疗领域，智能感知技术可以通过分析医学影像和生理参数，实现疾病诊断和健康监测等。

本书第三章对大模型技术进行了一系列的介绍，大模型技术作为人工智能领域的前沿技术之一，日益成为智能感知技术的重要驱动力。在智能感知领域，大模型能够通过深度学习和自然语言处理等先进技术模拟人类的感知和认知过程，实现对环境、情境和用户状态的智能感知。

大模型在图像识别领域发挥着重要作用，通过对大量图像数据的学习，大模型可以实现对物体、场景和人脸等的识别和分析。例如，谷歌的 Inception 和微软的 ResNet 等大型卷积神经网络模型可以高效地识别图像中的物体和场景，并提取出关键特征。这些模型在智能监控、自动驾驶和医学影像分析等领域发挥着重要作用，极大地提高了智能感知系统的准确性和效率。

大模型在自然语言处理领域应用广泛，可以实现对文本数据的理解和分析。例如，OpenAI 的 GPT 模型，可以生成具有语义连贯性的文本，实现自然语言生成和理解任务。这些模型在智能对话系统、智能客服和智能翻译等领域发挥着重要作用，提高了人机交互的效率和体验。

大模型在声音识别和语音处理领域也有着重要应用，可以实现对语音数据的识别和理解。例如，谷歌的 DeepSpeech 和百度的 DeepSpeech 2 等深度学习模型，可以高效地识别语音指令和语音内容。这些模型在智能助手、语音识别输入和智能家居控制等领域发挥着重要作用，提高了语音交互的便捷性和准确性。

大模型在情境理解和决策推断领域也发挥着重要作用，可以帮助系统理解复杂情境并作出智能决策。例如，在智能驾驶领域，大模型可以通过感知和分析车辆周围环境，实现智能驾驶决策和行为规划。这些模型在智能交通、智能制造和智能物流等领域发挥着重要作用，提高了系统的智能化水平和安全性。

4.4.2 情感设计在座舱体验中发挥的作用

情感设计是一种设计理念，强调在产品或服务的设计过程中注重用户的情感体验和情感需求。该方法论最早由认知心理学家唐纳德·诺曼（Donald Norman）提出，他将情感设计分为三个层面：本能层、行为层和反思层。在本能层，用户对产品的直观感受和情感反应主导着其行为；在行为层，用户与产品的交互和产品的使用方式影响着用户的情感体验；在反思层，用户对产品的意义和价值的理解构成了其情感认知的重要组成部分。

情感设计在智能座舱中的应用不仅能够为用户提供一种愉悦的体验，也有利于智能座舱与用户建立更加深入的关系。首先，情感设计可以通过多种形式的感知和反馈增强用户对智能座舱的亲近感。例如，智能座舱可以通过语音合成技术提供更自然、更贴近人类情感的交互方式,让用户感受到与车辆之间的亲切交流。此外,智能座舱还可以通过灯光、音乐等多种情感化的元素,为用户营造一种温馨、安心的氛围,减轻驾驶压力,提升驾驶乐趣。

其次,情感设计在智能座舱中的应用有助于提升驾驶员和乘客的安全性。通过使用情感识别技术,智能座舱能够及时感知到驾驶员和乘客的情绪状态,当驾驶员情绪失控或乘客出现紧急情况时,智能座舱可以及时作出相应的反应,如自动调整驾驶模式、提供情感安抚服务,以确保驾驶员和乘客的安全。

再次,情感设计还可以为智能座舱提供个性化的体验。通过情感识别技术,智能座舱可以识别不同用户的情感状态和个性化需求,从而根据用户的喜好和情感状态调整座舱环境、娱乐内容等,为用户提供更符合其预期的个性化服务。这不仅可以增强用户的满意度和忠诚度,还可以为汽车制造商带来更多的商业机会和收益。

最后,情感设计在智能座舱中的应用还可以提升汽车品牌形象。一个人性化、关怀用户情感的智能座舱不仅可以帮助汽车品牌建立良好的品牌形象,还可以增强用户对品牌的好感度和忠诚度,从而提升品牌在市场上的竞争力和地位。因此,情感设计在智能座舱中的应用不仅可以提升用户体验,还可以为汽车制造商带来巨大的商业价值和竞争优势。

4.4.3 实践案例分析:大模型增强的智能感知与情感设计

智能感知技术的发展为汽车行业带来了巨大的变革,而大模型的出现更是为智能座舱的设计注入了新的活力和可能性。下文将通过具体的实践案例,探讨大模型如何增强智能感知与情感设计,从而提升汽车智能座舱的用户体验,增进用户与汽车智能座舱的情感连接。

1. 案例一:智能语音助手

在现代汽车智能座舱中,智能语音助手是一项常见的功能,它能够通过语音指令实现车内设备的控制和信息检索。传统的语音助手技术往往存在识别准确率不高、理解能力有限等问题,影响了用户体验的流畅度和便捷性。然而,随着大模型技术的应用,智能语音助手得以迅速升级。

以特斯拉公司的车载智能助理为例,该智能助理采用了基于大模型的自然语言处理技术，能够更准确地理解用户的语音指令，并快速作出相应的响应。通过深度学习模型的训练和优化，智能语音助手可以更好地适应不同语音和口音特征，从而提高识别的准确性和响应的速度。此外，智能语音助手还可以根据用户的语音情绪和语调变化进行情感分析，从而更好地理解用户的意图和需求，为用户提供更加个性化的服务和建议。这样一来，用户在驾驶过程中可以更轻松地与车载系统交互，享受到更加智能化、人性化的使用体验。

蔚来汽车的车载助手 NOMI 通过结合大模型技术和个性化设计，为用户带来了全新的智能交互体验，极大地提升了驾驶过程中的便捷性和舒适度（图 4-22）。NOMI 利用深度学习模型进行训练和优化，随着使用时间的增加，NOMI 还能够根据用户的反馈和行为进行智能学习，不断优化用户体验。除了语音交互外，NOMI 还支持多种交互方式，如手势识别、面部表情识别等，使得用户可以根据自己的喜好选择最舒适的交互方式。这种多模态交互的设计极大地提升了用户的操作便捷性和体验流畅度。基于大数据分析和用户行为模式，NOMI 能够智能推荐符合用户喜好的音乐、路线、餐厅等信息，为用户提供个性化的服务和建议。这种智能推荐功能不仅增强了用户的使用便利性，还提升了用户的出行体验。

图 4-22　蔚来汽车语音助手机器人 NOMI
图片来源：蔚来公司官网。

2. 实践案例二：情感化的车内照明系统

除了语音助手，情感化的车内照明系统也是智能座舱设计中的重要组成部分。传统的车内照明系统主要用于提供照明和警示功能，功能单一，用户体验有限。然而，通过引入大模型技术，车内照明系统得以实现情感化设计，从而为用户营造更加舒适、愉悦的驾乘环境。

例如，梅赛德斯-奔驰公司的汽车采用了情感化的车内照明系统，通过大模型分析驾驶员和乘客的情绪和行为，智能调节车内灯光的色温和亮度，以营造更加温馨、安静的氛围。当系统检测到驾驶员处于疲劳或紧张状态时，车内照明会自动调暗，减少刺眼的光线，缓解驾驶压力；而当系统感知到乘客情绪愉悦时，车内照明则会呈现柔和温暖的色彩，提升乘坐舒适度。这种情感化的设计不仅能够改善用户的驾乘体验，也有助于提升用户对汽车品牌的情感认同和忠诚度。

3. 实践案例三：个性化的座椅调节系统

个性化的座椅调节系统也是应用大模型的实践案例。座椅作为驾乘者与汽车之间的重要接触点，其舒适性和支撑性对驾驶员和乘客的驾乘体验至关重要。传统的座椅调节系统通常只提供有限的调节选项，无法满足不同体型和偏好用户的需求。然而，通过运用大模型技术，座椅调节系统得以实现个性化设计，为用户提供定制化的座椅调节方案。

例如，奥迪公司的最新车型配备了智能座椅调节系统，该系统通过大模型分析用户的身体数据和偏好，智能调节座椅的高度、角度、软硬度等参数，以实现最佳的坐姿支撑和舒适性（图4-23）。同时，座椅调节系统还可以根据用户的驾驶习惯和行为特征，智能调节座椅的侧支撑和腰部支撑，提升驾驶员的操控感和安全性。这种个性化的设计不仅能够提高用户的驾乘舒适度，还能够提高用户对汽车品牌的好感度和信任度。

图4-23　奥迪汽车座舱设计图
图片来源：奥迪公司官网。

大模型在智能感知技术中的运用，为汽车智能座舱的设计带来了全新的可能性。通过智能语音助手、情感化的车内照明系统和个性化的座椅调节系统等功能，大模型增强了智能座舱的智能性、人性化和个性化，提升了用户的驾驶体验和情感连接，推动了汽车智能化技术的不断发展和完善。

4.5 本章小结

1. 座舱概念的演变

汽车座舱的定义已从传统驾驶控制区域扩展到整个内部空间和各种可用部件的综合系统。

2. 用户中心的设计理念

智能座舱设计需要深入理解用户需求，包括舒适度、操作便捷性及信息交互直观性。

3. 技术发展对智能座舱的影响

互联网、5G、物联网，以及当前炙手可热的 AI 技术使得"智能交互"成为技术发展的核心，推动座舱功能向更智能化、个性化的方向发展。

4. 人机交互

人机交互是一门专注于设计、评估和实现人与计算机系统之间交互的学科，旨在使这些交互更加有效、高效、安全、有趣。其具有跨学科特征，融合了计算机科学、心理学、社会科学、设计学等多个学科的理论与方法。

5. 用户体验设计

用户体验设计指在产品设计过程中，从用户角度出发，全面考虑用户与产品交互时的感受、需求和满意度，旨在为用户提供更人性化、易用、有趣的体验。

6. 智能感知技术

智能感知技术是人工智能领域的一个重要分支，旨在使计算机系统能够感知和理解周围环境的信息，并作出智能化的决策和行为。这种技术通常结合了计算机视觉、自然语言处理、声音识别等多个领域的知识和技术，以模拟人类的感知和认知能力。

7. 情感设计

情感设计是一种设计理念，强调在产品或服务的设计过程中注重用户的情感体验和情感需求。该方法论最早由认知心理学家唐纳德·诺曼提出，他将情感设计分为三个层面：本能层、行为层和反思层。

8. 智能座舱语音交互

由于语音交互具有自然性、便利性、耗时短等特点，在智能座舱中通过语音指令进行车机操作能极大保障驾驶安全性。

9. 大模型赋能语音交互

大语言模型能增强语音交互的自然性、准确性、个性化体验、互动性和娱乐功能，有效提升用户体验。

结　语

在当今这个充满不确定性与挑战的时代，创新设计与创业已不再是某一领域专家的专属，而成为每一个渴望变革与价值创造者不可或缺的核心能力。本书围绕创新设计方法、商业工程、人工智能大模型在设计与用户体验中的融合应用，以及汽车智能座舱等典型产业实践案例，为读者构建了一个跨学科、系统化的知识框架，力求帮助从业者、研究者与学习者理解并掌握"从创意到落地"的全过程。

从以用户为中心的设计思维，到大模型驱动的创造性生成；从精益生产、六西格玛等管理体系的实践经验，到语音交互、智能感知等人机协作的前沿探索，本书不仅梳理了理论脉络，而且注重实践落地与真实案例的启示作用，体现了"设计+"与"AI+"背景下创新与创业的深度融合路径。

我们坚信，未来的创新不再只是技术上的突破，更是人本关怀、系统思维与跨界合作的结晶。在新经济、新技术、新范式不断演进的时代，唯有持续学习、拥抱变化与坚持实践，才能真正实现价值创造，推动社会进步。

希望本书不仅成为读者当前的知识指南，也能在读者的未来实践中持续激发其思考与行动的灵感。愿每一位读者都能以创新为帆，以设计为舵，在创业的航程中行稳致远。

本书编者

参 考 文 献

[1] TEN HAAF W, BIKKER H, ADRIAANSE D.Fundamentals of business engineering and management[M].Delft:Delft University Press, 2002.

[2] NASA Headquarters.NASA srstems engineering handbook(NASA/SP-2007-6105 REV1)[M].Washington.D.C.:Books Express Publishing, 2007.

[3] COOPER R G.Stage-gate systems:a new tool for managing new products[J].Business Horizons, 1990, 33(3):44-54.

[4] ROYCE R R.Managing the development of large software systems[C]//Proceedings of IEEE WESCON.[S.l.]:IEEE, 1970.

[5] COOPER R G.Predevelopment activities determine new product success[J].Industrial Marketing Management, 1988, 17(3):237-247.

[6] SMITH P G, REINERTSEN D G.Developing products in half the time:new rules, new tools[M].New York:John Wiley & Sons, 1997.

[7] ROWE P G.Design thinking[M].Cambridge:The MIT Press, 1987.

[8] GOODFELLOW I, POUGET-ABADIE J, MIRZA M, et al.Generative adversarial networks[J].Communications of the ACM, 2020, 63(11):139-144.

[9] WANG B, LI G, LI Y.Enabling conversational interaction with mobile ui using large language models[C]//Hamburg:Proceedings of the 2023 CHI Conference on Human Factors in Computing Systems, 2023.

[10] 百度 MEUX.百科 AI 对话式体验设计探索[EB/OL].(2024-03-06)[2024-06-03].https://mp.weixin.qq.com/s/SMTywRlCFBu0VwgWZM81tg.

[11] WANG S, ZHU Y, LI Z, et al.ChatGPT as your vehicle co-pilot:an initial attempt[J].IEEE Transactions on Intelligent Vehicles, 2023, 8(12):4706-4727.

[12] AJZEN I.The theory of planned behavior[J].Organizational Behavior and Human Decision Processes, 1991, 50(2):179-211.

[13] LIN Q, HU Z, MA J. The personality of the Intelligent cockpit? Exploring the personality traits of in-vehicle LLMs with psychometrics[J]. Information, 2024, 15(11): 679.

[14] MA J, WANG M, PANG J, et al. Development and evaluation study of intelligent cockpit in the age of large models[EB/OL]. (2024-09-24)[2025-05-01]. https://arxiv.org/abs/2409.15795.